DEAR BOY,

An Epistolary Memoir

Heather Weber

Judith Kitchen Select

OVENBIRD

Ovenbird Books, 2013
Port Townsend, WA

Ovenbird Books
Port Townsend, WA
Judith Kitchen Select

This book is published under the Judith Kitchen Select im-
print of Ovenbird Books, a new publishing venture designed to
bring literary nonfiction titles to the attention of the reading
public. In the interest of quality and individuality, Judith
Kitchen acts as editor and introduces each book; the writer
has complete autonomy over content and design.

Cover art: John Beyer
Author photograph: John Beyer

Ovenbird Books Nonfiction Series
With a foreword by Judith Kitchen.
www: ovenbirdbooks.org

OVENBIRD

Library of Congress Control Number: 2013920014

ISBN-13: 978-1940906041
ISBN-10: 1940906040

For two brothers—Henry and Josh.

ରୟ

For three sisters—Una, Evvy, and Naomi.

Epistles: An Introduction

Dear Boy, by Heather Weber, has found its perfect form. What else can she do but spell out the letters in her head—the ones she writes to the brother who died, the brother she loved and sometimes didn't speak to? In trying to penetrate the distances of now and then, before and after, she discovers that she needs the distance not of time and space, but of first and third person, names and no-names. Dear Boy, she says, and he becomes not the somewhat troubled, talented man who died but the mischievous boy who enlivened her childhood. And she becomes, for the duration of the letter at least, the girl she used to be.

The Boy. The Girl. They could be us. Yet the letters close the distance opened by the lack of names. They are intimate, full of detail, full of story. Story retold, rehashed, reimagined, restored. They carry us thoroughly into the mind of the writer: her memories, yes, but also her growing adult understanding of the family dynamics that invade this story at every turn. The distances of the heart.

Nowhere are those distances so delineated as when we encounter the Mother. Here, we soon realize is the source of confusion and conflict. Weber's impulse is threefold—to call forth, with precision, the odd behaviors of the Mother and how, from the child's perspective, life itself is given shape; to catch the boy up on what has happened since he's been gone; and to speak directly to a woman who doesn't want to listen. Long after the funeral, Weber addresses her withheld presence. In those spaces, she also addresses herself, talks to herself, "Girl," she says, "You believed the dreams were another gift." And they were. But not until she found voice for them, and the voice emerges through technique—as opposed to device.

Using the epistolary form, Weber has breached the gap between writer and reader. We are in the presence of something at once urgent and measured. Each letter takes the time it needs to focus or explore. The story unfolds piecemeal and yet there is an overlay of adult compassion that colors each remembered scene. Weber gives us a template for reexamination, analysis, self-confrontation, meditation, even forgiveness. Even self-forgiveness.

Finally, please do not turn to the back of the book to look at the photographs until you have fully encountered the letters. The impulse behind these epistles—the need to find a perspective within which to revisit the life and go forward—will become your lens as you then discover that you know these people, these no-longer-strangers who stare back from the page. The photographs act as confirmation, but also as a further window into the mysteries of who we all are, and why—before it's too late—we must pay attention to those constantly revised letters floating in our minds.

—Judith Kitchen, November 2013

Dear Reader,

By now, writers and readers alike have conversed enough on issues of fact, fiction, and truth-telling in memoir. Many of us share the understanding that a finite mind cannot be trusted to reliably remember every historical and concrete detail of a life. In the realm of memoir, this must be acceptable. And yet, Reader, you deserve what is true.

I offer you a story, true to memory, which science says is faulty and likes to scramble sequences and details of history. The sequencing of events, especially in the early part of this story, may be somewhat askew; yet, it follows memory, a narrative in its own right. To counteract memory's shortcomings as well as possible, I have shored her up with recorded facts and interviews as were available to me. Names have been changed to afford some people their privacy; other names have been changed for art's sake.

DEAR BOY,

An Epistolary Memoir

Dear Boy,

I wrote you an email last year, addressed to your tattoo shop. Did you ever get it? It was about our cousin's wedding—you were invited, but she didn't know where to send the invitation. You know, your house really was out in the middle of nowhere. How many houses are there in that tiny town, anyway—five? And a church? And some railroad tracks? And just a little bit up from the churchyard, that narrow country road where you landed after flying out of a car.

You never saw this house I live in, and you'd been living in your home for years before I ever visited. We weren't too busy, but were we scared to act like brother and sister? Today I was thinking that it's still July, a few weeks before your blood marked the gravel with a great brown stain, but the leaves on the silver maple in my front yard have turned sunny gold speckled with mildew. Meaning the accident already happened. Too late for me to ask you how the distance between us unfurled, why your once-tight grip on my hand loosened into a flat, retracted palm.

Too late now—but death demands an account. The closer the death, the more detailed its demands. And all this accounting I must do with you, Boy, is like sending a hundred years' worth of birthday cards and getting none in return. But so it will be. I have no other way to speak to you.

I

If I could build my whole world around you,
I'd make your eyes the morning sun.
I'd put so much love where there is sorrow.
I'd put joy where there's never been none.

—Marvin Gaye and Tammi Terrell

※

Here's a simple story. There was a woman who sliced and froze peaches in the summers of my childhood. When she was young, she married a younger man. They made the Boy, Henry.

When she was older, she married an older man. Together they made me (Heather) and a younger boy. His name is Josh.

Dear Boy,

I am swallowed up in your jeans-shorts and canvas shoes. (You like everything blue—from the navy shoes to the dusky jersey and your Wild Bill's Railroad engineer cap.) We have the same freckles and bubble cheeks, the same dark hair. Our chins tilt back and aim right at the eye of the camera. I am laughing like I own you, the shoes, the all-encompassing cut-offs, the jersey, the room, the outside, and the universe.

In other pictures, I lean my elbow into your stomach while I'm resting, like you're my personal human beanbag, and you don't seem to mind much of anything that I do—whether I snatch a wide-brimmed straw hat off your head or drape my calves over the tops of your shoulders while I perch on the kitchen counter. Nor does it seem to trouble you if I topple your Lego castle or—during a game—run into the baseball field calling your name.

On one of their first dates, Husband Number Two took ice cream sandwiches to Peaches and the Boy. The Boy asked, *Will you be my daddy?* And soon, Number Two invited the Boy and Peaches to move into his house. He passed footballs with the Boy in the long family room.

After multiple marriage proposals from Number Two, Peaches lifted up a prayer: *If you want me to marry him, Lord, have him walk in the door in the next five minutes.* Number Two, who she thought was on a business trip, arrived hurriedly a few moments later. He'd forgotten his keys.

The bridesmaids wore daffodil-yellow dresses, their hair swept back in waves from shiny, perspiring faces. Peaches' dress sleeves billowed from shoulders to silk cuffs as she walked down the aisle of the Unitarian church in Palo Alto. The Boy, in his brown suit and shaggy black-brown hair, carried the ring on a tiny pillow.

Afterward, in the multipurpose room of the Americana Apartments, he sat at a black grand piano in front of a single window that spanned the height of the wall. Sunlight streamed through the glass, turning his hair and the piano a glinting mahogany.

As the Girl grew up listening to Peaches' stories and studying the pictures in the wedding album, this photograph of the Boy reminded her of Schroeder in a Peanuts comic. She wondered if his playing had been heard by party guests or drowned out by the din of the loudspeaker.

The Girl tried to get born when Peaches was only six months pregnant. At the hospital, they shot Peaches up with steroids to make the Girl's lungs grow faster. Vodka and orange juice kept the contractions at bay. Peaches sipped next to the Scrabble board that floated on the bedspread between her and Number Two, who took time off work to pour vodka and monitor contractions. The Boy sat and read *The Hardy Boys* when he got home from school and—the Girl later imagined—was very forgiving of his sister-to-be for all the inconvenience. She liked to think her very existence was enough, finally, to make up for all the afternoons spent sitting with bed-resting Peaches when he could have been at the zoo or the park or the beach.

Three months after the Girl's birth, the Boy got another sister. This time Husband Number One's family expanded. And by the time little Josh was born, the Boy was firmly sandwiched between two clans, two sets of siblings. He grinned in photos with towheaded children—a boy and a girl on a different sofa in another living room—children who had some sort of claim on the Boy, the nature of which the Girl never liked to consider.

Dear Boy,

I perch on the Big Wheel in the driveway. Stanford Place, Cupertino. The stick of an orange creamsicle stems from my fist as I watch you frolic down the sidewalk's mild incline, a walkie-talkie in hand. You are too exuberant to be a real spy, but your friend Paul hides in the neighbor's tree with the other walkie and you'll play-act surprise when he jumps out at you. I, too, am spying, waiting for you to skip my way. You'll smile and laugh when you see the orange-sugar cream melting into rivers down my closed-up hand.

I know. You couldn't wait for me to be born.

When Peaches married, the Boy borrowed Number Two's last name. Then, he sent letters to Number Two's parents in blocky handwriting:

Dear Grama and Grampa,

> *Thank you for the speedometer. I liked the card. It was*
> *very nice. we had a hard rain. Have a nice*
> *Thanksgiving. happy birthday.*

When she received the letter, Grama penciled '79 in the top left corner. The Boy was eight years old.

As time passed, he minced words, turning his correspondence into sketches. Nineteen eighty-two was the year of distant mountain ranges. *Happy Birthday Gramps,* he cursived on one just next to a lake where a fisherman stood in his boat and reeled in a catch half his size. "I got another fish!" the man exclaimed via speech bubble.

Here was one of the living room photos placed in the family album: In the early eighties, Number Two sported a beard the size of a backyard critter as he held terry-clothed baby Josh on the living room couch. The Boy snuggled against Number Two and the Girl reclined on the Boy's lap, held in tight by his arm. With baby fat in their cheeks, they wore pastel pajamas and had the same brown, bowl-shaped hairdos, stray side-curls flipping out at the ears. In a photo taken two years later, on the front porch next to visiting Grama and Grampa, the Boy clutched a basketball in one arm and the Girl in the other, his arm lightly cupping the round of her shoulder.

Many years later, the grown-up Girl would wish that a certain photo had been taken on the Boy's wedding day. She would long for an image, captured forever, of herself and the thirty-four-year-old Boy, widow-peaked and black-tuxedoed, a rosebud tucked into his lapel. With the sunny May breeze flirting with her red-dyed hair, she'd have stood next to the Boy, an arm wrapped behind his back, while little Josh flanked the Boy's other side. The Girl's two daughters would have nestled into the legs of their mother and uncles—the whole party grinning at the Boy's good fortune, his good wife.

You see, Boy,

You are less *Henry* than you are *Boy*: your sweaty torso, your freckled cheeks propping up a smile, the way you lean into your dirt bike, scuff the ground with the heel of your shoe, build slot-car tracks with intent eyes, wave me from the hot pancake griddle on the stove, and with flourish stack a last block on the wooden tower. All this has made you the prototype—the standard—for every other. It couldn't be helped.

You're the bar, Boy.

Dear Boy,

Peach, tangerine, lemon, fig, plum—the trees on Stanford Place made for a neighborhood orchard. Number Two built his plywood-and-chicken-wire coop in the corner of the backyard where he'd chopped down the diseased walnut tree. He painted the coop aquamarine and fitted small, hinged doors on the side to access the birds' roosting spot. When the shipment of Rhode Island Reds arrived, I popped pieces of dried pineapple in my mouth, the sweet and tang making my tongue recoil and burn. Peaches seemed bright, burning, happy as the whole family crouched in the garage and watched as you took a small swatch of red fabric and poked it into the cage. The chicks screamed and scurried, scrambling with excitement—because it was *blood-red,* Peaches explained over the din of the chicks. She crouched at the cage and rose and crouched again.

Like the Boy, the Girl corresponded with her grandparents, writing with such big letters she could fit only three or four words to a line.

Dear Grama and Grampa,
  this is a Note from Heather
  ar chicken died
  a week or so
  ago. me and my
  dad and Josh were
  home alone.
  Henry had gone
  to his dad's house.
  Mom was going
  shopping.

After the Girl's chicken died, the Boy got so sick he couldn't remember Pete Rose's batting average or strategies for long division. He was practically in a coma for two weeks as he lay in the king-sized bed Peaches shared with Number Two.

So this was, according to Peaches.

Number Two did not notice the Boy in a coma, but listened as Peaches insisted she herself was dying. She saw fourteen specialists that year, none of whom could determine the cause of her fatigue, aching joints, and migraines. Despite the mystery, she said two doctors predicted her death in the next twelve months.

Coincidentally, the rest of the family was ill, too. The five-year-old Girl, Peaches told the pediatrician, was paranoid, irritable, and had headaches. Little Josh, by Peaches' count, slept eighteen hours a day. Good thing there was a thyroid specialist in San Francisco. In his office, the children's blood work came back negative for autoimmune diseases, but Peaches convinced the doctor to at least treat the *symptoms of disease*, and couldn't the family be helped with synthetic hormones? They could, he agreed, and contrary to medical wisdom of the times, the children and Peaches got on their daily dose. On account of the fact that Peaches didn't like Number Two's moods, she talked him into taking two different hormones (it was *that*, Peaches said, or divorce).

The Girl never thought to argue about taking her medicine when, at breakfast, Peaches set out a tiny pill next to a bowl of yogurt or a plate of scrambled eggs and toast. Over the years, the pills Peaches doled out doubled in number, then tripled, then doubled again. The Girl sporadically slipped tablets, capsules and chewable supplements—Vitamins C, D, E, B-6, B-12, Pantothenic Acid, Evening Primrose oil—into her pockets when Peaches wasn't looking and flushed them down the toilet, their vibrant oranges, pinks, and yellows swirling together on the way. But the Girl never forgot to chew up her "thyroid" (as the family came to call the medicine prescribed by the specialist). Every morning for seventeen years, the Girl heeded Peaches' warnings against autoimmune disease and placed the chalky synthetic hormone (sometimes pink, sometimes yellow—depending on the manufacturer) on her tongue and let it dissolve there, the solute swirling inside eddies of saliva.

Dear Peaches,

You are so talented at networking with the desperately ill. On each neighboring street, you know of mentally retarded children, children with leukemia, and a teenaged girl who developed six tumors practically overnight and had rheumatoid arthritis by the time she was sixteen. You can prattle off each neighborhood case of lupus, brain cancer, migraines, chickenpox, Bell's palsy, and Down syndrome. You blame these diseases (and our family's catalog of symptoms) on a toxin sprayed from helicopters in the middle of the night.

To rid California of its Mediterranean fruit fly infestation, Malathion filtered through the atmosphere, blanketing our city, our neighborhood, the tangerine tree in our backyard. Even though the director of the California Conservation Corps publicly swallowed a diluted mouthful—to demonstrate the pesticide's safety—and survived, you insist on the poison's eradication of the neighbors: You know all the mothers who've died of mysterious, seemingly untraceable causes. Those mothers' names, which you list in solemn forewarning, make me afraid to leave you and I scream as Mrs. Pass, the kindergarten teacher, pries my hands off your calves and thighs. She straightjackets me with her arms, pressing me against her lap while the class sings *Frere Jacques. Dormez vous?* the children intone with lilting and feigned curiosity as I choke on air, breathless for one last glimpse of your retreating back.

Dear Peaches,

On my report card, Mrs. Pass writes, "Heather has done well this year in spite of a lot of illnesses and missing school. I hope she is on the mend." You must think I am broken still because, in first grade, Mrs. Burnetti droops over her desk adding up all the days I'd missed—forty-two absences and sixteen tardies in the last three quarters of the school year. I like Mrs. Burnetti with her white-blond bob and thick sturdy shape, her creamy skin and dark eyes set off by deep reds and forest green cashmere. To her I am a "real joy, a beautiful child" with "lovely qualities"—words so pretty they sting, and I imagine wrapping my arms around her as I watch her walk, swathed in linen and cashmere, from the left to right ends of the blackboard, reminding us how "the first vowel does the talking and the second one does the walking."

I've decided I will not disappoint. I remember my vowels, pronouncing them just so, in turn allowing one to say its name, the other to remain silent. Aloud, I read my way through books full of letters, decoding their meanings: a young girl longs for her mother to approve a set of mismatched socks, yellow and red; another young girl cleans her room, waters household plants, grocery shops, washes dishes. Her mother calls her a "big help." I look for some version of you in these mothers, these stories. Once, I put together my own words after studying your photograph. I imagined that the woman in the picture was someone other than who you have become:

Inside the frame, laughter lies.
Outside the picture, heartache cries.
I love the woman inside the frame—
joyful, happy, without pain.

When you find my poem in the trash, you don't understand that it is the woman in the frame, only, that I long for, some shadow of your current self. You tuck the poem away in a file and will someday present it back to me. That day, you'll be tearful at this magnanimous preservation of my past.

Dear Boy,

In a little while Peaches and Number Two will put an end to our before-bed fraternizing and send me across the hall to my room, powder-pink and white. At night in the dark I can see the outlines of the white armoire with round pink knobs, the pink stool, the lacy white pillow sham with a ribbon of pink running through, pink-and-white Precious Moments figurines, pink My Little Pony.

Navy-and-red bunk beds make-shifted from plywood sheeting and plywood cubes tower in the room you share with little Josh. Wish I could stay up on your top bunk, playing *Go Fish* and meandering through a whole collection of Golden Books while you dabble with the slot car track below, the *whzzzz* of the control gun growing louder when the cars get stuck. Tonight I'm worried about wetting my bed. It happens often enough that I know what to do: strip off my nightgown and change the sheets. But Peaches always hears when I get up—in spite of her room being on the other side of the house.

Usually the bedwetting doesn't bother her, but Peaches came in last night while I was tugging at the wet sheets in the dark. She flipped on the light.

"I wet the bed." I blinked and saw her eyes were funny and bright, her face pinched like a bent staple.

"Here," she said, and took the sheets, pulling them off. After she remade the bed with dry ones, she sat on it. "Have a seat," she told me, pointing at my pink desk stool. Still damp from the film of urine stuck to my legs, I hunched over the stool in fresh pajamas, waiting till I could collapse into bed again. But Peaches seemed wide awake and suddenly was talking the way important people talk on TV when they give big speeches and wear dark suits. Peaches' speech was about bedwetting, how she was tired of changing the sheets so often; it needed to stop. And, she said, she was displeased with me in general (not just about bedwetting). There were other things, bedwetting being only a covert subversion of authority. I couldn't follow it, Boy, I was so tired, but I reached into the fog in my head and picked a moment—two—from the day before that might have upset her: I didn't share the tea set with little Josh. I disturbed her folded laundry.

I listened, drunk with tired, drunker with her steady drone. I hadn't noticed it before, but there, leaning against the wall under the light switch was one of those three-foot rods, one half-inch in diameter, that Peaches and Number Two bought at the lumberyard for our spankings, so thin that it bent in the air and whistled sharp before the slap on our bottoms.

I was and wasn't certain where this was going—the speech, the sitting down on my stool instead of climbing back into a warm, dry bed, the vibrations I heard in Peaches' voice hitting me all dark and funny.

Did you and little Josh wake up, Boy, and hear when she said, "Bend over the stool"? Did it really happen, or was I dreaming that my head was upside down six inches from the floor, hands grasping the stool legs for balance. Then, the *zip zip* of the rod bending in the air and flirting with my skin through the layer of pink polyester-and-cotton nightgown. Sting and retreat. Sting and retreat. I unrolled into a standing position, backing into the side of my bed to press the burning away. When I looked up, Peaches was tucking the rod into my closet, sliding the stool under my desk so it looked as if I'd slept the whole night through, my room undisturbed. Then she was pulling the blankets up to my chin, kissing me good-night. I quivered and closed my eyes, my backside tingling, arrows shooting down to my toes.

Dear Boy,

My first Pioneer Girls task is to sew a yellow-and-black badge onto a blue nylon bag. I get points for *Sewing*. The other girls, who've been there the longest, have already *Camped*, maybe *Built a Fire from Sticks*, *Made Dinner for the Family*, *Ironed Shirts for Father*. Their blue nylon bags are quilted with badges.

Next, I bring Peaches for Mother-Daughter night. The evening's craft involves decorating a Mason jar lid with glitter, glue, and seashells, and then filling the jar itself with marbles or more shells. After our cooperative craft, we get our picture taken together. Peaches' dress looks like a fuchsia sheet wrapped around her body. A blue cloth belt knots in her middle as if to keep the fabric from falling open at any moment. She's dressed me in a frilly long-sleeved white blouse and navy skirt. My hair loosely puffs out from the barrettes at both sides of my temples. The photographer-mother urges me and Peaches to back up against a shadowy white wall. Peaches' lips press into a straight line, and one arm reaches behind as if to steady me for the photograph. At the wrong moment I close my eyes, tilt my head down toward the floor, turn my lips slightly up but not enough for a smile.

All evening I look from Peaches to the long-haired Pioneer-Girl beauties in the room and wonder if they've been able to decode the mysteries of their own mothers—and have *you*? Have you, Boy, been able to understand, to *locate*, Peaches—what with her tangle of thick grown-up hair, those lines fracturing the skin around her eyes and mouth, her papery neckline, her silvery blue veins?

22

CR

Leaving, Peaches said. At first the Girl pictured packing the car with swimsuits, sand shovels, towels and buckets, heading west to the ocean for the day, mountains in the horizon as she, the Boy, little Josh and Peaches zoomed down CA-17S to Santa Cruz. She never thought leaving Number Two meant anything other than that trip to the beach, or possibly berry-picking the summer hours away at a nearby orchard. But Peaches had other ideas: *leaving,* she said, was heading to the local Wells Fargo, emptying the saving and checking accounts, renting a new house, and never never coming back. Leaving should have happened a long time ago.

The Girl braced for it—and then the plan changed. The family was leaving, Number Two *included,* on a seventy-degree day in January. The hired men carried out the Sears television and the sectional pieces of sofa, leaving large geometric shapes in the carpet from furniture that hadn't been moved in months. The Girl and little Josh were sent across the street to a house where a mother and her newborn baby made quiet noises.

"Come in," Joanne said kindly when the children arrived at the door. Her lips were purply-red as if they'd been smashed in a pillow all morning, and the Girl, noticing Joanne's watery blue eyes and mussed blond hair, wondered if she'd been crying. Maybe, observed the Girl, it was because Joanne knew the family had had to give away their Golden Retriever the week before. Joanne must have heard how the Girl sucked in air—an absolute holocaust of the heart—when she laid the puppy to rest on his new owner's crate and offered it one of her own baby blankets by which to remember her smell.

Transformers was on at Joanne's house, but the Girl and little Josh were busy observing from the window the burial of the family beds, desks, and Sesame Street swing set into the metal mouth of the blue-and-yellow moving truck. There was the Boy, toting small boxes out of the house and placing them on the curb. There was Peaches, speaking to a neighbor lady, gesticulating wildly in the air as the two of them watched the busy commute from house to truck.

Sometime after the moving van departed and before the family left the house for good, the Girl slipped back inside. At the built-in kitchen table, she hunched over a slip of paper, a pencil gripped in hand. She pressed the letters out, pushing top to bottom, left to right, in deliberate, measured strokes, quickening her pace only at the sound of a car motor running in the driveway. "Dear House," she wrote. "I will miss you. You have been a good house." Face-up she left the note, centered on the table, for the empty yellow walls to read.

This is our new life, Boy:

A snow-crusted world and people like June and Ward Cleaver, only they are real estate agents. "Hello!" they sing as we enter the side door of their sunny country kitchen. A grandparental cloud of aftershave and Chanel no. 5 envelops us as we peel off the unwanted Midwestern gear. To us Californians, Iowa in January means down coats, mittens, scarves, face masks, and snow boots.

The Cleavers have a Catholic number of children, all grown now, their pictures clustered on the walls of the kitchen and living room. Mrs. Cleaver wears sweaters that look as soft as cashmere, but she could easily throw on an apron and bake homemade cinnamon buns on a Saturday morning before scooting off to an open house. She offers us dessert, a plate of sweets steadied on her forearm.

I can feel that Peaches and Number Two want to be like this couple. If only Peaches could keep on smiling forever, or for as long as it takes to serve us rich chocolate desserts and cocoa on these cold days—like Mrs. Cleaver, without any bile. And if Peaches could forget to be home some days after school, too busy with her realty life to worry over our immune systems and bowel movements, then maybe, Boy, your cynical eyebrow rise would lower a notch and the skepticism fade from your freckled face.

All the pieces are in place for Peaches and Number Two's new plan to work: They've got friends like the Cleavers to walk them through the realty business. Peaches bought suits, high heels, and a black leather purse for showing houses. She and Number Two selected a new silver minivan for shuttling clients, and they picked the right-sized city—good for the market and safe for their family—not San Francisco or Chicago where the two of them grew up. On top of that, a lump of cash from selling the house in Cupertino pads their bank account. Number Two can afford to buy roses for Peaches on their anniversary, and he does. So what if, out of earshot, she says she hates flowers?

Dr. Osing's Report: Marriage Counseling for Peaches and Number Two.

[Number Two] and [Peaches] met while working for the same company in California....[He] was attracted to her because she was a good-looking woman and because he perceived her as a gentle person. [She] was attracted to [him] because she per-ceived him as smiling and cheerful. They started dating....

Beginning with the wedding arrangements they were hav-ing problems. They proceeded to have a flurry of arguments about rings, wedding arrangements, who would be invited and so forth....

Both [Peaches and Number Two] have been aware for some time that they had a dysfunctional relationship. [He] would rate their relationship as earning a grade "D".... [She] currently would grade the marriage with an "F."

ᘓ

The Boy made friends fast after the family moved to
Iowa. Soon the local teens were traipsing in and out of the
house, carrying skateboards, two-liter bottles of pop, and port-
able boom boxes. Their mecca: the scrubby northwest corner
of the lot, where the Boy and Number Two built a thirty-foot-
long half-pipe. Dizzy, the Girl often watched the Boy skate ten
feet in the air, his board perpendicular to the ground, and
wondered where he learned to do that. Teenaged girls sat in
the center of the half-pipe with their legs directly out in front
of them; the Girl gasped each time the Boy and his friends
jumped over rows of appendages.

Beside her, skateboard parts littered the grass. Decks,
trucks, axle nuts, kingpins, wheels, grip tape, a socket and
Allen wrench made for a backyard board hospital. Peaches
worried over the mess and the teenagers' curfews, language,
and torn jeans. And just when the skaters got going two-to-
the-ramp, or showing off their lip tricks and aerials, Peaches
called the Girl to help in the kitchen.

"You'll need to know how to do this someday," she said,
holding a cold, raw chicken over the sink. Peaches widened
the neck cavity with her index and ring fingers so the Girl
could shake in salt, poultry seasoning, and garlic powder,
taking care not to touch the plastic shaker lids to the
chicken's flesh. "Next the onions," Peaches nodded at the
mound on the cutting board. The Girl stuffed onion quarters
in one at a time and then added lumps of garlic.

Contamination was Peaches' number-one kitchen concern; she fervently believed in food-borne illness and wore yellow rubber gloves when handling large birds, scrubbing down the counters and cutting boards afterward in hot, soapy water. The Girl watched the cleanup, wondering if she'd be allowed back outside. Skate wheels rolled over the seams between the plywood sheets, cracking and echoing in the air. She heard the clatter of a board flying out from the feet of its rider, the groans of teenagers skinned or bruised, and she imagined herself flying in mid-air, encumbered by knee pads, her shirt flapping.

The best she ever managed on a board was a tottering balance as she coasted down the sidewalks of Franklin Drive, leaping onto a lawn or curbside strip of grass to cushion her inevitable falls. But she could posture well. Slamming her right foot on the tail of the deck, she flipped the front end in the air and caught it with her hand, released it and jumped on with both feet as the board came crashing down. This she practiced mostly in the Boy's absence for the sole reason that she wanted to surprise him once she got good and see him smirk with pleasure. To the Girl, of course, the smirk was tantamount to the lighting up of the midday sun.

Late August, the Boy broke from skateboarding in the mucky air and went to the fields to detassel corn. The silence of the backyard was palpable, interrupted only by the doorbell, teenagers bearing bags of Fritos and quarts of Gatorade, wondering where the Boy had gone.

Meanwhile, Peaches and the Girl went to work preserving summer fruit. Crates of ruddy peaches from the local fruit market covered the kitchen table; those orangey-pink orbs made the house smell like syrup. The Girl's mouth watered as they worked through Peaches' preservation system. First, the peaches were washed in the sink, then peeled and sliced on cutting boards. Next, piled into a large plastic bowl and sprinkled with powdered Vitamin C to keep them from going brown. Half-cup scoops were stored in sandwich bags, tied with a wire twist and mounded on a freezer shelf.

They worked in solitude, although occasionally Peaches recruited a neighbor girl to sprinkle the Vitamin C. Once she invited Janny, an older girl who lived on a farm and knew more about the kitchen than the Girl ever would.

"*She* knows how to sweep a floor," praised Peaches after an afternoon of peach-preserving. The Girl colored and watched Janny bob her head of onyx curls as she reached the coarse broom underneath the cabinetry, dragging out corn-flakes and stray wire twists.

At the end of the day, they picked up the Boy in a Baskin Robbins parking lot. Muddied by fields and darkened by the sun, he could only grunt as he climbed into the car. "Watch your feet!" Peaches would remind, and: "Be careful of the upholstery." The Boy swung his legs gingerly, as if the sun had sapped his muscles of bounce, and mud streaked the plastic bags Peaches had smoothed down over the floor of the car.

The half-pipe was perfection.

"Fuck," the skaters breathed when they pulled up at the curb, having previously only heard of the ramp on Franklin Drive and the Boy who built it.

In town, most builders of backyard skate ramps were skaters themselves who, unlike the Boy, knew little of construction. Self-impaling opportunities abounded when riding their creations. You could rip a tendon on a nail carelessly hammered askew or on a half-driven wood screw. Or, you might catch your board on the same and send yourself flying into a cyclone fence or a pile of scrap metal in the corner of a yard.

Even though his ramp was flawless, the Girl still held her breath each time she saw the skateboard wing skyward, the Boy's feet hardly resting on the deck.

How you do it, Boy:

Shirtless in the sun, mark your territory at the back of the lot, in the shade of a mulberry tree that bloodies the ground with its fruit. Lay down your frame, a rectangular map of two-by-fours. Anchor them together with wood screws. You do all things well; I haven't figured out where or how you learned.

Build up: vertical sheets of plywood three-quarters-of-an-inch thick will support the deck. Anchor two-by-fours between the plywood walls, so the beams suspend parallel to the ground. Repeat this on the other side. The drill and deck screws together will spew sawdust in your nose, your eyes. Wipe your face with the back of your forearm, exhale and tip back a jug of ice water.

Now, using the weight of your body, press a sheet of plywood against the row of horizontal two-by-fours. The plywood will bend, concave. Grab the drill from Number Two, who stands by, your right-hand man. Drill holes through plywood; insert the Phillips-head bit into the drill; shove a deck screw into one of the holes; and power the drill on. Countersink. Repeat again, quickly, with another screw, still pressing your weight against the wood.

From the window I watch your sun-warmed body fill in the concave curves of the ramp until they are patch-worked with plywood sheeting like a master quilter's hand-stitched squares. Then, you lay out plywood for the flat decks at the top of either end of the ramp. Screw. Drill. Countersink.

Dear Boy,

We've been here four months and the days are longer now, brightened by the presence of cardinals and birdsong for the first time since we left Stanford Place. I can peel off my jacket at the end of an April day and let the sun soak into the tops of my shoulders as it filters through the school bus windows. The school kids chirrup like the springtime visitors and, in these better-lit evenings, teach me scary versions of hide-and-seek. We scream with terror at our chases, our yelps ringing through the neighborhood air, and then, giggling, collapse in musty front lawns until Number Two calls me and little Josh in for bed.

Today is a different story, though, because I have a cold, my eyes crusted with mucus in the morning. Peaches takes me to my first Iowa doctor, not just for the cold, but also, Peaches says, because I have yeast on my vagina. She's good at telling the story of my sicknesses—that I was started on thyroid medication because of the radioactive scan and the thyroid antibodies after my tests in San Francisco. Peaches tells Dr. Larew that she "juggles" my dose of synthetic thyroid from day to day: when she thinks I'm tired she gives me three pills instead of two. When Dr. Larew asks, Peaches admits she doesn't really know what T-4 and T-3 are or how the thyroid medication works. A week later, at the re-check, Peaches has increased my dose to three-and-a-half.

In June, Peaches takes you, me, and little Josh to see Dr. Kauffman, an internal medicine specialist, and they talk like we're not in the room. She says I have migraines; I cry frequently; and I am restless but less so since she started me on the Candida diet. (By the way, "Candida diet" = nothing good to eat.) The doctor agrees that I am restless, "anxious" in the exam room, and he is putting me on an antifungal to kill the yeast they think is circulating inside my body. But aren't you antsy, too, Boy? Like me, do you notice the sun through the tiny office window and crave the outside air, the familiar-once-again smells of warmth and live grass and fresh dirt and fathers grilling the evening meal?

To Peaches, from Dr. Kauffman, after the Girl's routine blood test:

Enclosed find copies of Heather's thyroid studies. Her T4 levels are quite elevated. TSH is quite low and the T3 does seem to fall in the normal range. What this would all suggest is that she's receiving somewhat of an excessive dose of thyroid hormone.

"Can I come in?" The Girl stood in his doorway. The Boy kneeled on the carpet and wrapped a jagged piece of plywood with gray tape.

He looked at his sister, the freckles popping off his face. "Yeah."

She inched in and sat on the edge of the bed. The room smelled like hair gel—Dep, Dippity Do—what the Boy used for sculpting his flat-top into place. "What are you doing?"

"Making a guitar." He pressed his palm against the end of the tape that was stuck to the wood. The air cracked as he pulled the roll away with his other arm, extending the length of tape he could work with. As he smoothed the tape over the body of the plywood, she made out its shape—long neck, jagged body.

"There," the Boy smirked, pleased, as he ripped the duct tape from the roll. For a moment the Girl thought this was a real guitar. But there were no strings.

"What are you going to do with it?"

"Watch." He glanced at her and then pressed the button on his cassette player. Screechy metallic noises rasped through the speakers on the floor. He slid the volume lever up. The room filled with the crashing of symbols and a singer's scream. He picked up the guitar, balanced it against one thigh, and scurried his fingers up and down the gray fret board, eyebrows furrowed in concentration. The girl smiled and bounced on the bed, making it jiggle.

She was not allowed in the Boy's room without permission, but when he was away she would sometimes sneak in on socked feet and stand in the center of the room, turning slowly to take in each part: forest green bedspread atop a double bed, posters of rockers in tight outfits and big hair, the blue-painted strip of plywood that served as a desk as it balanced upon stacks of particle-board storage blocks. On the desk, pens with colors like the Girl had never seen: metallic, rose, pumpkin, pine, azure, sunshine, ebony, mahogany, scarlet, grape. Next time, she would see the electric guitar leaning against the desk and dare to touch it. She'd let her fingers slide across the fret board's smooth gray, bumping into the ridges between layers of tape—all the way down the neck. Her stomach would thrill.

Now, in the room with the Boy, the song from the cassette player came to a crashing halt. He grinned, breathless, and stood the guitar up against his leg.

"Can I try?" asked the Girl.

He picked it up and held it toward her. "Here."

Dear Boy,

Peaches called a different family doctor this time. She says the thyroid medication helps me, but that I have other problems—vaginal discharge, emotional instability. She says I am hysterical for hours after eating simple sugars.

Like Number Two can't remember your coma, I don't remember the hysteria. But at least this explains why Peaches is feeding me pork rinds instead of corn chips, why I can't eat bread.

Dear Boy,

Little Josh, you, me: I wish we didn't argue so much over what show to watch and which are whose Legos. You want wrestling. I want *A Connecticut Yankee in King Arthur's Court*. After I change the channel back four times, you pick me up high over your head, carry me out of the TV room and deposit me on the family room couch.

When Peaches and Number Two run off to their weeknight church meetings, you and little Josh sometimes are your own club. You build Lego castles with him; you do not play Barbies with me. Surely this is because he is expected to grow up in your fashion, as boys do; no one knows whom I am growing up to be like.

When little Josh was confused about tying his shoes, you alone, big brother, succeeded in his instruction, bending down and forming limp bunny ears out of brown shoelaces. In a few years from now, he will write a story for his fourth-grade writing workshop—about a general who led an attack high in the mountains. Little Josh's schoolmates' stories will be presented with scribbles for pictures, but you will illustrate each of his pages in full color, complicating the mountain ranges on the cover and title page with spire-like peaks and craggy etchings.

Side by side you'll smile on the *About the Author* page: collared-shirt school photographs, his and yours. His front two teeth will gap, childlike. Your teeth will line up even, full and sure.

⅋

Peaches wasn't religious when she first met Number Two. Her transformation, she told the Girl, happened right after Peaches' father's death. In a dream, Peaches met her father right outside the city gates of heaven. He said to Peaches: "I have someone I want you to meet." Peaches' father then placed Peaches' hands into the palms of a waiting stranger, a man, and Peaches knew, she *knew*, right then in the dream that the man was Jesus. Her dad wanted her to meet Jesus (that man, contorted on crucifixes, she'd studied in Catholic school). The Girl never knew if it was the sight of pearly gates or harp-playing angels or simply Peaches' introduction to Jesus that made Peaches wake up changed, full of peace and love, the grief over her father's death transmuted into something like giddiness, joy rippling through her.

Soon afterward, Peaches met a neighbor lady who said good Christian women ought to shower their husbands with all the right things, and Peaches described greeting Number Two at the end of the workday, frocked in a negligee, spatula in hand, a roast chicken and onions crisping in the oven. Number Two, Peaches told the Girl, liked Christianity very much.

The pair got serious about doing what serious Christians did: for starters, they gave up most of their marijuana. In a vast compound of buildings known as Valley Church, Peaches and Number Two began attending Bible studies and Sunday morning services with their growing family. Later, when they moved to Iowa, they visited a church that met in the basement of the Abbey Inn in Coralville. Bob Patterson, a stocky middle-aged greeter, tackled Number Two in a spontaneous bear hug on his first visit. While other church visitors would have run for the hills, Number Two felt right at home.

So ensued the family's participation in Grace Church's mid-week and weekend services full of celebratory praise music and Pastor Bill on the congas. The ladies and sometimes the men danced at the front near the altar in big wide two-steps, arms wide open in a Holy Spirit embrace. Gospel singers came through, dressed in sequiny spandex and white suits. The revivalists came, too, speaking in spirit-tongues, laying hands on congregants, and ordering demons off the premises.

In the midst of the charismatic hubbub, Peaches and Number Two hosted a Bible study in their home on Sunday nights, the church folk coming in with casserole dishes and children, the air alive with greetings. Their guests stayed for hours because no one wanted to leave.

The Boy went to youth group and even he joined in the worship songs at church, raising his hands in the air once in a while as if he, too, somehow knew that God was as close as an arm span away. It was there at the church, in the back of the main meeting room where the Boy and the Girl and little Josh lingered after the services, where the high school kids thronged, teasing one another, slapping shoulders, and the Girl hung on the Boy like he was her own personal set of monkey bars. They were fine, those evenings. Happy, even.

ଔ

"Mmmmm, they smell like chocolate," said the Boy, un-socking his sweaty feet and stretching his legs out on the family room sofa like an invitation.

"Like chocolate?" the Girl asked, studying the fleshy pink of his toes from across the family room.

The Boy bent one leg, brought his nose forward to his toes and inhaled. "Ahhhh. Delicious."

Curious to understand what the Boy was saying here, the Girl cocked her head like a dog. How did his feet, all caked with white sock fuzz, get to smelling like chocolate? "Did you take a bath in chocolate?" she asked.

"Yeah," he said, straight as day. "I took a *bath* in chocolate."

O Peaches,

You've abandoned Number Two at the mall, twenty miles from home. (These days, you act like he is going to beat you up; you are always sneaking off.) While you drive home, Number Two jogs down the interstate. The shirt he's taken off flaps where he tucked it into the back of his jeans.

With little Josh in tow, you collect me at a friend's house where I play dress-up in a dark basement. I am barefoot; you say there isn't time for shoes. At another house in our neighborhood, you cajole the Boy into the car, too. He sighs and is silent as we drive back in the direction of the mall you came from.

On our way to a hotel, you stop at the K-Mart to buy toothbrushes and paste. I pick out tan canvas slip-ons printed with tiny blue flowers; the Boy grabs two Mounds bars.

You say to us kids and the clerk simultaneously, "Let's live it up! It's all going on the credit card." The Boy studies the red candy wrapper and does not look up.

At the hotel, you request a room for us kids and one for yourself. A man on the made-for-TV movie kills people by electrocuting them through the telephone: I know someone is about to die whenever a phone rings. I can only watch this, knees drawn tight toward my chest, because the Boy is with me. *He* does not curl into a ball on the bed when the victims' faces tremble and streak with blood.

The door to the adjoining room is ajar and over the telephone murders we can hear you dialing and then your pitchy voice, telling Number Two you are never bringing us back. You threaten and he pleads. You make demands. Some-day, Number Two will tell me he promised to meet them. That is why you take us home late in the night.

Dear Boy,

Does Peaches tell you about *the rape* and *the abuse?* How Number Two is still up to his old crimes?

She tells me. At the old house in California, Peaches says, she always called for help from behind those double bedroom doors: "'*Henry! Henry!*'" Peaches re-enacts her cries, waving her hands above her head as if she is drowning. "But no one ever came."

I never hear Peaches cry for help, even though her own room is now directly across the hall from mine. Sure, little Josh and I hunker down outside the master bedroom door and listen to the big fights. Peaches screams: "*Go to hell you sonofabitch!*" Number Two is guttural, a man in sweat: "*Stop it. Just stop!*"

But right now Josh and I keep vigil for curiosity's sake, rather than concern. When we hear the shuffle-steps of Peaches or Number Two nearing the door, we bolt down the hallway like tiger cats on silent, padded paws.

These days, you aren't here much. Instead, you're so busy throwing dough balls for pizza crust or wrapping burritos at Taco Bell. And you have a moped, better means for escape.

When I saw the blood, Boy,

I was alone in the house. A Saturday, Peaches and Number Two had backed out the snow-packed driveway to run errands. I was still in pajamas, a long pink-knit cotton nightgown Peaches made on her Singer. Thought I had to go to the bathroom but out came a dollop of mucousy red, three or four teaspoons. Didn't flush the toilet, just stared at the blood, curious, cocking my head this way and that while the house was silent except for the furnace blowing warm air into the bathroom. Slid my back down against the bathroom wall, right next to the heater vent, and let the breeze blow over my hands, already winter-chapped.

My intestines ache lately like nobody's business and I'm so tired I wish I could stay in bed, but the blood—the blood!— it comes every few minutes these first few days and Peaches— oh, Boy—she doesn't get off the phone with doctors or the CDC in Atlanta. She's asking for information and stool culture supplies like she was born for this work. She's at the library now, researching my case, and when she gets home I'll get locked up in the bathroom with her and a big black garbage bag and some little white sticks and pieces of cardboard, all for sampling and smearing my shit, and then sealing it up in a tight yellow envelope and sending it off.

This I cannot explain: the whole time I'm with Peaches, my gut will ache, will throb in time to the rhythms of her speech.

I hear you in the hallway outside the bathroom, asking what's going on. Number Two is in the kitchen cooking noodles for dinner. You've all rallied for me, you have, and when I test positive for the presence of *Giarida lamblis*, I feel the family's collective relief at identifying the parasite. The medicine runs its course, but the blood and the stomachaches return and Peaches and Number Two will sit with me for hours in hospital rooms while I drink chalky milkshakes in preparation for x-rays, while I await the exploration of my insides via both ends of my body, while four nurses fail at connecting me to an IV, my veins so bruised and dry.

Back behind the mulberry tree, the children crossed the property line into railroad territory. There were brambles and blackberries, raspberries too on the steep incline from back-yard to the track below. One stepped sideways, catching feet on waist-high grasses and thistles, and then jumped the two-foot drop onto a rocky railroad bed that was littered at the edges with clumps of alfalfa and spare rail ties. The track was black-brown like oxidized copper, here and there a hint of shine.

Little Josh and the Girl had never been so close to something that powerful. At night the train made their house shake, pulsating up from the ground, through the concrete foundation, the carpet, their beds. The whistle marked the evening, dawn the following day, and the train cars running on the track set the rhythm for all other activities: skate wheels rolling on the ramp, dishes clanking in the sink, the hum of the lawnmower, church members arriving on Sunday nights with casseroles and children who laughed and cried. Also: Peaches and Number Two's silences, their roaring.

"Here," the Boy said, gripping the Girl's hand, and helped her and little Josh jump onto the rocks next to the tracks.

"Is the train going to come?" she asked, studying the far away of the lane and wanting to be sure there was enough room for them to stand back if one came barreling their way.

Gingerly, the Boy knelt on the rocks, rested his ear upon the track, looked up, half-smiled. "Naw. It's not comin'."

Now for what they'd come for: the Boy pulled a penny from his pocket, set it flat on one leg of track. Little Josh and the Girl had seen the end-product before—a flat sliver of copper, imperfectly round, almost sharp at the edges, and hot when it was found in the sun hours after the engine rolled by. Each of the Boy's siblings wanted one of their own.

"Can I keep this one? Can I?"

"Me, too. I want one!"

The Boy sighed. He was dispenser of railroad paraphernalia and track treasure—and not just pennies. He'd found rogue stakes and unidentifiable metal scraps—thrown by the train? Left by other track-loiterers? The children didn't know. The flattened pennies held particular appeal because of their transformations, afterward a thin disc the Girl could slip into her pocket like a secret on a scrap of paper.

Later, in the winter, the Girl looked in the woods to find more treasures—plywood boards stacked on one another in a glen—and, never wondering why or how they got there in the first place, decided to build a sled. She lugged the boards home through the snow and pine-needle slush of the forest floor. With nails leftover from the Boy's and Number Two's projects, she hammered the scrap wood together without reference to blueprints or plans or physics. But she wished for the Boy's help afterwards, when the size and enormity of the gigantic rectangle dawned on her. Twice her size, at least half her body weight. She could successfully move it four inches across the snow in the backyard.

If she'd asked him, the Boy probably could have pressed the wood up at the front, so that the sled pushed away and against the snow as it charged (if the sled could charge) down a hill. If she'd asked, she'd have left it with the Boy for an hour, two, come back when it was done—magically completed with an assortment of tools she didn't have names for. She wished, though, that the Boy talked as much as he *did* things for her. Wished, when he was away from the house, that she could remember the tone of his voice, the way he strung sentences together.

Problem was—maybe—that he didn't *string*. He parsed, sparing sound his own thoughts. But the Girl wanted to *know* his thoughts, much as she adored his silently-fixing, silently-moving through the house. He didn't even sing aloud to the music he listened to; he was silent like the air guitar he played. *He* was air, she decided, impalpably filling her lungs, and she needed him never to stop swaying, leaning, resting-his-ears-to-the-tracks, holding-out-his-hands, saying *here*.

The University of Iowa: Dr. Tolaymat's clinical notes re: the Girl's case:

On Friday, March 18, 1988, the colonic biopsies were reviewed with Dr. Mitros; the final diagnosis was Idiopathic Inflammatory Bowel Disease. I called the mother and explained to her the pathological findings, the etiology, and management of inflammatory bowel disease.

The women's bathroom in the newly built church was done up in warm beiges and ivories; a sprig of dried lavender rested in a vase on the counter between the two white enamel sinks. Poking her head out from behind a stall door, the Girl peered at Peaches' raspberry-lipped image in the bathroom mirror. Peaches dressed smartly on Sundays in her royal blue jacket with the black trim, matched by her black velvet pumps. In the mirror, church ladies clucked and gathered around Peaches, someone slipping an arm around her waist; eyebrows rose and whiskery lips puckered into frowns.

It was the first time anyone had seen Peaches wear her sling, a triangle of flimsy gray fabric that wrapped around an arm and anchored to her opposite shoulder. The Girl wasn't sure where the sling had come from, nor why, only that the church ladies clucked like the mama hens in Number Two's turquoise chicken coop, and Peaches dropped her eyes and lifted them mournfully.

Together, like a squadron of body guards, the women left the bathroom with Peaches, their chins jutted out defiantly. The Girl followed like a stray, a few paces behind, her eyes fixed on the white strap across her mother's back.

Boy,

If I could just ignore Peaches now (impossible!) and linger over certain simple facts, I might think differently about Number Two. Fact One, for instance: the horseback riding Number Two schedules with me for special occasions, an oft-repeated outing on my birthdays or Christmases, down by Sugar Bottom nature center where dew hangs on the trees and songbirds have a wide audience while Number Two and I canter on muddy trails, him naming the birds each time they appear.

Fact Two: the way he keeps list of books I've read and books I want to own, the row of novels on my shelf growing longer with every passing holiday or occasion of gift-giving or just-because. My eyes glow and I stare down at glossy covers with pleasure and, at his prompting, pronounce another title to add to his list.

Fact Three: When he's home, he bustles, industrious, either at the workshop in the garage or the grill, patiently roasting burgers and melting cheese onto patties for our evening meal. (Too bad he is gone so much, commuting to Chicago every Sunday-through-Thursday now that real estate hasn't panned out and he has to work for Uncle Bob, processing orders in Uncle Bob's dark basement.)

In spite of Facts Four (the wooden dollhouse he crafted for me from a hobby shop kit) and Five (the cataloging of every piece of furniture or prop I need for each tiny room), I can't tell if I've ever loved him. If I try real hard and squeeze my eyes shut tight, maybe—*maybe*—I can make out a glimmer of a solid truth. Is he a good man? Mostly my insides just ache and feel empty, like I've never had a father.

Eventually, Boy, you'll start fighting with Number Two—the man you once asked to be your daddy—over rock music and curfews. I won't then think to ask you if you thought he was the monster Peaches made him out to be.

But after you're dead, your wife will repeat your verdict verbatim: "That woman wasn't abused a day in her life.'"

I'll laugh outright at the words, relieved that somehow you understood this matter so thoroughly (or at least thought you did), despite my being confused for decades.

Dear Boy,

The doctors say I have ulcers in my colon. *Idiopathic inflammatory bowel disease.* I should stick with steroid enemas and swallow yellow pills until I get better.

There are words written on my chart that I don't understand. Did you know that "idiopathic" means *arising spontaneously* or *from obscure or unknown causes*? It's Greek, made up of *idios* (one's own) and *pathos* (suffering). My own suffering.

And "etiology" is the *why* of my suffering. Where did it come from? Peaches insists this suffering comes from milk—if I just stay away from dairy products (which now narrows my food options to pork rinds, liver, and carrot sticks), I'll be fine, she says. But the doctors say Peaches is wrong—the ulcers, the ache, the blood are not about milk. Milk is not why I've missed so many weeks of fourth grade that the school sent a private tutor to work with me at home. Milk is not why the class made me a get-well poster, on which the students scribbled notes with glitter pens and markers. Nor is milk the reason I wait out the daily silences in the house while you, little Josh, and Number Two are away.

There are some things I know to be true: the blood. The pain in my gut. You. But everything Peaches says about lactose intolerance, hysteria, now my supposed hearing impairment—who does she speak of, who *is* that girl? *This* girl wants to go to school. She wants to turn on light bulbs with wire and a nine-volt battery in Mrs. Banks's science class. She wants to pass out cupcakes, chocolate, on her birthday in May, if she can make it back by then.

Dear Boy,

These hospital doctors ask a lot of questions. They read far back into my medical records and wonder aloud to Peaches why I was ever given thyroid medicine in the first place. Perhaps, they say, I can stop taking it if my blood levels remain normal in the next few months. But, happy news, in a few months I am healing so well that the stomachaches don't visit me as often, the blood not every day. As inexplicable as the onset of all these symptoms, I am better now. Peaches is too busy to take me in for a thyroid check.

Upon Peaches' request, the whole family entered therapy; Number Two submitted to a psychiatric evaluation:

There is no clear physical abuse going on in this marriage, although there was one pushing match on one occasion.

Who knows why Peaches was on strike? She'd stopped making lunches for school anymore, so it was up to Number Two. But he was pinching pennies, every snack rationed—granola bars and bags of Fritos were for school-lunch days only, not weekends. He told the children the rule and then placed the open box of granola bars on the pantry shelf, well within their hungry sight. Anyone could guess what came next. Somebody sneaked one and Number Two wanted to know who.

By now the Girl was scared of Number Two, thanks to Peaches, and didn't want anything to do with him. Number Two knew the Boy didn't eat the missing granola bar, so he called little Josh down for a conversation in the garage, wanting to ferret out the criminal one suspect at a time. The Girl was next in line for an interview, but Peaches was bodyguarding her in the kitchen, saying she wouldn't let the Girl go, wouldn't let Number Two hurt the Girl.

"Heather," Number Two called, poking his head in from the garage. The Girl looked at Peaches and began to tremble. Peaches set her wooden spoon across the top of the pot of beans she'd been stirring. Little Josh ran up the stairs huffing, looked at them. "It's your turn," he told the Girl.

Peaches positioned her body in front of the Girl and headed for the staircase. "Follow me," she whispered, and her hand reached behind to rest on the Girl's shoulders as if keeping her from getting too close. Peaches' steps were slow, prowling, as she crept along the stairs. At the bottom she opened the door to the garage where Number Two worked on his rusted-out Datsun.

"I'd like to talk to Heather alone," he said.

Peaches said, "No. I won't let you do that."

"Heather," he looked past Peaches at the Girl. "I want you to come in my office just to talk."

The voices of the grown-ups were rising as the Girl's friends walked past the driveway. "Please stop," she choked under her breath to Number Two, and he did.

Dear Boy,

The next time he called me downstairs, Peaches was in her bedroom and didn't hear. I took the steps gingerly down the staircase and followed Number Two, at his request, a few paces to his office door. Suddenly I felt a hand on my arm. Peaches was jerking me back.

"No!" she shrieked.

Number Two gripped my other arm and said in a steady voice, "We're just going to talk, Heather." Number Two was all the way in his office now, his hand on the doorknob, readying to close it as quickly as I moved from the threshold. Peaches jerked me again, tug-o-warring from my other side.

"Stop interfering!" Number Two yelled, urging Peaches to let me go. He tugged back on me and Peaches yelped, losing her grip and falling onto her backside right outside the office door. Just then, I saw you standing in the hallway at the bottom of the staircase, your eyebrows arched in question. From the floor Peaches groaned aloud, then cried, "Henry. Call Pastor Mike."

Dear Boy,

Peaches has a protocol she drills into me, and it seems you've learned it too. There is a Post-It note by the phone in the playroom with a number on it. If Peaches signals for help in the midst of a fight with Number Two, I am to call Mike and Michelle, the pastor and his wife. They will call the police, according to their agreement with Peaches.

What signals should I be watching for? Peaches' panic-shrieks? (She screams during every fight.) If Number Two takes a knife to her throat? If he stuffs a pillow in her face and wrestles her to the ground? By then it would be too late for her to speak or for anyone to intervene. So, I'm hedging on the borders of arguments now, following trails around the house. An upturned bucket of baby dolls in the playroom. A broken Pfalzgraff plate in the kitchen.

Boy,

I don't know why Peaches stayed home from church. You must have worked the late shift at Paul Revere's Pizza last night because it's only me, little Josh, and Number Two at the service. Afterward, I stand beside Number Two's brown Sunday-slacked legs while he chats with folks about the sound system, the weather, and the Holy Spirit, in no particular order. Then the three of us clatter through the tiled and sunlit solarium, leaving church.

The parking lot, cleared down to mud and filled with fresh gravel, is surrounded by weeds and corn stubble, land donated by a rich widow who attends the church. The gravel-speckled mud, semi-frozen in places, caves and squishes up around the sides of my Sunday shoes as we step gingerly through the parking lot. We aren't a noisy trio, except for Number Two's occasional hum of church choruses. Little Josh, immersed in play with plastic green army men, falls silent in the back seat while I stare out the window at the countryside and the trailer courts and the airport as we head to the north end of town.

As Number Two is about to turn the car onto Franklin Drive, we see a familiar figure slip through the backyards of the neighboring houses. It's sized like Peaches, wearing your blue ski parka.

Number Two wrinkles his forehead and chokes out something I don't understand. I press my face up to the car window to get another look, but Peaches has vanished. Number Two drives the car around the block then, thinking he will find her on the other side.

"There she is!" I call, pointing as she comes into view. My eyes lock with Peaches' just before she pivots and races back the way she came. Number Two keeps driving, making a loop around the block. In the driveway, I jump out of the car, slam the door, run inside and call until I find her there, huddled in your closet with the blue parka on, arms wrapped around herself.

"What are you doing?" I demand.

"Shhhhh." She holds a finger to lips.

"We got a call there was a problem?" said the policeman, tall and weighed down by a full belt: gun, stick, walkie.

After Peaches and Number Two had shouted at each other through the house on yet another weekend afternoon, Peaches pleaded with the Girl to call the pastor's wife, who then called the police. The Girl—not sure why she was calling, sure only of Peaches' terror—dialed with fingers trembling. Now she perched on the family room sofa inches from Peaches, who crossed her legs and sat wordlessly, a firm, pressed smile on her face.

"Nothing's the matter here, Officer," said Number Two, cordial, surprised when two officers walk in. He'd put on his good-citizen voice.

"Oh, yes there is," Peaches leapt off the couch and said things about Number Two. She'd put on her own special voice. Babyish. Sweet.

The officers nodded. One pulled out a pen and paper and began writing. Number Two shook his head, stood with hands on his hips.

There was no evidence of violence, no signs of drunkenness. The children were calmly sitting on the couch. The officers suggested Peaches and Number Two cool it for the evening, take a break. Time apart might do them good.

"Go get in the car. Quietly," Peaches leaned down and whispered in the Girl's ear as the policemen saw themselves out of the house. One by one, she whispered to everyone except Number Two, who busied himself with dishes in the kitchen sink. Stealthily, and not all at once, the Girl, little Josh, and the Boy slunk out the basement door and climbed into the car. Then came Peaches, quietly closing the driver's door behind her.

"Are we ready?" she asked, voice low.

The Boy, riding shotgun, stared back at her and dipped his head slightly. "Yeah."

Peaches pushed the button on the garage door opener. Sunlight crept in, and she turned the key, engine on. Number Two must have heard the drone of the garage opening because, before Peaches could back out, he'd run out the basement door and into the garage, flinging himself atop the car hood.

Putting the car in reverse, Peaches roared down the driveway and out into the street with a rush of fuel. Number Two sprawled across half the windshield, gripping the smooth edges of the minivan. The Girl could see his face, twisted and red, and hear him scream at Peaches. *"You can't take my children from me!"*

Peaches shifted gears, looked Number Two in the face, revved the engine. He rolled off the side of the car, landing on his feet. She accelerated past.

If neighbors peeped out their windows just then, they'd have seen what the Girl and little Josh saw from the back seat of the minivan: Number Two, small and distant, in the street. His shoulders heaving with labored breath. Arms dangling at his sides.

ca

Dr. Hartson's Report:

An Interview with Number Two's Stepson, Henry.

Henry does not enjoy school and does not put a great deal of effort into it. He does have friends and interacts socially. When I asked Henry to describe his mother he said that she was "angry and it is usually at [Number Two]." He said that she yells at [Number Two] and says things to him like "you are a total jerk and nobody likes you." . . . He doesn't like the fact that his mother, to some extent, has put him on a pedestal and does not think that he can do a lot of wrong. He would like to be treated more like he was just human.

Dr. Hartson's Report:

An Interview with Number Two's Stepson, Henry.

Henry is a 15-year-old sophomore at West High in Iowa City. He and his father have not gotten along for a long time. Henry's method of dealing with this is trying to avoid his father. [He] spends a good deal of time skateboarding.

My greatest concern for Henry was that he appears to enjoy risk-taking behaviors as an attempt to alleviate boredom.

What are you thinking, Boy!

So Number Two doesn't like this new music you're into. Neither do I. It's angry. *Mean.* And so are you. And what are you doing holding that baseball bat outside your bedroom door, scuffing the floor with the end of it like you're getting ready to hit a home run, except there's no pitcher and no ball and no diamond, just Number Two, unsuspecting, in the garage. What's he ever done to you other than make rules? (O life *unbearable* for teenage-you, wanting to ride your moped everywhere instead of going with the family in the *car*, wanting to be out at all hours, shaking us off like a chill running down your spine!)

And now you've got Peaches panicking, calling your friend's parents to see if you can stay at their house a few days until you simmer down. She's packing your clothes, sneaking you out of the house, saying Number Two can't know. But—I don't believe you, don't want to believe you'd do anything with this bat that it wasn't made to do. So why all the fuss, all this commotion you're making over rules? If Number Two didn't enforce them, you'd never come home.

And aren't you mad at Peaches most of all?

When Number Two is gone, you'll argue about everything with her because she wants to fight. About your curfew, your money, your magazines, and the marijuana she finds in a red tin safe in your room. You'll keep dancing with her around the house, your face red with bottled rage, and Peaches taunting you like there's nothing better. Then you'll get tired of it. And you'll leave. *You'll leave.*

Boy,

Now, Peaches says Number Two is an alcoholic, but we've never seen him drunk. Peaches says he beats her. I haven't seen that either, but I'm a believer. She climbs into bed with me when the lights are off, and she whispers in the dark.

One day, Peaches will have Number Two served with court papers while he is at work. The papers will say he can't come home, not even to pack a bag of clothes or take with him the glass bottle, full of collected loose change, that stands on his chest of drawers. No, the papers will say he has to stay as far as the curb. Peaches will hire a locksmith to change the locks on the doors. When the police chief shows up at the request of Number Two, Peaches will grudgingly shove jeans, flannel shirts, suit pants, socks, and underwear into a paper grocery sack and pass them through a crack in the door to the chief's waiting hands.

After that day, when Peaches crawls into bed with me at night, she will warn me, "Watch out: Number Two will kidnap you and take you across state lines. *Watch out,*" she'll say. "He is waiting for a chance to molest you."

CB

Dr. Osing's Report:

Marriage Counseling for Peaches and Number Two.

[Peaches] really never lived with her father. She always felt somewhat "afraid of him." This was the result of [her] mother's programming her, she believes. Didn't get to know her real father until she was about 19. At 10 she sent him a letter telling him that she hated him. [She] characterizes her mother as phony, plastic, critical, emotionally unstable, immature, irrespon-sible. . . .

Note the interesting feature that [Peaches] claims that her mother programmed her to dislike her father and she is now accused of programming her own children. [Number Two] believes that Heather has been programmed in the same way.

ભ

For years, there was an injunction against Number Two's stepping within so many feet of the house on Franklin Drive. When he pulled up, as he did for weekend visits, he waited in his car at the curb for the Girl and little Josh. Despite his good behavior, Peaches thought he would ignore court orders and break in while she and the children were away at church on Sunday mornings, which is why early one morning she carried a five-pound bag of pastry flour around the exterior of the house, scooping it with her fingers and shaking it out at entryways—the front door, the back door, the deck's sliding glass—and on doorknobs and handles to catch the swirl of Number Two's fingertips and the sole-print of his shoes. The Girl and little Josh followed, careful not to leave their footprints in the powder-white.

All the while, the Girl's heart murmured and quaked with worry that Number Two would break in, that someday he would touch her in ways she never wanted to be touched. She couldn't have imagined that someday he would feel as safe to her as anyone, that when she was married with children of her own, he would seek their company with more grandfatherly devotion than she had witnessed anywhere else. For now, everything Peaches said about him seemed plausible and deadly, the Brothers Grimm kind of fairytale.

Oh, Boy,

Everyone knows you are the sort who stuffs dough into the pizza driver's muffler. The sort who'd switch the *Boys* and *Girls* signs in the changing rooms at the youth group lock-in. Your youth pastor says you pull the wildest stunts, have the spikiest black hair, the craziest shoes. Someday, your wife will say you are like a girl, you love shoes so much—the flat-arched canvas shoes that start you out skating will change brands but look the same. Checkerboard, royal blue, red—you line them up on your closet floor like trophies and don't care what the Goths and the farm kids think.

In school, you let them try out your skateboard. They coast down the hallways with arms spread-eagled, tottering the whole way. You reclaim your board, sweep past them with ease and balance, arms along your sides. Stop. Pivot. Pause at a cluster of lockers to talk to your friends. You posture, black Converse high tops cemented to the board's deck.

You're not considered delinquent for skating in school—those rules haven't been made yet—and the Spanish and art teachers love you, though not for your academic prowess. When I get to the high school classrooms six years later, the teachers will gush, "Oh, you're *Henry's* sister?" My face will flush in your trailing glow.

Many of the other high school students are fresh-faced. Sol, Denise, Julie, and Trisha have hair-sprayed bangs that measure as high as their faces are long and flap like puffs of cotton candy in the wet spring breeze. I don't know if they are your personal friends, but they take art classes with you some semesters and, one day, another art student captures them on video, conducting a practice interview.

"How do you feel about your high school?" a female voice behind the video camera asks the girls.

They twitter, looking away for a second with embarrassed smiles on their faces.

"It's all right."

"Mediocre."

"They're *all* pretty shitty," asserts Liam, a senior, who is suddenly in the frame. "But this is the best one I've been in." If anyone wants to know, Liam has plans for getting out of here. He will enter college in exactly eight days.

Like you, the students love the mural art that is underway just inside the double doors. A graffiti artist and a group of teenagers from Chicago came to Iowa City to collaborate with you and the other art students in your high school. The girls with the big hair and giant glasses say the mural is "really cool," and Liam offers: "They can come do my apartment building, too."

Damien is going to community college in a few months. Sol says she'll be a psychologist. Julie's getting her degree in special education, and Trisha is going to be a doctor someday. But you do not answer like them, their bright, open faces delivering lines rehearsed since the sixth grade.

Happy Graduation, Boy.

Number One flew to town for you. He, Peaches, and I sit in the darkened balcony of Hancher Auditorium. On stage: a few hundred green-robed graduates on risers. You are unidentifiable except when they read your name and you step across the platform, nodding at Dr. Arganbright as you shake his hand and receive your diploma.

I cast a sidelong glance at Number One and Peaches. Their faces are changed as if by serious news.

As you pose after the ceremony on the lobby's red-carpeted stairs, your green cap cocked on your head, I don't realize how happy you are that everything is about to change.

Boy,

If you wanted to get out of the house so soon, I wish you'd taken me with you—back to California where we were born, even to the desert where you fell asleep at the wheel.

I know, I am thirteen and it isn't allowed. After you and Number Two left, I had to stay in this house and think of you whenever I passed the hole you punched in the wall during your last fight with Peaches.

Then your Mazda crashed in the night, somewhere in the desert. I didn't know how to find or call you.

I heard you almost died but didn't.

I heard you were coming home but you didn't.

Not to the same house. Not to the same city.

Now you speed up Franklin Drive on your self-built Harley, just for a visit, and to ride me around the block. Peaches protests and we cajole; we have to make promises.

On the slick black of the bike, I realize I haven't wrapped my arms around your thickened waist in forever, and I wonder where you have been so long that I am afraid to hug you.

Dear Boy,

With you and Number Two gone, Peaches has settled into a new role. She is a single mother and child care provider extraordinaire for the infants of professional couples in the neighborhood. She cuts my bedroom door—your old bedroom door—in half to make what she calls a "Dutch" door but I'm not sure I understand how another country has anything to do with my door sawn in two so that, in the early mornings, when the babies arrive, their cries wiggle through the space between the door's top and bottom halves and worm under my pillow where I bury my head.

And then Peaches is screaming for little Josh to wake up, except she doesn't go to his bedroom, a floor above us, and knock on his door. She yells from the family room at the back of the house, right next to my bedroom, screaming at the top of her lungs, "*JOOSHUUAAA. YOOOO HOOOO. Time to get up!*" in hopes that this will reach little Josh, who is also buried under a pillow and comforter and hasn't been known to get up quickly a day in his life. So Peaches keeps screaming next to my Dutch door, from 7:05 until 7:45 give or take, and her *yoo hoos* get angrier. I can hear the razor in her throat when she doesn't hear the bathroom sink water run for morning teeth brushing, when no footsteps pad down the hall, and when little Josh does not appear at the top of the stairs.

In the evenings and on weekends she reads romance novels, "Christian" ones, set in the nineteenth century, where the heroine is chaste and wears long dresses and is heading for adventure on the western frontier. The heroines read their Bibles or sway under the conviction of a preacher's sermon, surrendering their hearts and futures to God while a lusty man in a parallel thread, heads west not to be conquered but to conquer over terrain and wild beasts and dirty scoundrels and thunderstorms. The two meet somewhere—at a general store, a creek bed, a neighbor's house, an auction—and the lusty man softens to the pure-hearted lady. She struggles to surrender to his great muscular love and he to her Puritan ways, usually with a little help from the King James Bible and a heartfelt prayer.

Peaches eats chocolate cherry royale ice cream while she reads. Sometimes two bowls in one evening, which I notice coincides with her stomach swelling and her buttoning her sweater above the bulge like it's a baby under there when its not. And some evenings and weekends, she's too angry or quiet or sad to read, or the library's out of Christian romance. Those days, she stays in her bedroom with the door closed and I want her to stay there forever because if she comes out, it's lightning bolts and thunder and she says nobody loves her and she doesn't have any family around and little Josh and I don't care about her because we don't help enough around the house: we didn't take our shoes off and we got the carpet dirty and we didn't empty the dishwasher without her asking, which means we hate her and we want her to die, and then she stands in front of the kitchen stove and says she wants to die, what's life worth living for anyway?—and I think *me,* it's worth living *for me,* but I say nothing and watch as she grabs her throat with her hands as if to strangle herself and makes gagging noises and her knees begin to buckle as she leans back against the counter and—just as promptly as she starts—stops. Do I only think of the drawer behind her, the one full of sharp chopping knives, how close she is to turning and brandishing one of those?—or does she really pull it out, letting the knife glint in the light for me to see, my own special viewing because Peaches lets no one see her this way except me and little Josh and the neighbor girl down the street, who sometimes is caught in the crossfire, say, when driving to church and Peaches decides I'm a no-good fucking ungrateful bitch and she's going to leave me on the highway overpass or on a country road and I can fucking walk home I'm so ungrateful.

But she's a good Christian mom, so after I cry or run to my room and after she doesn't speak for hours or days she might come softly apologizing. It's just that she never wanted to be a mother, she explains, just that she certainly never wanted a daughter. In fact she may have prayed it not be so, but I don't know if that's because she thinks *she* doesn't know how to be a mother, or if she thinks no girl knows how to belong to her properly. She asks my forgiveness in a stiff little voice and I complete the transaction I've reviewed in Sunday school every week since kindergarten. When someone says they're sorry you say you forgive them, Boy, don't you know, and then you move on, but I can never move on because I am building walls around the center place inside me where I have trouble feeling whether I love Peaches now, too. It's not that I've ever felt without a mother. Maybe just too much in possession of one.

Dr. Hartson's Report:

An Interview with the Girl and Little Josh after Their Parents' Separation.

When I met with Heather and Joshua they noted that they were quite concerned about their mother's functioning. They said that she is binge eating to reduce stress. They seem quite con-cerned about her level of irritability, her binge eating and her difficulty making the separation.

Dear Boy,

Some days, though, Peaches is just the right amount of mother and she dances in the house to Motown—Marvin Gaye, *Dancing in the Streets*: except she twirls in the kitchen, rubber-gloved and sweat-suited, in our Midwestern neighborhood of railroad property and rolling hills ("just rolling green hills" she always says to describe Iowa, undulating the air with her wrist and forearm). We are so far from Marvin and Tammi's Motown performances, but she conjures their presence right here in our house, and my heart pinches with the bittersweet duet punched with static from her stereo speakers. "If I Could Build My Whole World Around You" is a hopeless daydream. I know Tammi'll never put heaven by Marvin's side. Pretty flowers will not grow wherever she walks, and over her head will be the grayest skies, but I can imagine the bloom, almost taste their fictitious love as I join in with Peaches, mimicking her knee-bends and two-steps—not sure whether Marvin and Tammi would recognize this as an official form of dance. But who cares? We crunch over leaves fallen from the ficus tree Peaches keeps standing by the wide glass door. And some-times little Josh and the neighbor girl from down the street join in, hearing it through the grapevine, getting it on, staying together—dancing with spatulas and broom handles as the northern light seeps down upon us.

Dear Boy,

Peaches talks about Hate Ashbury like it is the Emerald City. I think of yellow-brick roads and moonbeams and lemon drops and music. Everyone was happy there, she says, and everybody loved everyone else, but that makes no sense to me. *Hate*? I ask. It's a place in San Francisco, Peaches explains.

Peaches' whole life seems woven like a crocheted potholder. I can see all the strands at once but don't know which came first or any order after that. Is Hate Ashbury the same place, for instance, where she learned to bake whole wheat bread from scratch, where she fell in love with Motown and Minnie Riperton, whose records perch on the family room bookshelf and whose voice comes close to shattering my eardrums in the most beautiful way possible? When Peaches plays Minnie I cry because Minnie died young from breast cancer (Peaches says), and I wonder if Minnie had children who were left all alone. And did you know Tammi Terrell, too, died at age twenty-four? Heaven found her side, I guess. And was Marvin sad, did Marvin cry because he didn't have anyone to sing with anymore?

When, Boy, did you get woven into Peaches' life? Were you there before the singers died? Did you eat her warm bread, slathered with butter and raw honey? I am trying to understand Peaches and why my heart aches when she talks about Minnie with the beautiful voice, why I want to cry when she talks about Hate Ashbury like she never wanted to leave it and wishes she didn't have a daughter so she could have stayed.

But Boy,

Someday, when I am big, I will go to Hate Ashbury, curious about Peaches' old life. On the corner of a street called Haight and a street called Ashbury, I'll find myself dwarfed by Victorian-style houses. There, next to those street signs, understanding will clump together like molecules of butterfat in my brain, and a man on the other side of the intersection will be dressed only in leather chaps, his buttocks exposed for all to see.

Boy,

You know how Peaches' religion started with the Catholic nuns of her childhood and then turned charismatic. Well, did you know she taught me to speak in tongues, and she cast demons out of her broken stereo? (On one Halloween after you left, she made me and little Josh sit in the basement for hours with the lights off. While the doorbell clanged incessantly into that darkness, Peaches spoke in her otherworldly language.)

As time marches on from here, she'll become more susceptible to scares and rumors. For instance—someday when I move out of the house—an organization called The Prophecy Club will convince her to sell her possessions and prepare to leave the country in advance of Y2K. She'll believe Russian militia to be hiding in World War II Japanese internment camps, waiting for the computers to go batty. When the computers fail, the Russians will take to the streets. That's why she'll have her bags packed for Belize—where a small colony of Christians can live by farming the land.

After that, she'll speak only of "hanging on till Jesus comes," how there is "nothing left to live for." She'll let herself age without too much fight, let the wrinkles and smile lines cut deep into her cheeks, and stop wearing makeup, although she keeps her thick hair flowing down to her shoulders. The arrival of red skin and rosacea will converge with her talk of impending tribulation: someday she'll warn you of the hell-fire punishment for living with your fiancée, Jennee. And once you marry, she'll scare your newly pregnant wife with warnings of "It won't be long *now*."

For now and in spite of her, I've decided to love Jesus. He sure helped me through Peaches' faked suicide attempts and her (ended-before-it-began) romance with the Greek church elder who lives with his ex-wife. Every Sunday, Peaches swooned in the mirror before church, dabbing lily scent on her neck and wrists and applying an extra layer of lipstick. I cried and prayed hard when she said Alexandras would be my wavy-haired, lilting-voiced new father. Jesus must have heard me and intervened because it turned out some other church ladies thought Alexandras was going to marry them, too, which lit a fire under Peaches yet amounted to nothing.

But Jesus—Boy—he clings to me like fresh rain on a rose petal, soft and quiet and sweet. I know you know what I'm talking about because I saw him on you, too. I saw how even the Jesus-y punk lyrics we mouthed to your blaring stereo shaped a solid core in us. *His love, it saved me.*

Although, I can't see to know if you're *safe* now, Boy— living in that other town with a motorcycle, some art supplies, the beginning of a graphic arts degree, and new friends, people I've never met who are beginning to love you like you're their own family, and why wouldn't they?

One night when the Girl was nine or ten years old, she dreamed a giant green serpent glided out of the river and chased her up the steep bank. In the dark, she ran to a solitary cabin in the woods. The light inside seeped out between chinks in the logs. As the serpent slithered faster, she battered the cabin door with her fists, her breath catching and her hair both wild and matted around her face.

The hands that opened the door held an oil lamp, and her face wrinkled in surprise. It was as if she was expected, for the man had a ready bunk and a warm cotton blanket, under which she promptly crawled. As her eyelids closed, she marveled at the drowsy peace that melted away fear of the serpent. Whether it slithered back into the river or wrapped itself around the exterior of the cabin, she knew the man who sat at the simple wooden table would stave it off.

She was of course too young for biblical symbolism, but there it was.

II

Her absence was like the sky, covering everything.

—C.S. Lewis

The Girl was eighteen when the Boy—a man, now—came back to the house on Franklin Drive to fix her yellow-rusted Toyota Corolla. Peaches had purchased it for a dollar from a family of doctors who only ever used it for trips to the hospital in the last seventeen years, adding up to a grand forty thousand miles on its odometer. But the car had broken bits, and the Boy brought the needed replacements and his black Rottweiler, whose name the Girl was not able to obtain from him or anyone else in the family despite her best efforts. The Boy addressed it as "*Hey!*"

On that warm July day, the Boy told the dog to lie down in the corner of the driveway. Peaches watered begonias; the green hose snaked past the dog to the flower box on the other side of the driveway.

"Don't go near the dog," both the Boy and Peaches instructed the Girl. She didn't know about the viciousness of some canines, only the fuzziness and loyalty of Golden Retrievers. That's why, when Peaches asked her to turn off the water (she had quenched the begonias' thirst), the Girl leapt up, eager to be of service while the Boy worked on her car. She sprinted past the dog, which leapt up, too, and chased her as she veered off course into the neighbor's yard. She ran jerkily, unsure whether the dog's pursuit was playful or menacing, the meaning of the dog's sharp bark becoming clear only after its jaws clamped down on her inner thigh in a place she wouldn't want anyone to look. Its teeth sunk into her tender flesh and hung on. The Boy shouted, the Boy screamed for it to let go.

Then the Boy was upon the dog, his hand balled up in a fist, pummeling its jaws until they released their hold.

O Peaches,

Doesn't he growl something fierce at his dog?

"Knuckles! [I discover the name!] *Get in the goddamned car!"* Later, when Knuckles lifts his head from the backseat, we hear the Boy again: *"GET THE FUCK DOWN."*

You come beside me and I pull up the hem of my blue gym shorts to reveal a perfect red jawline of angry marks in my thigh.

"Let's get you in the tub," you say, a hand on my shoulder. "That wound needs soaking." I don't know that, instead of bathing, most people go to the emergency room for dog bites. You guide me into the house, flood the tub, and watch me undress. While I languish in the warm, clear water, your eyes narrow to cobalt beads.

By now, you've probably noticed I don't let you see me naked anymore—except in crises such as this. These days, I cringe when you pull out your fabric measuring tape to see how much more woman I've become. Yet now, the yellow vanity light illuminates the tanned flesh of my shoulders, the Persian blue trek of arteries beneath my translucent breasts.

Dear Boy,

After my bath, your voice is gruff and ragged, your head bent low. "Are you all right?" you ask. I want to cup your chin with my palm and lift it in the dim light of the garage where we stand, you hardly looking me in the eyes.

I don't realize that attacking dogs have to be impounded for six weeks, or that this dog of yours has already gone to dog jail for hurting someone else. Neither of us know it will later attack a two-year-old and, later still, you. Or that someday you will take it in your backyard and fire a shotgun at its head.

That week, as the marks in my legs turn fiery, I show the bite to my friends. They tell me emphatically to visit the doctor, but when I mention the doctor to Peaches, her face turns crimson and she clutches her hair and declares I will be just fine if only I soak in the tub for an hour every day. If I go to the doctor, she says, your dog will be taken away again. And how could I repay you like that after you fixed my car?

ଔ

The antibiotics prescribed by the doctor did the trick. The dog got impounded and then returned to the Boy. Claiming that the Boy was furious, Peaches hardly spoke to the Girl and, in fact, told her to move out of the house a month before the Girl was planning. The Girl came home one day and found Peaches packing up her things in a cardboard box.

Dear Girl,

Seeing as how the Boy is dead now, seeing as how you're grown: I'll send something for your troubles. We'll act as if I've garnered wisdom from these years, as if I understand things now that you couldn't comprehend then—how this one boy had colored in your life with a throaty chuckle, a sweaty hand on your shoulder, and how, when you lost him this first time—after the dog bite—those colors faded to sepia, muted and matte.

You thought of calling him so many times in the last twelve years, never realizing your fear would linger as long as the scars on your thigh (they are paler now, silvery white and almost imperceptible). You wanted to visit the Boy's home, but the dog was there. You were so scared of any dog that for years your heart lurched and you crossed the street when you saw one coming down the sidewalk.

Once, when Peaches celebrated some small news of the Boy's, you rejoiced too. "I think I'll give him a call," you told Peaches. "We haven't talked in a while."

Peaches gave you his number and you hung up with cheerful resolve. Within half a minute, the phone rang. Peaches again: "You know," she said, "don't be surprised if he isn't thrilled to hear from you. He's angry, still, about what happened to his dog."

Was he? Nowadays, you don't mistake a word Peaches says for the truth. Back then, her words held you in a vise grip. You didn't call for years.

Dear Boy,

I can tell by the photograph—the way you secure my head in the crook of your arm, the way you throw your chestnut head of hair back and to the side and laugh and laugh—that I belong to you and you to me. You wore a brown bathrobe, white socks tucked up over pajama pants. Why did growing up have to pull us like taffy from these childhood cuddles on yellow-and-green baby blankets toward distant lives in different towns with different customs? You were a tattoo artist. You skated in empty swimming pools. I wrote poetry, and I am a pastor. I never wore a skull-and-crossbones in my life. But we both know it was not so much our different customs that separated us as it was that woman we clung to—she was roast chicken, minced garlic, sweet summer peaches and soft brown hair.

If she gave me a peach, she fed you the pit. If she fed you some chicken, she gave me the bones.

Over the years, the Girl saw the Boy at a few informal family gatherings. Peaches didn't often include all the siblings at once in family affairs. Usually it was little Josh and the Boy, or little Josh and the Girl. One unusual time, at a steakhouse, the whole family gathered for an early supper. This time, and every time the Girl saw the Boy, he had new tattoos, dark etchings he burned into his skin himself as he mastered techniques of this new trade, his skin collaged with snake-like swirls and letters.

At the restaurant, Peaches asked the waitress for half-water and half-Pepsi because, she said, full-strength made her hyper. But then Peaches ordered two, and the Boy rolled his eyes and looked at his girlfriend, who was twenty years his senior and cursed like a sailor. The cursing always made Peaches wince, and the Girl found that ever amusing.

Another time, one Christmas, everyone gathered at Peaches' house. While dinner was cooking, the Girl and the Boy's girlfriend descended the stairs to the den, where they sorted through after-dinner movie options and family pictures. For some reason, in this secluded room, the girlfriend mentioned a birthday card the Girl had sent the Boy the month before. "When your brother opened it, he said, '*That bitch doesn't give a shit about me.*'"

The Boy's girlfriend was sick in heart and mind, but the Girl did not know that. Her heart broke open like the skin-split of a fresh dog bite.

Dear Boy,

I loved you—madly. But I sent birthday cards sporadically, if at all, after that. As your day approached, then dawned and set, the last silver maple leaves fluttered to the dying grass in our front yard. I was voiceless—no call or card to tell you I noted the day of your birth, that it was and is seared into my consciousness as are all other important dates—my wedding, my children's births, now the date of your death.

Boy,

There are not many pictures of us together. In fact, I know of only two taken in the eleven years before you died. One scene at my wedding: you and your girlfriend in the receiving line with me and my husband. Your girlfriend said I looked like a Barbie doll in my mermaid-cut dress, that I had a great ass. Did this make you grumpy? You looked it, and so did our mother. But—lucky mother—she stepped out of line and snapped a picture with her three-dollar disposable. In that picture, we are a surprising eruption of laughter—you, me, your saucy girlfriend, my groom, and our little Josh.

Boy,

The other photograph I know of was taken at your house on Mother's Day, only a few years ago. You were going to meet my infant daughter for the first time; I would meet your new girlfriend, Jennee; and we all would band together to insinuate some depth of affection for our mother.

But Peaches called me the morning of our gathering, trying to convince me to stay at home. "It's not for you to come," she insisted tearfully. Didn't I know you lived thirty miles from the nearest grocery store and would not want to shop for me and my family? "I'm asking you!" Peaches begged. "Don't come."

But I came anyway because you said to come, because you were glad to have me at your house—first visit ever. Jennee told me that after you hung up the phone on the day we made our plans, you had turned to her and said with surprise and confusion, "I guess my sister *does* want to be part of my life."

When I arrived with my toddler and baby and husband, you ushered us in through the arts-and-crafts style living and dining rooms to the deck you'd built off the back door. The rails had not been filled in yet, and I kept our toddler close, worrying she might slip through the gaps and fall into the concrete basin below—the skate pool you'd dug and poured yourself.

After eating barbecue on the deck, our mother and your girlfriend went inside to wash dishes. I stood on the smooth cedar with you and little Josh, all of us gazing at the surrounding fields, the grain silo, and the train track that ran behind your house.

Do you remember? I said, "This is nice—I'm impressed by all you've built." I meant the pool, the deck, the motorcycle in the garage. Your life, really, impressed me. You looked me hazel in the eyes, nodded your thanks along with a short, staccato exhale, a *hmpf.* Your lips pressed into what I hoped was a smile.

The back door slammed and Peaches, disposable camera in hand, said, "Let me get a picture of my three children together. I don't have very many." You turned your stocky body in painter shorts and black wifebeater. I turned my postpartum. Josh, his long and lanky.

I hear that that photograph exists in Peaches' house, probably tucked away in a bureau drawer, but I've never seen it. Only imagined: our eyebrows raised in confusion at the vague familiarity of the moment. Somewhere, afar off down the roads of our memories, we sat in front of another camera, a cloudy gray backdrop behind us. Our freckles matched. Your dark bangs swept across your sunny forehead. You wore a plaid cowboy shirt and I a ruffled pinafore.

Boy,

Funny she uses *disposable* cameras for everything. Implying what? She can only afford memories in small batches? Or: that she might throw them away, images undeveloped?

ೞ

On the Boy's wedding day, Peaches called the Girl—looking for little Josh. Peaches and little Josh were to ride together to the ceremony, but now she wanted to leave early, without him.

"I can't get a hold of him—" she cried into the phone. "Lazy boy!" Her voice turned gravelly and low: "He's probably drunk in bed, ignoring his calls."

"We'll give him a ride," the Girl said. There were hours before the wedding, plenty of time to find her brother. She hung up and dialed Josh, who answered immediately and was, upon speaking to the Girl, appalled by Peaches' evaluation of his unresponsiveness. He'd been on the job at the construction site.

He called Peaches to say he was perfectly within his sober mind, and why did she need to go early to the wedding, anyway?

"Henry needs me," she said.

He asked her again. "But why do you need to go so early?"

"He needs me. Get a ride with your sister."

On the meandering half-hour drive to the ceremony, little Josh and the Girl compared wedding gifts. He'd bought the Boy and Jennee a bong. The Girl had purchased a salad bowl and realized then that the Boy would probably get more pleasure from the bong, but oh well, she always was such a straight shooter. It was no wonder she put her stock in salad.

Little Josh was painstakingly adorable in his khakis and tucked-in black button-down, red tie, and Doc Martens. The Girl knew at a glance that these weren't his sort of clothes; he'd even bought new laces for the occasion and, during the car ride, pulled them out to contemplate threading them through his boots.

When they arrived at the club parking lot and emptied the car, Peaches came running from the middle of a grassy knoll where a gazebo and chairs were set up for the ceremony. Her cheeks were flushed with excitement and rosacea. "Come on, come on!" she beckoned and waved hysterically. "They're taking pictures!"

The Girl picked up her pace, hurrying her eldest daughter across the gravel. The group scurried to the presumed photo area, where for half an hour the wedding party and relatives had already posed in different configurations. The photographer was just packing up her equipment. The bride and groom and their attendants had disbanded; the bridesmaids were running into the club for a last-minute lipstick check.

Dear Boy,

Let me get this straight. Before the ceremony, you'd told Peaches she was needed early for pictures, and would she please tell me and little Josh?

"We waited and waited for you to come," your wife tells me now that you're gone. "Finally we ran out of time and had to start."

By now, I've seen Peaches in many of your wedding photographs—with just you, with you and Number One, and in larger groups of extended family, in the shade of tree boughs and in the bright May sun atop emerald grass.

When we didn't arrive on schedule, did Peaches' face fret with yours?

Dear Boy,

There is one photograph in which Peaches presides between you and Number One. (Serenely, she had smiled and asked the photographer, "You're going to make me look good, aren't you?")

At the visitation two years later, images of you and your bride—clustered with Number One, his other children, and Peaches in the navy dress—loop in the video collage that plays next to your casket. In these, Peaches smiles sweetly and she *does* look good, her thick hair blow-dried into soft billows around her face.

Little Josh and I watch the video from the cushioned front pew and see the empty space on the grass where we might have leaned next to you, grinning at your good fortune to have found such a wife. Inside throbs the particular sting only the two of us know: we are missing from the record of a last-important day. When we can't watch, we weep and bury our faces in our laps; sometimes our swollen eyes drift toward the peace lily that arcs and bends toward your casket.

Do you remember, Boy:

Something you rendered comfortingly and irreversibly magical when I was small. My Barbie coloring book—I handed it to you, hoping for only the crudest help filling in flowers and her hair. But when you returned the book to me, my breath caught at the dimensions you created: her dress outlined in the deepest rose-pink, result of your pressing the fine crayon tip carefully along the printed black lines; the center shaded in varying depths of rose, her portrait bright—alive. You opened up a new world for me, loveliness spilling out of every wax crayon onto every feeble page, and my coloring strategies were altered forever. Just last week in the dance class lobby I found myself outlining grass and shorelines, ball gowns and carriages in my daughter's coloring book. A force of habit, now.

Oy! That was some fight between little Josh and Peaches on the night of the Boy's wedding. They rode back to town together afterward and spat the whole way, from the sound of it.

"Why didn't you tell us about the pictures? *How could you not?*" little Josh asked her over and over. "*How could you tell him I was drunk and couldn't give a shit about my own brother's wedding?*"

Peaches had a list of reasons:

"I was frantic—in a hurry."

"I had a pinched nerve."

"My car was breaking down."

"I couldn't get a hold of you. You probably had a hangover."

"*I asked you,*" he reminded her. "I asked you why you had to go early."

"I know she's our mother, but this is unforgivable," little Josh barked and bitched into the phone while the Girl listened. The fight with Peaches had extended into June; he wasn't talking to Peaches at the Girl's daughter's birthday party.

"Maybe you can help us settle our little problem," Peaches remarked jovially to Number Two, who chatted with party guests in the Girl's backyard. Little Josh scuffed the grass with his feet and looked away. Number Two shrugged and arched his eyebrows.

Near the sandbox, Peaches found the Girl, who was just about to cut the cake that sat on a small table assembled for the occasion.

"I've suffered a major blow by your hand," Peaches told her. "Josh isn't speaking to me because you told him I thought he was drunk the morning of Henry's wedding."

"I'm sorry," the Girl looked around bewilderedly. "I thought you did say that."

"No. I didn't. And now he's not speaking to me." Peaches raised her eyebrows pointedly. "It'd be nice if you could let him know you made a mistake."

"Okay, but—I thought—you did say those things."

"Even if you thought so—why would you repeat something that isn't kind?"

Boy,

My husband and I try to go to bed early—ten, ten-thirty. This night, while I pull on purple pajama pants, you call your wife from a bar in Belle Plaine.

"I'm not driving home. I'll get a ride," you tell her.

"You've had more than a few drinks, then," she judges. She knows well—and so do you—how much liquor you can hold, how many bottles of beer.

ଦ୍ଧ

The Girl's husband pushed the tiny black switch on the alarm clock to "on." She heard his feet pad through the house to the back door to check the deadbolt, then pad back to the bedroom where he flipped off the overhead light because the bedside lamp was already on. She watched her husband push down his jeans, uncoil from an oversized t-shirt, and throw the clothes on the closet floor.

On-Your-Way-Home Boy:

Our lights are off now. Our youngest daughter, three years old, cries from her bed. I hit the bathroom light switch as I walk across the hall to her room. Her forehead and body are hot as I carry her into bed with me and my husband. The mattress is a sea of white cotton and wool, of pillows and wrinkled waves. She clings to my shoulder, cleaves her moist body to my torso, and sniffs at least forty times to clear her sinuses before she drifts out on that cottony sea.

The Boy's wife said to her sister: *He's late.*

There were sirens then. His wife grabbed a set of car keys and followed a fire truck to the accident, two blocks from the Boy's house. The rescue worker gave her two wallets: His, and hers because he had carried it for her that day.

His bed was loose gravel until a chopper arrived.

Boy,

She burns me, and her coppery crew-cut tickles me awake when she stirs an hour later. My husband, far across the king-sized bed, sleeps tucked against the wall, undisturbed. Our children prefer my body to his, its warmth and contours, its hills and clefts. She pushes her head into the space between my shoulder and neck, and rolls her body on top of mine.

My eyes flutter open. The light from the bathroom filters in through my retinas. I look at the clock as I nudge her off. We'll be tired in the morning if she doesn't settle down.

Dear Girl,

Seven more hours, the Boy is alive. Or at least the machines pretend. A neck brace stiffens him in place as he is scanned and x-rayed and lifted back onto a rolling bed. I wish you could see the sheets mussed under his weight, whether he is blanketed or not, and on which hand the hospital staff has secured an ID bracelet.

You are ten minutes' drive from the hospital, in bed with your daughter and husband, who are slipping in and out of sleep the way you slip in and out of bed, once to turn off the bathroom light, once to close the bedroom door.

In-Transit Boy,

Where are you these hours, while (perhaps) your wife and Peaches hold your hands? Do you hear them asking you to inhabit your body, or are you gone already, flitting like spirit above them? Perhaps you have spread across the city—vying for my attention in the suck of my daughter's sinus cavities, keeping me from sleep but also from the knowledge of you.

Peaches—she does not open her phone and ring into my bedroom, ten minutes' drive from your bed, although she remembers to call our little Josh, far off in Denver tonight. My hot daughter does not stir from the clang of a line that never clangs. I won't rise, groggy, then panic-pitch into clothes, socks, shoes, and fumble for car keys, waking my tired husband. I won't join them beside your body to request your presence once again.

Here's how it is, Girl:

When Peaches leaves a voice mail message the next morning, you call her back. "I have bad *news*," she says, her voice full of melodrama and crisis, as it was when the Russians were poised to attack.

"What is it?" you ask, terse, disbelieving.

"It's *Henry*." Peaches' voice warbles into a whisper now. "There was an accident."

Briefly you wonder if this is one of Peaches' pleas for attention, if the Boy has been only scratched or nicked or, worst case, broken-limbed. But even so, you cannot bear to draw this dark suspicion out. You must have the worst negated without delay, so you jump to the final question, anxious to confirm that Peaches is again only catastrophizing the events of your lives. I understand, Girl, how you could ask so bluntly, "Is he dead?" and be unprepared for the answer.

Then Peaches cries with you over the phone and keeps saying, "I love you," because, as you both know, this has always been held in question. You say you love her too because you do, and because it feels like the thing to say, and also because your love for the Boy is getting mixed up with everything.

Girl,

You imagine him dressed in dark jeans and black tank, a chain wallet draped across his hip. It seems Peaches has been the gateway to the rugged hero of these daydreams for too long, and probably (you think) she would not grant her permission for you to grieve as much as she. You are not sure how much to cry with her on the phone, but you do cry and for a moment pretend that she, you, little Josh, and the Boy have always loved one another madly.

The Boy doesn't love you much, is the story Peaches has told you for years. Oh sure, he was excited—*so excited*—for you to be *born* (she will keep saying the week of his death). Every time she says this, I wish you could be spared imagining what she wants to say but doesn't:

Pity he didn't like you much at the end.

Dear Girl,

You do what any respectable daughter would do—picking up Peaches the afternoon after the Boy died and driving her through the eastern Iowa countryside, green hills and yellow cornfields patch-working alongside the freeway. You do this even though Peaches gasps at intersections, demanding you take immediate and sharp right turns. To drive in peace is all you want, and to understand a little more about how it happened to the Boy. And when. And why Peaches hadn't called until four hours after he had been unplugged and wheeled to the morgue.

At the airport, you and Peaches meet the Boy's father, Number One, a petite man you'd spoken to only once in your adult life. You listen as Peaches tells Number One the story of the hospital—how once in a while the Boy breathed on his own and then stopped, and how after he'd stopped for so long, his wife and friends and Peaches realized it was over and they all said their goodbyes.

You bite your lip at the thought of saying goodbye—rather, how you didn't. But you hold your tongue and talk about raw foodism with vegan Number One in the back seat; you try not to think of Peaches beside you.

Girl,

In between talk of food dehydrators and tofu, you realize your theology of heaven is incomplete: it leaves out accounts of the in-between, when no one here knew if the Boy was earth- or heaven-bound. What did it mean to have a machine do his living? Was he really present if his breathing was done for him, if his thinking was not done at all?

His neck was broken and—something about the brain stem—his thoughts hidden from those machines, invisible to wife and mother and motorcycle buddy who came in the early morning hours.

"We walked the halls praying for a miracle," Peaches says. You imagine her limping down a vinyl-tiled hallway, halting on her good foot. She peers through windows into the night's pitch black; she looks at her silver watch and then cranes her neck down the hall to see if the Boy is back from radiology.

"I kept asking everyone, 'Will anyone just believe for a miracle with me?' I *wanted* to believe, but the doctor—*she was so good*—just laid her hand on my shoulder—like this—and said, 'I'm sorry, but his brain is dead.'"

In imitation of the good doctor, Peaches' hand alights on your shoulder, and nausea sweeps through you.

Dear Boy,

You made your own family, and they are smiles and baby feet and downy brown hair. When I examine the pictures of you and the little girl, the way you hold her up in the air and grin, your mouth half-open, I see the same face you made at me when I was old enough to tell a story that could make you laugh.

Boy,

    I haven't been at your house since the wedding shower—
the day Peaches made cheesecakes and placed them gingerly
on your pool table so as not to smear its green felt. I didn't
visit you after your baby was born, nor had I known about the
pregnancy until six weeks after your daughter's birth when, on
Christmas day, Peaches visited my house and said, "So I
suppose you heard about T—?"

    "Who?" I asked. My face burned in front of our artificial
tree.

    Maybe, Boy, you didn't call because you thought
Peaches had already conveyed the news of your wife's pregnancy and your daughter's birth? I recalled the first weeks'
sleepless wonders with my own daughters—milk dripping from
nipples onto couch cushions, first baths, crusted-over um-
bilical cords, gifts and visitors arriving daily—and my heart
lurched to know you had not gotten a call from me. I tried to
make that up to you: in January, I sent a small pink sweater
and a card declaring joy over my new niece.

    This day of your death, the shadows and light from a
sinking afternoon sun make the walls of your dining room
appear patchy. Already there are packages of muffins and
cookies on the table; the kitchen counters are littered with a
leftover pizza box and casseroles fresh from the neighbor's
oven. Members of your wife's family and one of your best
friends circle the dining table, hunching over the worn oak.
Here is your wife coming toward me and Peaches and Number
One, welcoming us with hugs; here is your friend, Darren,

shaking my hand with tears in his eyes and saying how sorry he is, as though he is a believer in my love for you.

Your wife retrieves a stack of photographs from an old piano in the corner of the room and hands them to me. "You can look at these—and if there are any you want, take them. I have copies."

I look down and see you naked from the waist up in a dark room. You are holding a naked baby with the almond-shaped eyes of her mother, the brows of her father. You nestle her head into the crook of your neck, your tattooed arm wrapping around her body and the inked letters on your left hand presenting in the corner of the photograph. *STAY.* I know they go with the lettered fingers of your right hand: *TRUE.*

I also know enough about grieving widows to not want to burden your wife with the confusion between me and Peaches, me and you. But a few hours later, she and I stand on the deck, looking out across the yard and the tracks and the paint-peeled silo beyond. I hardly know this woman beside me. Breath catches when I open my mouth and I cry like a girl knocked down by playground bullies. I want to say something to her, true as that battered silo off in the distance.

"I loved my brother," I gasp. And then, right or wrong, I tell her, Boy, how for years Peaches said you were angry with me, how I never knew if it was true.

How I wanted to believe you loved me.

How I hated myself, not finding out for sure.

Dear Boy,

When I confide in your wife, she gives me a gift. Wraps an arm around my shoulders in the late-afternoon sun and says, not unlike a mother duck clucking at her duckling, "That's not even *true*—what your mother said. Your brother did *not* hate you."

But anyway, I know it's not fair to blame Peaches for everything. I *believed* her, after all.

Five days later, another gift: Your wife and I sit under the blue awning next to your gravesite, minutes before your body is lowered into the ground. She turns to me, her face half-hidden by Jackie O sunglasses, and declares, "Now that we know the truth, we're gonna make things right."

I want to believe her. To the extent anything can be made right about your death, I want us to make it. I have a sister, and I have a niece—last of your blood—a placid infant I hardly know.

From Belle Plaine to Luzerne, where the Boy lived, one took IA-131 for five miles heading west then north through farm fields. A tributary from the east, one lone gravel lane, meets 131 where the road curves northward into Luzerne.

There, an eighth of a mile from Luzerne, the Girl crouches over the gravel lane, not more than ten feet wide. Her back is to the east, the top of her head aimed at the afternoon sun, and her face, unable to register any of the dark notes swirling in the gravel, stares blankly at the reddish brown stain, a mark not wider than her two hand spans, not longer than three.

"That's Hank," Darren had indicated in a low voice when she and Peaches got out of his Volvo at the scene. *Hank?* The Girl had sunk down to examine the blot, unable to match its shape to the shape of the Boy's body, the one she carried in her mind, as if she expected the blood would have flowed out in a perfect crime scene outline. Was she looking at his head? His gut? His arm?

A pick-up truck rumbles northeast on 131 and slows to a stop. A man, middle-aged and bulky, descends from the vehicle. "Hello there," he says, lumbering over to Peaches, who's wandered away from the Girl and Darren. The Girl keeps her gaze on the ground, her eyes shielded by dark glasses, and barely registers Peaches' muted greeting and the slow amble of feet as Peaches and the stranger—the farmer who owns these surrounding fields?—wander further down the gravel road and pause, speaking softly with heads bent.

Darren, whose eyes she feels, crouches low near the Girl. "We found one of his earrings," he says softly. The Boy wore wide hoops set inside his earlobes, the center flesh of the lobes stretched into open holes large enough for a small finger to fit through. But his wedding ring has vanished—how it managed to slide off the Boy's still intact finger, nobody knows.

She digs her heels into the ground, straightens up and scans. Ditches flank both sides of the gravel. She walks deliberately toward the tire marks; Darren follows a few feet behind. The tracks of the Honda don't even follow the northeast curve of 131, just barrel straight east into the gravel lane's south-side ditch. Had the driver even *tried* to brake? *Tried* to turn? On hitting the embankment, the car—she's trying to get the right words for this, words she's heard as conjecture repeated through the day—*flipped? rolled? soared?* across the gravel lane and landed in the north-side ditch, crushing the driver, killing him on impact. In the car's flight, the Boy was forced, unbelted, out of his seat through the (open?) passenger-side window.

She turns to Darren, "How fast do you think they were going?"

"A hundred. At least."

The shock of this number spreads through her, ices her, and she sizes up the messenger. Darren, a fellow tattoo artist in his late thirties or early forties, had been in the hospital with the Boy last night, had ridden with the Boy every year to Sturgis, the largest annual motorcycle rally in the Midwest. Hours spent together on the road, in the bars, in the shop. He seemed to know something about the Boy's world, and he sounded sure of this estimate, sure of this scene.

Later that week the Girl would overhear references to Brad, the Boy's friend and driver of the car, who liked a fast ride and souped-up engines. She'd hear people say he was a partier, irresponsible. And this would be easy for the Girl to take in, easy to take responsibility off the Boy's shoulders: the Boy didn't know how drunk Brad was, she would theorize. He didn't realize the danger he was in. Easy to believe, instead, that the fault belonged to another boy, a delinquent, who'd killed her brother and lost his own life in the process.

Months later, the Girl went in search of the driver's MySpace page and found a large photograph of his tattooed and muscled torso. In another photo, *God's Love* was tattooed in a curlicue font across his palms. Brad had fathered two young boys, towheads: they posed in hunting camo and big grins elsewhere on the page. In his profile, Brad boasted of working out five or six days a week. His favorite pastimes: golfing, boating, working on his farm. "I'm 34 years old. I love . . . playing with my two boys. I'm not really into going out but do from time to time. Don't get me wrong. I did A LOT of partying in the past and I still love to have fun." His favorite books: *The Purpose Driven Life* and "any American poetry." His hero: "God!!! My Father."

On the night of the accident, Brad's car was filled with a toddler's booster seat, a five-pound sack of potatoes, and flip-flops. It was hardly a car belonging to a strung-out partier, the Girl thought. She absorbed the man's page for an hour, drinking in photographs of the glossy wood floors Brad refinished in the farmhouse's living and dining rooms, the faux-granite kitchen countertop installed on top of new honey-grain cabinets and shiny appliances.

There, down below, in the "Farm Spring" photo album: a cluster of three red barn-like structures and a white out-building, their shadows extending eastward across bright cut grass.

She pictured Brad in this scene atop a John Deere

riding mower, his children looping him with crow calls as they run maniacally toward the barn at the end of the day, the promising warmth of spring in the air.

CR

When they left the Boy's house, Number One was quiet in the Girl's back seat as they drove the thirty miles to Cedar Rapids to find his hotel. Peaches, however, took the opportunity to talk.

"I don't ever call because I'm afraid I'll impose," she told the Girl. "And *you* don't call me."

The Girl winced, wondering how much attention Number One was paying. *Are we really having this conversation—right here and now?* she wanted to ask aloud, but said instead, "Wow, gosh. We'd be thrilled if you called to set up a time to visit. It does take two, you know." She intoned this warmly, but on the inside she was recounting how yesterday, the day of the Boy's accident, Peaches had visited for a belated birthday gathering for the Girl and her eldest daughter. Hadn't she urged Peaches to stay when she made ready to leave after half an hour?

It was true that the Girl would have been happy if Peaches initiated something, instead of the other way 'round. There'd been too many years of Peaches' silence and then the accusations that no one in the family loved her enough to invite her to a meal. It's not that Peaches was easy company, or that the Girl didn't calculate the weight of her every word in Peaches' presence. But the Girl did not hate Peaches. Instead, she sometimes felt she was riding out a hellish stint at Jesus-styled boot camp, cutting her muscles on the unimaginable that Jesus had commanded of his followers—forgiving [your mother] seventy times seven if necessary. And so the Girl sweated hard in Peaches' presence and tried to speak in a firm, loving way.

Peaches sighed, her gaze on the road ahead. "I guess it *does* take two. You know, when your life is hard and you've suffered—when you don't grow up with love—you don't know what real love looks like. My mother didn't have good boundaries and because of that, I didn't teach *you* good boundaries."

True, the Girl had learned these on her own. But she ignored the insult and did what her therapist told her always to do in these situations. She became a good listener and *hmmed* and *uh huhed* during the story about the love Peaches never had.

As the car exited the highway, the Girl threw one more honest bone and was spent. "Wow," she said to Peaches. "That all sounds really hard."

Peaches paused—perhaps surprised at the Girl's forthright empathy—and said quietly, as if to herself, "Yes. It was."

It took the Girl two tries to find the right hotel because the signs for the multiple establishments on the block were poorly placed and badly lit, not to mention the parking lots were jam-packed with cars belonging to residents displaced from their homes by the summer floods. She maneuvered the minivan through bodies—men sat on curbs and smoked in groups, teenagers flocked together in the drive. Outside was everyone's living room. Inside, the lobby and front desk were abandoned.

In hopes a manager loitered in the room adjoining the area behind the registration desk, Peaches leaned over the counter and called out in a high singsong, "*Yoo hoo? Hello?*" A security camera perched on the ceiling behind the counter, and Peaches and Number One were caught up for a moment silently staring at their grainy images on the monitor while the Girl poked her head down a hallway and up a flight of stairs looking for anybody. The hotel number was saved on her cell phone, so she rummaged through her purse and dialed. Number One bent his head toward the floor, shuffling his feet while the phone on the counter rang shrilly. No name-tagged employee appeared to answer it.

The Girl thought about leaving Number One here so she could get Peaches home, but decided she couldn't leave him in an empty lobby, in a strange flood-worn city, on the day his son had died. So the three of them stood in a row before the front desk in silence and with eyebrows cocked. Number One stuffed his hands into the front pockets of his pants and

Peaches crossed her arms in front of her chest. The Girl leaned against the counter.

She heard a twitter. She looked. Number One had what appeared to be a smirk on his face. Surely, then, what she heard was a chuckle. Then a giggle from Peaches and—what the hell—the Girl laughed too, palming her forehead because she never thought in a million years that she'd be standing at this abandoned desk on a steamy July evening with Peaches and her Number One—the man central to so many stories the Girl had heard from Peaches—about the years of young love, whole-wheat flour, wooden spoons, and a marriage that, finally, did not rise like the yeasty loaves Peaches baked.

The main entrance creaked behind the trio and they turned, smiling, to see a Mexican couple enter. The Girl asked them if this was indeed the *front* desk (because—she hoped crazily—perhaps there was another fully staffed lobby elsewhere in the building) to which they replied via nod and shrug, gestures cancelling each other out.

"*Buenas noches!*" Peaches cried as they mounted the stairs to their room.

Dear Boy,

If you spoke (and you must have), I remember nothing. If you said, *Good morning*, I cannot say if it was with sleep in your eyes or daylight in your throat. If you said, *Here*, handing me a recording of your favorite band—I wasn't listening hard enough. I know only that your voice turned gruff with age; your body turned stocky and solid; once in a while you laughed high-pitched like a girl and couldn't stop.

Do I need to be more clear? I only know so much about you now because you are dead. Because you're dead, I know, for instance, that during your high school years you said to your best friend, *I am done, so done with her craziness, living like this*—and before his eyes you learned independence. Got yourself to work, to school. Formed opinions. Loved.

I know what you said, after graduating, to a girl whose legs you jumped over for fun on the skateboard ramp. She was ambivalently dating a college football player and you counseled her on relationships. You hug the phone base to your chest as you lean over a desk in the apartment I never saw. Your chin tilts down at an angle, nostalgic.

Because you are dead, I know you said: "Susie, it's so much better when you are in love."

You were only twenty. Where did you learn that—how did you know?

Boy,

Day after you're unplugged. Day after driving Peaches and Number One through Iowa countryside. My daughters have gymnastics lessons. My husband drives and parks beneath an elm tree bordering the lot.

July heat. Partial morning shade. I stay in the car, wish the girls a good time, pull maroon-edged sunglasses over my face, turn on the music. Scream.

Parents park beside our van and usher their children inside. I stop for them. Then start. Sweat beads around my temples. Sinuses and lips swell with heat and the sounds I make, the guttural bird-clawing that rises octaves and breaks into rasp and rises again.

I didn't count on Peaches costing me more than she already has.

The accounts are wide-open now.

Today, I am good at math.

I paid the sight of you: Your soft, curving face growing whisker-stubbled, square. I paid *scent* and *sound*: cloud of machine oil and auto body paint, the rubber under your canvas shoes, the clatter of your board in the backyard skate-pool. Mellow drizzle of your thick, grown-up voice.

And I paid *touch*: The next (and last) time I hold your hand, it'll be cold.

But Boy:

I must indict you with crimes of brotherly silence and neglect. And the cessation of birthday cards from the time I was sixteen. And with separating your life from so many things related to Peaches, meaning me.

I charge you with not calling the day my niece was born, nor in the months before, to say she was expected. When your wife asked if she should invite me to her baby shower, you shrugged your thick shoulders and said, "You *could*. I doubt she'll come."

Who put it in you to doubt me? I'd have driven the distance, taken a train, or bicycled down rural highways for hours if it meant a chance to fill my life up with yours.

Mother's Day, when we'd come to your house with our allergic toddler, we'd brought wheat-free bread and unbuttered peas. You hadn't known of our emergency-room trips, how when my daughter was an infant I injected her with epinephrine as she convulsed and vomited in my lap.

"Why," you and Jennee had asked Peaches, "did the Girl bring her own food?"

Peaches said only: "She doesn't want her child to eat yours."

When your wife repeats this, months after you're dead, I can see you shrink back, stung by Peaches' words. Shame creeps across your brow and furrows it, becoming anger. No wonder you didn't think I'd celebrate the arrival of your offspring. Still, you can't say it was all Peaches' fault.

I charge you with believing, my same crime. Also, with drinking and misjudgment.

With distance. With time.

I charge you with not saying goodbye.

I'm sorry, Peaches.

I cannot comfort you as perhaps a good daughter should. I cannot cling to you and hold hands (like Number One and his daughter, like Jennee's mother and sisters) while this too-cheerful funeral director informs us of casket pricing and service options and obituary fees. All around the room, family members cluster together, everyone except you and me. They hold and cling and hug and cry with heads bent toward each other. You sit by yourself and I cannot bear to touch you, even when you shake your head and put a hand over your mouth to stifle a sob.

Dear Boy,

Then little Josh arrives at the funeral home. Number Two has driven him hours from the airport to meet the family so he can help to plan your burial. Josh hobbles in, leaning on the cane in his left hand—a soccer injury last week resulted in a swollen ankle. He says nothing and his face is pale with age and grief and reminds me of Gramps, Number Two's father, almost ninety now and halted by arthritic joints.

Oh my heart breaks for little Josh—and all the family members' hearts too, I think. When he sits, your wife and Peaches and Number One and I gather 'round to ask if we can get him water, crackers. He shakes his head, no words. The director scribbles more notes on his papers, draws our attention back to the draft of an obituary that collectively the family is trying to write. *A master artist. Amazing husband. Survivors include—.*

Teardrops fall from little Josh's face onto the carpet and he doesn't wipe them away or reach for the box of tissues someone places near his feet. He seems stuck that way when the family rises to survey caskets in the adjoining room. I kneel beside him then and watch. He and I are used to word-lessness: for years, we sat silently in front of the television, video games, Peaches' fights with Number Two. When I was in college he showed up at my door unannounced, just to sit on a hard-backed chair in my cramped efficiency and offer once-in-a-while commentary on local government.

From the next room, we suddenly hear Peaches' shrill voice making an end-times sort of proclamation about how *we all won't be here much longer anyway.* Does she say this to deter your wife from spending too much on a casket? For a half-second, little Josh's and my eyes meet. He shakes his head almost imperceptibly and a tear splashes down upon his khakied knee.

Dear Peaches,

In the viewing room, where the Boy is still hospital-gown clad, you whisper in my ear: "He loved you, Heath." Your hair tickles my cheek and you hold on tight to me for a moment. I fold my arms around your back but they are limp and ragged. I do not caress or rub your shoulders, do not stroke your hair or spontaneously drape my arm across your back as we find ourselves standing near one another this week. You release me and take turns hugging Number One and Number One's other children, who do a better job at reciprocating.

In front of the Boy's dead body, you hug Number One's son and whisper, "He loved you, Ben." But other worries must linger in your mind. Number One's son is young, a graduate student, newly married. Fresh in life. You add, "I want you to have a *good life*. I want you to get to *church*."

Dispenser of much love, you proclaim the Boy's affections for each one, flitting fairy-like from one family member to the next. During the meeting with the service director, you had constructed a meta-narrative for the Boy's life—what a Wonderful Man he was—and suggested phrases for his obituary: Heart of Gold, a Friend and Advisor to All, who Shared the Good News of Christ with all his friends. Many Had Come to Salvation Because of Him. He Loved Everyone and Helped Everyone and Cared for their Immortal Souls. The Boy might easily have been mistaken for Billy Graham.

But just a few years ago, when he and his old girlfriend split up, you'd told me it was because the Boy was ugly in his anger, he'd gotten in bar fights and street brawls—the girlfriend was afraid of him. You had left out of the story that the old girlfriend was dying of liver poisoning from drinking too much, that she wanted to die silently and alone, without the Boy's insulating grief.

Furthermore, you had suggested that your own Husband Number Three was paying a bit too much attention to the Boy's [dying] ex. Number Three drove out to the country *multiple* times to help her move; he *took her boxes*; he received her *phone calls* and lingered longer than necessary.

And, you failed to mention when the old girlfriend died.

Dear Boy,

There are nights I lie in bed and think of Lazarus. You might remember from your days in Sunday School that Lazarus's *everything*—not just the brainstem—was dead three days before he came back to life. "If you'd been here," Lazarus's sister had chastised their friend, Jesus, "my brother would not have died." I think about raising the dead, or even a dead brainstem, in an early morning hospital room. How hard could that be, compared to Lazarus, who was decaying and entombed by the time of his resurrection?

Before the rest of the family entered the viewing room, I stood alone next to the table where you lay dressed in a pale-print hospital gown, a white sheet respectably pulled up to your chest. I knew they had taken away your brain by now—probably your heart and kidneys, too. I knew from the way your tattooed arms swelled that they had siphoned out your blood and pumped you with too much formaldehyde.

There I thought of raising you and of Martha and her indictment of Jesus: *If only you'd been here.* But the indictment was altered in my head: If only *I'd* been there as you lay dying. I have faith for hospital-room prayers, brother. I have faith for machine-living prayers and faith for brainstems and lungs when brainstems and lungs are still in the body. But funeral-home faith? I would need more time to muster it—more time than I'm allowed in a few brief minutes—for a new brain, new heart, new kidneys to grow.

"Wake up," I whispered. Because I wanted you back: "*Wake up,*" less prayer than command. I half-expected your corpse's eyelids to flutter open, the pale freckles on your cheeks to liven with color, the stitching on your skull to fade into tender, new skin. I could almost see fresh cells smoothing over gravel's abrasions, fresh cells pushing shards of glass out of the pores of your forearms, making them fall like broken miniscule stars to the carpeted floor.

Boy,

I didn't say these words before you died:

Tatts. Slinging ink.

You owned a parlor—*salon?* After the meeting at the funeral home, the family stops by your new shop, which just happens to border the cemetery, yards from the plot we've picked out for you. Inside, Hardcore Tattoo is the Fifth Avenue, the Rodeo Drive, of tattoo parlors in Iowa, with plush leopard-print carpet, brushed-nickel shelves and spider-web brackets. You burned people there with burgundies and pine greens, American flags, eagles, portraits of babies lost and dogs found, skulls embedded in wreaths of flowers, serpents coiling up an arm, arm-weaves of purple begonias on lanky vines.

In the dream I have the following week, when the service and visitation have passed, I see you in the shop, your shelf of trophies behind you. First Place, Second, Best in Show. From tattoo conventions and competitions. You lift your eyes from the black swivel chair at your station. You're laughing, now, I realize, because this has all been one fucking joke: that corpse we saw Thursday at the visitation, that body I cried over Friday at the service, the powder-caked, sunken leftovers of a face—that wasn't you. You're at the shop, right now, in fact, next to the cemetery where we buried that poor unfortunate boy.

Dear Boy,

We're waiting now. Dates are set for the visitation and funeral. I want to speak—I have words to arrange on paper and deliver to the air. More family arrives—Number One's sister, your Aunt Letty, who stays with Peaches, and our cousin from the east coast whom I haven't seen in almost two decades. She'll pick up Gram, Peaches' mother, from the airport and get them both settled into a hotel.

Because I want to be as close to your world as possible, I find myself at your shop on Wednesday, where little Josh, Number One and his kids—your other brother and sister— have gathered. In your tattooing station, next to your black swivel chair, Number One stands soberly speaking to little Josh. I walk into the space, survey pictures of you and your wife, you and the baby, and sidle up to my brother. I nod at Number One, who turns toward me mid-sentence, spontaneously pulling me into his meek address.

"Your family went through some hard times—there was a lot you struggled with. And Henry wasn't perfect. He made mistakes. But underneath it all, he loved you, Heather. He loved you, Josh."

The Girl felt stripped by Number One's words. Her teeth and stomach clenched, confused at how Number One, practically a stranger, would know anything about her relationship with the Boy.

But what Number One had said was true, one of the first true things she'd heard said that week about her and the Boy, about their shared family. He *wasn't* perfect and neither was she. And underneath all that imperfection was love.

Number One's eyes glazed over momentarily, staring past the Girl's shoulder toward the shop's front door. Then, shaking himself, he looked at her and little Josh with fresh eyes.

"I don't know where *that* came from," he said, in seeming wonder at his exhortation. "It must have been wisdom from one of my past lives."

Her stomach knotted. The onion rings she'd eaten on the way to the visitation tumbled inside. Dread's what it was, really. She was going to sit for four hours in a room with the Boy's dead body, feel his absence more acutely than she ever had in her life. And she was determined to feel it. She sat down a few feet in front of the coffin, in the front pew next to little Josh, who stared zombie-like at the flower arrangements and the video display. The Boy's body was all dressed up now. Flowers everywhere. Number One, the Boy's other brother and sister, Peaches, cousin Karen, Gram—they stood and sat and hugged each other and stared at the Boy. Soon, the visitors came, walking down the main aisle, pausing at the box, beholding the Boy, bending their heads down, sometimes dabbing eyes with Kleenexes, and walking out. Peaches' lavender blouse blended in with the flowers. She spoke with guests she knew and some she didn't while the Girl kept sitting silently next to little Josh and didn't speak to anyone if she could help it, didn't want to speak to anyone, wanted to let these hours wash over her, wanted to own every thought, every feeling before it floated by into the next week, next month, next decade without the Boy.

At the front of the room, she recognized Peaches' neighbors, a minister and his wife, respectively attired in dress pants and floral, here to pay their condolences to Peaches, for whom they cared in Lutheran fashion, having been neighbors for more than a decade. Peaches and this couple gesticulated wildly at one another only a few feet to the side of the casket.

Presently, the Girl became certain that Peaches was trying to catch her eye. She could see the attempts in her peripheral vision, arms waving her direction, heads turning. But she kept her eyes locked on the casket or the floor, imagining little Josh a shield from society until Peaches came directly into her line of sight, the pastor and his wife a few feet behind. The Girl felt little Josh's inward groan.

The couple made apologies, expressed condolence to the Girl and little Josh as Peaches retreated to greet more guests. But the pair did not, then, know to leave. Perhaps their methods for condoling fell more into the area of distraction and amusement. The Girl knew only that five feet from the dead Boy she found herself launched into bright, stream-of-consciousness chatter about cruises or apple pies or miniature golf—she couldn't remember afterwards which—all the while wishing the couple would be swallowed up in the funeral home carpet, that they would simply disappear.

When they did leave, the Girl moved, thinking it safer in the center of the room, in the middle of a pew. But Peaches waved at her again, this time beckoning the Girl to a middle-aged woman, Lila, and her son, whom Peaches had known since the Girl was in grade school. The Girl shook her head and Peaches, seemingly alarmed by the Girl's antisocial behavior, walked briskly over.

"I don't want to talk to anyone I don't want to talk to right now," said the Girl, who rarely said no so simply.

"Oh," Peaches nodded and started to back away just as Lila caught up.

"I'm so sorry," Lila said to the Girl over and over, so slowly and mournfully that the Girl wondered if Lila had lost a brother as well. "It's just so sad, so sad." Lila raised her eyebrows. "I hear you're an assistant pastor now?"

The Girl nodded, confused.

"I'm really happy for you," Lila said somberly as if she wasn't happy at all. "I always wanted to do something great for God." She paused. "I just never did."

The Girl looked up at Peaches, who seemed, in a precious moment, to understand what the Girl wanted, saw the Girl's broken face. Then, with her eyes darting between Lila and the Girl, Peaches backed away in slow motion, gesturing her goodbye.

The real party was outside. Bikers in leather and stilettos and cigarette smoke. Maybe they were outside to smoke, or maybe it was because no one could bear being that close to the Boy anymore now that he was dead. Over the hours, the Girl drifted from the Boy's body, too, first to the back of the visiting room, then to the lobby, then outside, and then to a small alcove where little Josh and the Boy's other brother and sister sat doodling on programs, jotting down words they might say at the service the next day.

Peaches found the group there and announced that Number One's other sister would be arriving shortly. She turned, smiling, to the Girl and little Josh: "You'll get to see more of your cousins!"

"They are not *my* cousins," protested the Girl, confused because she'd never met the nephews of her mother's ex-husband ever, not once in her life, that she could remember.

"Oh," said Peaches, and waved her hand in the air and smiled, "if our family had stayed in California, you would have grown up with them, and we all would have been close—like family."

Wordless, the Girl stared back at Peaches. Her lips trembled at the disparity between the past and the present, how now Peaches sought to connect her to people with whom she shared no blood, no love, and yet, when the Boy lived, it seemed Peaches had worked to sever all such connections.

Dear Boy,

In college I wrote scraps of poetry about our family. Once, I said to a writing friend, thinking my relativism original, that when you come from a family like ours, you must forge your own truth, some pliable form, out of bits here and there. Now, I see my relationship to you more clearly:

You went everywhere first. Now, I can't follow at will.

While you lie in your casket before three hundred mourners, you wear a black bandanna over your forehead to hide the stitch marks. I stand beside and read you a letter, my own navy headscarf folded, wrapped and knotted at the nape.

Dear Henry,

This is a little embarrassing, but you were my first crush—I guess in the way only a big brother could be to a little girl. Even if you did throw me around and upside-down a few times, I have to admit to loving you hard enough I sneaked into your room—that wonder-world of your creations—just so I could breathe in the smells of a teenaged boy mixed with baseball mitts and skateboards, markers, paints and glues. There on the desk were your drawings and the wood bowls you made in shop class. There on the floor by the closet was the fake electric guitar you'd cut out of plywood and wrapped in gray duct and black electrical tape—what you used to air-jam to Stryper, that bunch of hair-teased rockers in their yellow-and-black ensembles: puffed sleeves, flight jackets, yellow spandex with zebra stripes.

Those boys with the made-up cheekbones were in the poster on your bathroom door. They watched you and I watched you fiddle around on the imaginary strings of your made-up guitar. Then you handed the guitar to me and smiled. The weight of the plywood was heavy in my arms, and I air-jammed to the hard beat coming out of the speakers on your floor. I wanted to play guitar if you played it—or fake guitar if you faked it. Only to be like you. This is why I wanted your BMX bike so badly, why it was no small miracle when you passed it on to me. It's why I coveted your skateboard, your Converse shoes, and the pavement you rolled on, because it touched you and it was where you were.

Thanks for the skateboarding lessons, even though I couldn't keep my balance on a board to save my life. Thanks for

151

the mix tapes, the birthday cards, every ride, every secret you ever told me, and every smile directed my way—each an occasion that caused my heart to leap.

If I could rewind time for a little while, I might find the room that belonged to you, first boy I ever loved, and sit and sit and breathe you in. I'd pretend that you'll be here in a few minutes. You're just riding your moped home from the late shift at Taco Bell.

But since I can't rewind, I guess I hope that in heaven you can do the equivalent of motorcycling down freeways in the mid-dle of rolling fields and mountain passes. I hope there are endless warehouses full of art and building supplies (maybe ones you've never seen before) with which you can continue the art you began here on earth. When I get there, I hope you'll show me your room and everything you've made.

Dearest Girl,

People take pictures of stillborn babies. Dress them up and set them before cloudy backdrops. But we do not photograph the deadness of brothers, of young fathers and husbands. O, sacrilege of the flash.

Before the funeral-home workers close the casket, you slip the camera from your purse and power it on. The red light flashes readiness and you clutch the camera to your chest, looking furtively at the Boy's wife, his mother, Peaches, little Josh, Number One, Number Two, the Boy's other siblings, his friends from the shop—all standing in a semi-circle around the casket. You cannot flash.

Frantic, you memorize him instead: The gray short-sleeve button-down that looks like an auto mechanic's work shirt. Underneath, a black wifebeater. Under that—what the Boy's wife calls his *Tom Selleck*—a mass of rough hair fringing the edge of the tank. Layers of mortuary makeup contrast with his black goatee and veil his amber and camel-toned freckles. His arms are black with ink, cold, and you are tickled by those fibrous hairs when, one last time and for the first time in so long, you lay your hand upon his forearm.

Dear Boy,

Your coffin is black with silver corners, the lid embossed by your motorcycle buddy with the letters *FTW*.

"What does it stand for?" I ask Darren as we watch the lid of your casket close.

"It depends," he says. "To some people it means *Forever two wheels*. To others, *Fuck the world*."

"How do *you* mean it?"

"Today? *Fuck the world*."

In my dream, you looked up at me from the shop's black swivel chair and snorted.

Fuck the world. Your brother did not die.

Dear Girl,

You've never seen a brother lowered into the ground before. Don't be fooled by the fake grass carpet under your feet and the plastic blue chairs topped with individual tissue pouches and bottled waters: this is as primitive a moment as you have lived—a body settled into earth and sealed with hundreds of pounds of dirt and clay. They dug that hole so deep the workers have to crank a lever and pulley system for ten minutes to get the Boy to his resting spot. While they work, you cannot speak.

It is horrible as war, you will say. As bereft of hope, you will later think, as an Afghani child reaching for the toy bomb lying in her desert playground. There could be sandstorms and battle cries or military fire; the world and its engines could clank and careen around you, but you would not run for cover. Nothing could keep you from observing this last-important day. Last day to look upon the face of your Boy.

You know, of course, he is hardly yours anymore—but let's comfort ourselves in thinking of him in this way. The photographs don't lie: once, a long time ago, he did belong to you.

Boy,

As you are lowered, little Josh and I stand ten feet away, eyes riveted on your casket. Peaches slips between us, taking our hands in hers. The sickness of a mother who survives her eldest child is what keeps me there, my clammy hand folded around her papery warm one until I can't bear to say goodbye this way.

My way: as close to you as possible. I walk forward, kneel at the edge of the rectangular hole, and watch the shiny black box inch its way toward the bottom. Inside is evidence of the living whose feeble lines are cast into the nether regions of their dead—photographs, flowers, your tattoo gun; I'd slipped a folded-up letter alongside your torso, even edited its type at the last minute, my inky blue scrawl littering the margins.

The walls of your cavern are cakey and aerated. I lean my whole body in toward that underworld of pill bugs and earthworms, of small black ants in fractal-like tunnels, and understand in some small way the impulse of a wife to throw herself on the pyre of a dead husband.

Dear Boy,

A guy who introduces himself as "Lefty," another tattoo artist in town, sits across from me at a fold-out picnic table in front of Hardcore. "You're Hank's sister, and you don't have a tattoo?" he asks.

Your grave is within sight. Twenty feet from it, your friends grill burgers and dogs. Pans of baked beans film under the smuggered July sky. You have many families here. What makes Lefty blood is the ink, the way he and so many others have gone under the gun, the heat. The way they are mark-ered and named by the pictures on their skin.

I joke with Lefty that I have commitment issues. I never could decide on a mark I'd want for the rest of my life. I worry about what old age will do, how the skin may wrinkle, the images sag and crumple like a disheveled paper bag. "Righty," Lefty's wife, is a pretty, freckled mother-of-three with long, wavy auburn hair. Her entire arm is covered in a black outline of flowers and vines. Only one flower is filled in, green and purple. It happens in stages, they explain.

I want to fuse with these people in some tangible way, which is why I allow myself the memorial t-shirt ordered by your apprentice. The design on the front is a replica of the painting you did on the wall inside Hardcore: a skull sur-rounded by leaves and flowers, the number thirteen, for your years in business, centered on its forehead. To say it's not my style is an understatement, but your friends wear theirs like religious devotees, professional mourners, the faithful.

I don mine when I get home, to pretend for a while that I

am part of this Harley-riding, ink-slung crowd who loved you maybe, although I hope not, better than me.

Dear Boy,

Brian, a shop owner from Madison, stopped me after the service and said my letter was the best thing a girl could say to her brother. Tears bubbled out of the corners of his eyes. Like you, he had a sister. Like you, he'd made one of those guitars.

John, a wispy blonde man, found me minutes before your casket was lowered into the ground. "Can I hug you?" he asked awkwardly, and fumbled with his arms. "You have a beautiful spirit."

Did you see my spirit before you left, Boy?

A Mormon acquaintance explained he believes the dead exist in spirit all around us, until the second coming of Christ. It would be nice to believe that you are here with me now, but my theology prevents it. And anyway, the thought occurs, I'd be embarrassed to get mushy in your presence. It wasn't like that between us as we got older. Our love was delivered in looks and small gestures, in a ride on the back of your first Harley. Our love was sealed in the passing down of your bike and your skateboards, your music and shop-class projects.

What would you think to find me where I want to be right now—in a field of waving wheat—doing what I want to be doing? (Cavernous, throat-shredding screams.) Or, if you saw me beside your fresh, muddy grave for hours?

What did we ever say to one another that took hours?

Boy,

When I envision the accident, I see you floating out the window of the Honda Civic in slow motion. In this fantastical version of your death, you're captivated by the faces that swirl through your mind, each suspended in a second-long frame. And you have time to think of me even though I'm far down the list, behind your wife and baby girl, best friends and other family. And here is that frame you ponder, a second of just-me, and within it more scenes than can reasonably converge:

After your wedding ceremony, I stood next to you at the bar. We smiled at one another, our blushed freckled cheeks and eyes saying more than our mouths knew to convey. "I'm so happy for you," is all I could say, over and over. Happy that you were happy. Deliriously happy that you were smiling at *me,* that the phantoms of our past had unaccountably scurried to the dark corners of that reception hall. Happiness—it pushed the rest of our words right out of us and we smiled and grinned like fools, you in your white shirt without the jacket, me in a rust-brown strapless dress.

My eyes had filled with tears when you said your vows, when you kissed your wife and danced with her on the corner parquet floor of the reception hall. I took ten shots just of your cake-smashing.

In the moment you float out the car window, I want you to have conjured all this and more: your sister in the rust-colored dress and red hair is watching you dance.

When you spin on your shiny black shoes, you smile at her, catching her eye. She smiles back a good, full-measured grin. This second pulses through the night air. I see your lips mouth *goodbye goodbye.*

III

If your brother dies, improvise.

—Garrison Keillor

ℭ

Recently, the Girl said it had been "a hard one." Someone misunderstood her, thinking it had only been *a* grief week. *No, no,* she corrected them silently. *Every week* is a grief week. The differences between weeks had only to do with how early the Girl put on sweatpants every night and whether she was in bed before her children. On those evenings, her husband would lie down with her after the kids were tucked in, and she would begin to cry. That's when her eldest daughter barreled out of her room, concern plastered into the arch of her eyebrows. "Why are you crying, Mommy?"

The Girl explained to her daughter, whose face softened. Her daughter said, "You *should* feel that way, Mom. After all, your brother has died."

Boy,

You did not float with angel wings as the car centrifuged through the night air. You, a toddler's booster seat, and a five-pound sack of potatoes were hurled from the vehicle at speeds that exceeded the road's limit.

At night I dream and am crammed with desire for your return, so tightly packed with longing I cannot lie freely in my bed, but must contort in some strangled prostration of grief. The white sheets and the cream woolen blanket twist around me. A ragged hem catches on my foot, and I surrender to the long dark with small hope of the morning to come.

At the burial, Peaches had turned in her seat, the corners of her mouth turned up weakly. "That was nice," she told the Girl. "What you wrote—thanks."

The Girl flinched, thinking of those brave words she'd spoken at the service, staking claim on the Boy the way she had.

Peaches, too, staked her claim that week. She wrote a short essay on the Boy's life, posting it at the garage entryway where all her daycare parents could read it. On her answering machine, little Josh and the Girl heard the new greeting-turned-memorial: how Once the Boy Had Prodigally Strayed, but Returned to God the Father and His Lord and Savior Jesus Christ.

Dear Boy,

I haven't helped Peaches much since the funeral, didn't post messages on the internet, at her request, in the comments section of the local news website that reported your death or, on another site, help her leave a message directed to the family of the man who was drunk-driving the car you crashed in.

For one, can you imagine taking dictation over the phone from Peaches? Two: I know whatever she has to say would sink my gut to my knees.

"Write down what you want to say," I told her over the phone, "and stick it in the mail or drop it off." If she was in a hurry, I advised using the library or a friend's computer.

Peaches was quiet for a few seconds and then I heard her say in a semi-whisper, as if choking on saliva at the back of her throat: "Okay. I'll let you go now. Bye." The line clicked off.

Boy,

Our Peaches, who doesn't own a computer and who struggled and moaned over cars and radios and microwaves during our childhoods, managed to get her eulogies out there without my help. I found one on the funeral home website's "Book of Memories."

Condolence from: Peaches, Henry's Mother:

I just want you to know that my son Henry received Jesus, his Savior, before he was 10 years old. Then in his late teens he left the path of righteousness for a time. In recent years he came back to the Lord. Henry's advice to one and all would be, "Just go back to God and He will show you the way." My prayer for all of Henry's family and friends is to always go back to the Lord. Remember that one of His gifts to those of us who trust in Jesus will be the reunion with our loved ones in heaven for eternity.

CR

Soon it was time for little Josh to return to Denver. He spent one last July evening with Peaches. Both sat in lawn chairs at the top of the driveway. He heard the chatter of crickets, the occasional chirrup of a sparrow in the past-bloomed lilac. The lawn chairs were side by side, but Peaches twisted and bent her torso to face little Josh. She spoke of the Lord and her concern over little Josh's salvation. He was just about to close his eyes and bow his head, the way he learned in Sunday School, and submit to Peaches' request to pray over his immortal soul when the Girl arrived to take little Josh away.

"Damn it," Peaches said when she heard the car engine idling in the driveway, and she did not turn to look at the Girl.

If it wasn't clear by then, it soon would be: Peaches didn't much like the Girl. And while Peaches never confronted her—just smiled sorrowfully and gazed down at her slice of peach pie at the gathering in honor of the Boy's birthday later in the year—Peaches wrote letters to other family members with her indictments of the Girl. Her letters were cursived onto lined paper, front and back. When the lines ran out, Peaches filled up margins, starting at the bottom left and working her way up to the top and down the right-hand side. She was known to stick Post-It notes on her letters or finish paragraphs on the outsides of envelopes, words nobody except Peaches would want their mail carriers reading.

The Girl, said Peaches, was a high-maintenance child and had stolen precious attention from the Boy and little Josh.

The Girl had caused only pain ever since she invited herself to Mother's Day dinner at the Boy's house.

The Girl had intentionally slighted Peaches by never answering Peaches' phone calls or responding to Peaches' cards.

Worse: of course the Girl had known about the wedding photo shoot and had intentionally kept little Josh from being in them: "Henry, Josh, and I were deeply disappointed that the Girl did not choose to unite the family circle again with her love on Henry's wedding day. . . . I'd like her to go to counseling with me so she can have truth spoken. Danger in lying." From lying, Peaches drew an arrow to the word HELL.

But the letters Peaches wrote directly to the Girl were altered in tone:

It has been a very long, hard winter of grief and depression, illness and ice. . . .

There have been so many hurts, losses, misunderstandings in our family. The family circle of love that God intended for all of us was broken very early. That left all of us alienated, hurting and vulnerable. I don't think there's enough time before the Rapture (or before the loss of anyone else in our family) to do long-term counseling to clear it all up and receive healing. . . .

I ask your forgiveness for anything and everything I have said or done that hurt you. I have always loved you and I'm sorry if you didn't feel it, believe it, receive it, and couldn't return it.

ଔ

The Boy's other sister, Naomi, had become the Girl's dear friend since his death. Naomi, too, received a letter from Peaches and read it to the Girl over the phone.

"Henry and I always loved Heather," Naomi read, "and it broke our hearts that she could not receive our love because of the abuse dynamics within the family that turned her against Henry and me."

By "abuse dynamics," the Girl mused, was Peaches referring to Peaches' own externalized emotional weather?

In spite of knowing better, the Girl second-guessed whether the truth was really true now that Peaches said it wasn't. It was a kind of paranoia that sneaked up and surprised, grabbing the Girl around her throat.

Dear Boy,

Now almost a year after you're gone, I imagine Peaches sitting alone in that great gray house, twice the square footage of my own. The interior walls are lavender-tinted white, so the whole house glows like essence of blueberry, clean and cool. The light gray carpet is fuzzy and she sits in a white rocker with firm navy cushions in her sewing room, leaning over the fabric she pieces together for a local purse company. I see upper-middle-class women with these fringe-lined bags all over town, but it's slave labor for Peaches to make them. She'll starve to death just sewing, is what she told me before you died. So, the babies arrive at six, seven, eight in the morning and they stay the day 'til three, four, five o'clock at night. When I used to visit, Peaches showed me notes of appreciation from her daycare parents and mentioned that her boss from the purse company brought her a gift basket for all her hard work. Pictures of grown daycare kids were stuck to the white refrigerator, evidence of longstanding relationships even though Peaches seemed very much alone.

Have I mentioned that everything in the house is white? Kitchen table, rolling leather chairs, counters, cabinets that have been torn out too many times to count and put back in the same, white melamine foil. The trim and baseboards are ice-white and the framing around the window hole over the kitchen sink that looks downstairs into the family room is white, too. All that white means nothing gets by Peaches. Not a dusty shoe tread or a pencil stub scraped against a wall. If someone sneezed in her house, she'd know within seconds.

After you died, Boy, I dreamed I lived back in that house again. On my way to work, I went to pull the car out of the garage, but the garage was empty.

"Where's the car?" I asked Peaches, who was wearing yellow rubber gloves and cleaning the bathroom.

"I sold it," she said, skimming a rag wet with rubbing alcohol across the mirrored medicine cabinet and over the porcelain toilet tank.

"Why would you sell the car?" I shouted frantically (like you do in dreams), as if we were inhabitants of a deserted island and she'd shot holes in our only rowboat.

She would not look at me, just scrubbed the bathroom floor with her lips pressed together.

"*Why?*" I screamed again.

"Every woman who lives here," she said firmly, "is gonna end up with a shotgun leveled at her brain."

Even though Peaches never owned a gun that I know of, that dream portended something I'd always feared possible: blood and brains spattered against the snow-white of the walls, the counter, and the bathroom floor.

What can I say to her, Boy?

When I imagine the future, I hear the silence of Peaches' house, where you and I did some growing up. I see her hobble, favoring a foot that aches, from bedroom to kitchen in her long cotton nightgown. Her face is splotched with rosacea and her living room floor is littered with pictures of you. She hopes to make a photo album for her grandbaby some day, but every time she picks up a photo, she weeps and leaves the room, clinging to doorknobs and walls as she makes her way back to the sewing room. She picks up a half-sewn purse and slides it under the foot of the machine, letting it hum into the night until exhaustion takes over and she slides the machine light to "off" and falls into bed.

As sleep claims her, Peaches remembers she has a daughter at fault for every broken part.

I traded light for darkness, the truth for a lie.

Dear Girl,

You're just now beginning to understand that the Boy is some kind of hero, a local icon. You're also aware that humans often inflate the importance of our dead, but this is no exaggeration. Surprise, is all.

The week he died, tattoo artists came from all over the region. High school friends drove and flew from Denver and California. You'd never seen a funeral so well attended that the tattooed mourners filled the overflow room and the lobby and spilled into the parking lot. The marquee on the Hardee's across the street from his shop, only a few blocks from the funeral home, read *RIP HANK. STAY TRUE.*

Two months later, on a Sunday in September, you and a friend are looking for the bar where his fund-raising memorial event will be held. There was a memorial ride that morning, ending at the venue you are trying to find. Two hundred and thirty-four bikes rode five hours through eastern Iowa in a course that mimicked the parallelogram etched onto the red papers that circulated as both flyer and map. Two-to-a-bike meant almost five hundred mourners, celebrants. You did not ride along because you preached that morning and you don't have a motorcycle. But you come to pay respect, to witness the live-auction items and the bands that play for a cover fee—all the proceeds, you're told, going to help the Boy's wife and daughter.

After driving miles through rural Iowa, you exit into Cedar Rapids, following Internet directions. This is an industrial part of town. Every building you pass as you wind down empty streets has something to do with things that *go—*

trucks, auto body repair, car parts. Incidentally, the bar you are looking for is *Fifth Gear*.

There, around the corner, a concrete lot buoys suntanned bikers in chaps and bandannas, dark glasses and tattoos. The thrum of bike engines grows louder as more arrive. You drive toward the dusty parking lot on the north side of the bar and, as you pass, survey the large vinyl banner on the bar front. There, the Boy holds his baby close to his cheek, one of the poses you thumbed through in his living room the day he died, the copy you took from his home. On weekday mornings it stares at you from the wall in your office. On the vinyl sign the picture is blown up huge. So are his name, his dates, and his nickname, *Hank,* what you never called him.

Girl,

The idea of Jesus getting a tattoo never occurred to you until you show up at the memorial event for the Boy. There are long tables full of merchandise: the workers sell bracelets that remind cyclists to cool their thirst *after* spinning their wheels. There are memorial tees on sale—the one style from the funeral and another you're seeing for the first time. It's black but the front has—well, you don't quite have vocabulary for what this is—a neon skull and crossbones, pink and green and yellow. Nestled within the mouth of the skull is a vessel-strained eyeball. The woman working the table flips the tee over so you can see the back. Framed by the words *Hardcore in Heaven* is a reproduced photo of the Boy sitting on a stool in his tattoo shop. In the original photograph, he is tattooing the arm of his brother Ben, Number One's son. With a little photo editing, the shirt-maker transformed the Boy's brother into Jesus Christ, complete with crown of thorns.

You're not the prim and proper type, you're not prudish. In fact, you profane many a moment with a well-placed expletive, not for anger's sake, but because you love language and the subtleties it conveys, such as this *Hardcore in Heaven* t-shirt. You don't think for a minute that the Boy is leaning over Jesus with a tattoo gun right now, and you don't think this crowd of chaps- and shades-wearing Harley riders literally believes that either. Although, you do think the metaphor points to something true: good on earth is a shadow of heavenly good. Old things pass away, making way for new. You wonder what inventions, what artistry and material, the Boy is playing with right now.

You want to smile at the shirt's irony, but the merchandiser will not understand. She does not know you are the dead Boy's sister, that you are an assistant pastor, nor that, for company, you've brought along the senior pastor's wife.

Christi smiles good-naturedly. "I appreciate the sentiment." So do you, but you eye one another briefly, knowing the hell one could catch, figuratively speaking of course, for walking into most evangelical venues—concert, bookstore, church service, say—in a shirt like that: eyeballed-demon skull on the front and the tattooed body of your Lord on the back.

ß

Here's what the Girl doesn't understand and possibly never will: the juxtaposition of Jesus with the death skull and neon eyeball. Terribly clichéd, she knows, is Jesus pictured in golden light, below blue skies, in celestial fields of wildflowers. But the eyeball/skull configuration speaks to her only of death and fear—like the demon faces the Boy sometimes drew in his high school years, after his mountain-range period ended. She remembers her confusion over the drawings on the work desk in his room, the clutching, wraith-like figures, the emaciated faces, the blood and saliva dripping from their gums.

Dear Boy,

The halls of our high school are cinderblock, painted off-white. At the end of one long hallway, sunlight pours through the south-facing doors. There are no murals on the walls here by the art room. Maybe fifteen years ago I ventured down here, the fumes of oil paint and turpentine, clay and school soap burning my nostrils. The walls were colorful back then and maybe, at knee-height, I once found your painting in lines of blue and brown for sky and tree roots. But I don't know. In those days, I haunted the journalism lab, making things with words instead of paint, and I never took an art class. If I saw your mural, no picture poses in my mind. Now, I'm told by your high school friend, Susie, to look for a moon and landscape in blues.

It's my first time turning the silver doorknob on the art room door. A young man stares into a computer monitor at the teacher's desk at the back of the room. His shaggy brown hair droops forward along the sides of his face.

"Hi, there. Sorry to interrupt you. I'm looking for a mural my brother painted years ago in a hallway here. But I don't know if I'm in the right place."

He looks up and I can see his face more clearly. Young skin. Brown eyes. "Really?" he asks. "Who is your brother?" He can't be more than thirty-five, too young to have been your teacher.

I say your name, shift my weight from foot to foot, and adjust the strap of my green laptop bag across the shoulder of my down jacket. "He was here in the late eighties and graduated in nineteen ninety," I explain. "All I know is he painted a mural back then."

His face wrinkles, eyes roll back in an effort to recall. "Hmm. I don't recognize that name. But," he pushes his chair away from the desk and leans back, "I was a student here when the former art teacher, Nan, brought in the graffiti artist from Chicago. That was in 'eighty-nine. He had all us kids painting in the hallway out there." He points to the door.

Oh, Boy,

I recognize the name of the former art teacher. *Nan.* It protrudes like a little sticky tab from the pages of my memory, a word you uttered that floated like a feather above the clunky conversations between you and Peaches when you weren't fighting. I knew back then that *Nan* signified even more than the art teacher herself, a woman who now, after thirty-three years of teaching, can still recall from memory one of your pieces. No, I knew even when I was a child that *Nan* was a prophetic whisper, suggesting into the air all you longed to fashion and create: etchings, paintings, air brushings, pin striping, welding. Her name breathed *canvas, leather, steel, cement, wood, skin.* Anything you would get your hands on.

"It's possible," mused the art teacher, "that your brother did one of the murals on the second floor of the school. Dr. Arganbright had the murals down here by the art room painted over a number of years ago. Why don't we go look and see if we find anything?"

Soon, the Girl was in the hallway on a mission with this young man, keeping stride with his long gait, knowing that what she came here to find might be sealed forever beneath a layer of white latex.

"I'm Heather," she offered.

"Hi Heather. I'm Christian."

The second-floor search for the mural proved fruitless. In the library, Christian peered at the Boy's junior-year photograph in the yearbook.

"*That guy?* I remember him. Yeah." He seemed excited, bookmarking each page he found the Boy on and moving on to the rest of the yearbooks that documented the Boy's high school career. Christian grabbed a pile of scratch paper from the librarians' desks, chattering with the women about a recipe his wife was making that night.

"Do you want to write down the pages his pictures are on?" he returned to the Girl. "Rather than photocopying these, it might be better to come in with a digital camera and take a picture."

She nodded and scribbled down the page numbers. There was the Boy posing, head shorn, with the wrestling team. She'd forgotten she'd attended his matches, bored out of her mind as she sat on the wooden gym bleachers next to Peaches in her velour blue sweatsuit. She remembered the hum of parental chatter echoing and bouncing off the high walls and the powdery feel of everything in the gym, as if there was a light layer of chalk dust over the bleachers, the floor, the drinking fountain and the blue mats where so many teen-aged boys, head-shorn and green-spandexed, grappled.

Two burly adolescents trailed the Girl and Christian out of the library.

"Oh, sorry!" Christian palmed his forehead when he saw them. "I was going to help you guys at the A/V station!" The boys nodded and Christian assured them of help another afternoon. Down the white hallways the Girl floated, nothing like her slink at age fifteen in this same building. The laptop bag, slung diagonally across her chest, grounded her with a sense of mission as her legs kept stride with the six-foot art teacher who bounded along without stopping even as he called goodbye to the boys.

"How long have you been the art teacher here?" the Girl asked.

Just a few years, he told her. "When I first came, the teachers who had been here when I was in high school recognized me, but couldn't tell who I was—because there were five of us kids in my family."

The Girl asked for and recognized his last name. He had a sister who had been in the Girl's grade. She was thirty now, like the Girl, and lived in Kansas or Missouri working as a fitness instructor. The Girl continued gliding next to this boy, her bag suddenly feeling weightier, and recalled a picture book she and the Boy had read as children in which they had to identify every wacky detail in the illustrations: a shoe on the wall, a tiger in a baby stroller, a fish catching a man on a line.

The present scene in which she found herself leapt out at her like an image from one of those discombobulating pages: here she was, one sister paired with one wrong boy.

The storage room was disheveled. VHS tapes in double rows filled one cabinet. Many were sheathed in cardboard cases with scribbled-on labels, peeling from age. Papers spilled out of boxes on the floor, packages of oil pastels littered a long countertop. A box perched at the top of the cabinetry. The previous art teacher had labeled it "Sculpture Supplies."

Christian pulled five VHS tapes at a time from the shelf and shuffled through them like cards. "Nope, not there."

He was looking for a video someone had made when the graffiti artist came to town in 'eighty-nine. "I saw it when I started working here and I was on it. It's possible I took it home to show my wife just for a laugh because I looked so funny back then." He replaced the five on the shelf, slid them to one end, grabbed another five, shuffled. "Nooo."

The Girl's chest tightened with held breath. She stepped around Christian and peered into the corners of the room, scanning other cabinetry for signs of audio/visual paraphernalia. She saw lunch leftovers, a box for a frozen entrée, but couldn't locate the microwave. Christian shuffled through another five videos, replaced them on the shelf with a short sigh.

She'd come to the high school hoping to find the Boy's art, to trace the lines of moon and tree root, to read the Boy on the wall underneath her fingertips. But now, after searching the school with the current art teacher and finding the Boy only in the library on the high metal shelves, she'd been presented with the possibility of something better. Had an image of the Boy and the thrum of his adolescent voice been preserved in this dusty storage room for twenty years?

As she braced herself against disappointment, Christian called "Ah ha!" with an air of triumph. He held a label-worn VHS tape in his hands. "Here it is!"

Dear Boy,

The female student behind the camera asks what you think of the mural project, but you can't hear her over the chatter of other students in the hallway. It's the weekend and almost everyone, including you, is finished painting their parts of the mural, yet they loiter against walls of lockers, surveying a few students' last additions. The walls are saturated with color—bubbles, stars, cityscapes, the television character Alf in a disc jockey sweatsuit and bling, spinning records—and your piece, discrete, contained in an invisible square boundary: a black-blue night sky, pale moon and, at the forefront, a gnarly tree reaching up and down, branches and roots.

"What was the question?" you ask, your body turning away from the videographer as if you're shy. Only your eyes slide her direction when you speak. You wear black knit shorts and a deep rose-colored t-shirt with a large graphite circle encompassing the whole torso, the circle spiraling inside itself, grayscale loops against the rose pink.

"What did you think of the mural?" she asks again.

"I thought it was a lot of fun," you offer, barely looking at her. "I think it would have been better if we had more time. We could have done more. A nice thing was we didn't have to go to class at all." You laugh at your own forthrightness and slide your eyes away from the camera again. As your face comes into profile, I can see how you're shadowed with the faintest mustache and sideburns, how bold the streak of chestnut freckles along the bridge of your nose. Young Boy. I am older than this version of you who was older than me then.

And my maternal heart breaks and laughs as I consider your relief, out of class on a Friday, paintbrush in hand, while the TV9 news crew focused in on the flick of your wrist. "I've never done a mural before," you'd spoken candidly to the reporter the night before. "It's all new to me."

Now, you turn back to the camera girl and admit, "It's fun to have everyone down here. Everyone gets to see your work."

You look to the boy standing a few feet in front of you. He looks an awful lot like a scrawny version of the art teacher, Christian. "Yeah," he chimes in, "I think everybody appreciated seeing it."

Out of the frame now and done with your official interview, you must walk over and collect the skateboard you left against the wall of lockers. "I just hope they don't paint over it," says the Christian look-alike, nervously glancing over his shoulder as your board clatters against the linoleum and grabs the other students' attention away from the interview. The camera catches you now in the background. You've donned a black cap and you're pushing off the floor with one foot, gaining speed as you glide down the hallway.

"I think that happened before, didn't it?" Christian gestures at the other artists and then looks back at the camera. "I heard they used to have a mural here."

The cadence of skate wheels spinning over the floor ricochets off the walls of the narrow hall. A city block's length away from the camera now, you grow smaller and smaller, about to disappear around a corner where this hallway tees into another passage. The camera zooms in on Christian's face, which displays an expression that suggests he's not *too* worried the school will paint over all this art. Right beside his head in the frame, your moving figure is the size of Christian's nose and shrinking with each half-second. Christian smiles a last toothy grin. You're gone.

Dear Boy,

You gave Nan, the art teacher, one intaglio print in your series, "Crimes of the Skate." She tells me she'd never introduced intaglio printmaking before, but you got the hang of it without much help. By etching lines into a metal plate, rubbing ink into the grooves and running it through the printing press with damp paper, you captured your scene: a police floodlight shines on a skateboarder, caught with his board next to a sign that reads "USE OF SKATES AND SKATE-BOARDS PROHIBITED."

It was an example of things Nan wanted her other students to do. Notice your process of *"building up the density of line."* Notice how much more ink collected in those lines, creating shadow around the triangular flood of the police light. See your *"composition . . .* not just a main subject in the center of the space," but triangles of shadow and light and a small figure—yourself?—trapped in the light.

"Technique is the tool to tell the story," says Nan, and you inscribed your secrets onto the metal plate.

Oh, Boy:

There was another brother who died last week. In a funeral speech, his big sister referred to him as Baby Boy even though he was twenty-seven. A heart attack, ninety percent arterial blockage and he hadn't had a clue. I drove five hours into Illinois countryside. Not for the dead boy but for his brother, my friend. Imagine this: the dead look so much like each other in black coffins. He had black sideburns too, a cap, letters folded at his side.

The air in the funeral home was sorrow. Baby Boy's framed wedding picture perched on a table by the front door. When I saw him there all clean-shaven and sparkling new in his tuxedo, when I saw his wife in the white dress and long scarlet sash, I hung on for dear life. It's what your sister Naomi says she does these days if she hears a song on the radio about someone dying. Grip the imaginary steering wheel and white-knuckle your way through the high mountain pass or the sudden skid on a sheet of ice.

The family was in a receiving line of sorts, which made no sense because this wasn't a wedding. I met the first set of grandparents and then the father and then the father's wife. *I'm sorry, I'm sorry. I'm Chris's friend from Iowa. Sorry about your son.* That's when I had to stick my forehead between my thumb and forefinger and rub my temples as if that would stop me from weeping. My shoulders shook and I shielded my face with my hand and whispered to the friend who drove with me that this *was not about me, obviously—dammit.* Next the wife, oh God. I pulled it together, in reverence for her grief. "I'm sorry," I told her. "Me too," she said.

Then the big sister, my age. "I lost my brother this year. I know it's hard," I told her and her eyes lit.

"How old was he?" she asked, and I said thirty-six.

"Then you *know*. *You know*." Tears leaked out of the corners of her black-rimmed eyes and she held onto my hand like she didn't want to let go.

Dear Boy,

The five-hour drive from Iowa City to southern Illinois was boring on the freeways and terrifying in the lonely expanse of country on CR-11, a road with no such signage, that lattice-worked through the backyards of farmsteads and between fields of waxy-yellow corn stubble for miles without gas station or storefront. This wilderness was where I first imagined grieving for you (back when grief hadn't registered as a palpable clutch at my throat), face-down in the empty plains, the landscape we befriended when it was pushed on us as children.

Out on the plains this week, though, I feared only getting lost, and didn't suck in my breath or mop mascara streaks with a fistful of tissues like I did once I got to that boy's funeral. Here in the Midwest, we do not weep for strangers. If there's good cause for empathy, like a documentary about Africans without clean water or war in the Congo, we Midwesterners discreetly tear up and pull out our checkbooks, but we would not, under any circumstances, wail at a stranger's funeral, in a century-old-house-turned-funeral-parlor across from the middle school on Wood Street in Paris, IL, town of ninety-five hundred, acquaintances zero.

It is all foreign to me here at the funeral home except for the tense air, the black coffin surrounded by flowers on plastic stands at the front of the room and the familiar cramping knot in my solar plexus. I am not thinking of you directly, but the body remembers. The cells of the stomach lining and the lung's alveoli clench and wring themselves out, grief flooding the brains the limbs the heart.

The Girl's social-worker friend says people laugh at funerals all the time, which explains why the Girl needed to sit with her face in her knees during the preacher's eulogy—if you could call it that. He spoke of his own dying mother with theatrical flair ("then dear Mother pointed her finger at the tip of my nose and asked me *this* final question...") and let drop the sort of unfiltered comments the Girl usually heard coming from Peaches (he had always hoped the dead boy would have taken *him* fishing, but the dead boy never asked). Finally, the Girl shook and shook, her palm pressed against her lips as the preacher Left Them With the Words of Another Song, the Great American Classic Redone in 2006 by Country Artist, Carrie Underwood.

Who—We All Know—Is The American Idol.

Here's the song, Boy:

A lady is driving home to see her parents on Christmas Eve. Her baby's in the back seat and the two of them have had a tough year—not much faith left, or gasoline either. As things go in country ballads, from bad to worse, Lady soon finds herself spinning on a sheet of ice, sliding to near-death. Lady's so scared she throws up her hands and asks the Lord Jesus to take hold of the steering wheel. *Give me one more chance,* she cries, *'cause I can't do it on my own.*

I can't help shaking here during the dead boy's funeral, wondering how these lyrics comfort as the preacher reads them aloud. I laugh and sob into my knees so bad I have to bite my tongue and clench my fists and think, Boy, if we had our babies in the back seat, you and I would take our last stand, say *fuck no,* and steady that wheel with all the force we could muster. If you'd had one more chance, isn't that what you'd have done?

Sometimes the Girl slipped into despair without realizing it that year the Boy died. At times she could only mash her face against the pillows on her office futon, a heaviness so imposed upon her that she couldn't imagine how to push it off. The holidays had not helped. She woke up every day from July to October asking, *How could it be?* But she was no longer afforded such denial. She had spent enough time at the Boy's house, with his wife and daughter, for family birthdays in November. She'd studied the photographs on the wall, noted the canisters of powdered Gatorade on top of the fridge. Only the Boy drank that, and it hadn't been touched in six months.

Then there was the gravesite visit with little Josh at the end of December. The last time little Josh was at the grave was the burial in July. Then, he'd sweated in the sun, and water molecules had hung thick around him. In December, the wind whipped the Girl's hair; the temperatures leveled in the single digits. Brother and sister climbed the tire-rutted hill from the shop to the Boy's grave, treading carefully over snow and ice. There: a wreath with Christmas ornaments and beer cans littered the ground, evidence of visitors.

Neither the Girl nor little Josh had seen a grave-marker like the Boy's before, a taupe stone displaying full-color photographs so that, when they looked down on his grave, they looked upon the image of the Boy and his wife on their wedding day, just after cutting the cake. They were open-mouth laughing, frosting smeared across their cheeks. In another corner of the headstone, the Boy held his daughter, their faces nestled together—the picture the Girl saw duplicated everywhere.

She and little Josh said nothing, just stood in front of the stone, gazing at the image of the Boy. She noticed tears coursing down his cold-reddened nose and wondered if she should slip her arm around him like she did the week of the funeral.

But she did not reach out and was distracted instead by her own wet face and dripping nose. How long had it been since the three of them—the Boy, the Girl, little Josh—had been alone together? This moment hardly counted, and yet it was the only one in a span of years that she could remember. Her fingers searched the inside of her coat pocket, pulled out a used tissue, and held it to her nose.

"Do you think someone left those there on purpose?" she asked, nodding at the crumpled beer cans on the grass beside the Boy's grave.

Josh shrugged. "Maybe."

She couldn't decide if the cans were left carelessly— someone's trash—or if they were meant as an offering to the Boy. The Boy did like beer, yet part of her stung with offense.

Little Josh turned away from the grave, pressed his finger against one nostril and blew. A stream of mucous dangled from his nose before separating and landing on the grass beside another headstone. The Girl laughed in surprise and horror.

Little Josh shrugged and pulled his lips into a tight smile. "I guess I'm used to doing that at work all the time."

She could see why, could picture him blowing snot on the ground in an endless brown landscape full of scrapers and dump trucks, no tissues in sight.

He bent down suddenly and grabbed the beer cans, one in each hand. Holding them straight out in front of him, his legs jerked in long strides toward the trashcan at the top of the hill. The Girl pealed with inexplicable laughter at his resoluteness, her breath exiting in short billowing puffs as she watched. He dropped the cans in the trash, pivoted on one foot, stuck his fingers in the front pockets of his work coat and marched back down the gravel path.

"I'm glad you did that," she called as he got closer.

He shrugged. A tear lodged in the corner of his eye. "Somebody probably just wanted to have a beer with him."

Her breath caught, the cloud of fog disappearing.

Boy,

I tell my daughters after lights-out, *No more talking. Go to sleep*. I tell them ad nauseum the rest of the time: *I love you. You're amazing. Brilliant.*

"I *know*," the older girl says, as if I've reminded her of the importance of brushing her teeth. In this context words are extraneous. They are said too often, in fear they won't be said enough. At night, we speak love, too. Nestling against one another in the heat of fever. Limbs entwined with limbs. Each second a new frame, new cosmic photograph imprinted, I hope, in their sleep-warmed minds.

Boy, you should know there are days those girls cry because they never got a chance to know you.

Dear Boy,

I wonder if I grieve the right way, if there is such a thing. Experts have discarded the five Kubler-Ross stages. At least, it's agreed the stages don't happen in the tidy order previously thought. It is more like waves, I think, because I can laugh with my children over a Bingo game, write papers, enjoy Chekhov, and then sob on a futon in the middle of a Friday morning, gazing for hours at the ficus tree by the window and the snow outside of it. In those moments I wonder what, specifically, I am paralyzed by and, not tapping into any particular memory of you, I tell myself this is generalized grief and perhaps it is normal and therefore okay.

At Christmas time, the whole family—including Number Two—had been invited by the Boy's wife to celebrate in her home. As the day neared, Peaches suspected she'd contracted botulism, and wouldn't make it to the festivities.

"Botulism?" the giggling Girl asked little Josh.

"I guess," he shrugged. "She says she's sure it was from the raw garlic left out overnight in olive oil."

The Girl grabbed her laptop to search out the disease over the Internet and discovered that approximately twenty-five adults in the US contract botulism every year, and that symptoms usually present as muscle paralysis. Considered a public health emergency, botulism would have required that Peaches make a showing in the emergency room. As far as little Josh could tell, she'd been hiding in the house all week and had full command of her limbs.

So Christmas proceeded without Peaches, and that worked for the Girl. It was easier to process the Boy's death when she could be alone with his wife and Number Two and little Josh and the rest of the Boy's family of in-laws.

The day the Boy died, the Girl had prayed, "Please, *please* give me a gift." She hardly knew what she meant other than that she wanted God to make something—*anything*—good to soothe the sting of the Boy's death. The gifts had been surprising and many. She'd been so far from the Boy when he died that she'd needed to get close again. She'd done it by proxy, through his wife and daughter and father and Naomi, who said the Boy was the first man who ever believed in her unconditionally, her hero. Also, she got close through little Josh. And by listening to stories about the Boy while sitting in his basement studio or dining room and patting his drooly bulldog, Tuck.

Boy,

If I couldn't keep you, then it is the next best thing to cheer as your one-year-old daughter rides the kiddie motorcycle across your living room carpet, her brown curls swooping out from her ears and her eyebrows furled in concentration.

It's the best thing after that to lie next to her as she drifts off to sleep, sucking on her bottle and twirling her hair between forefinger and thumb. You are in her curls, her eyebrows, her broad forehead.

It's the best thing after that to kneel in your living room, guitar slung around my shoulder, and lullaby the song that reminds me of you every time. Your wife and your sister (my new family) listen and there's no other sound. Our eyes grow moist. Our throats ache.

Dear Girl,

You believed the dreams were another gift.

One night, someone led you upstairs to the Boy's room, unlike the room he lived in as a child. Bunk beds stacked against the wall and his tattoo gun lay on the desk with a mishmash of papers and art supplies. You took a few steps toward a little nightstand where you saw something familiar: a card, scissor-scalloped and fragile, red for love. It looked like the card you'd received from your boyfriend on a high school Valentine's Day, but this was from the Boy.

I'm sorry, he'd written, *for saying "I don't know."*

Don't know what? you wondered, and then realized it was symbolic, a metaphor, the *I don't know* meaning he hadn't *known,* hadn't fully understood when he was alive how much you loved him. But he did now. *I love you,* he might have written next, but if he hadn't, you surmised it from the love-red card and scalloped edges. Either way, your brain sang as you woke up, brother-love in the air.

The last time the Girl spoke to the Boy was over the phone, early December, a year-and-a-half before he died. She'd sent a photo card of herself, her husband and two daughters that Christmas and the Christmas after. On the day he died, she'd found both cards taped to the side of his refrigerator, next to Christmas pictures of the Boy's nephews, Naomi's sons.

Nowadays, the Girl hears the Boy's voice over the phone when she calls his wife to check in. The Boy had created Jennee's voice mail greeting after realizing that, for months, her personal calls had been mistakenly forwarded to his number. The Girl imagines him and Jennee in their kitchen, next to the photos of nieces and nephews, when they realized the error. He snorts a laugh, grabs Jennee's phone from her hand, and waits for the automated beep to cue his talking. "*This* is Jennee's phone," he says, words riddled with sarcasm and jocularity. "*Please!* Leave a message."

CR

A dreamer since she was young, the Girl had, in the last ten years, written each dream down and watched for a cosmic finger to point out its meaning.

Hungry for more of the Boy, this prayer occurred in the middle of a night interrupted by grief: "You've been talking to me all these years: Did you then speak a long time ago about the Boy?"

She remembered only a handful of dreams, but a shabby line-up of journals and spiral notebooks on an office shelf contained the details of each one. She began turning pages of the year he died, working her way backward. Eight-and-a-half years of notebooks earlier, she was twenty-two years old. She had dreamed and written:

I came back to the house, the old bedroom—used always for the oldest child in the place. It was the Boy's before it wasn't. Pencil drawings, clay sculptures scattered on desks, the Stryper poster on the bathroom door. He is waiting there, younger looking because he is thinner; his tattoos have been erased . . . .

He looks at me and says, "We've been assigned to the same room. It's been a long time."

It has been so long, and I am glad to see him after ages and ages. But—I fret—does he remember me with compassion? —or hate? He moves closer; I flinch.

In the millisecond my eyes blink shut, he takes hold of me and wraps his arms around my shoulders. The breadth of every year since the beginning swells in me and then subsides—skate wheels, slammed doors, Peaches' suicide threats. The longing that he live here, in this house, with me.

His arms conveyed what she longed to hear. He saw. He understood.

The holding lasts for years, she wrote. *It covers decades.*

Dear Boy,

Fully a year after you're gone, a woman I know sent me this excerpt of a column by Garrison Keillor (both my acquaintance and Keillor experienced the loss of a brother):

"When your brother dies, your childhood fades, there being one less person to remember it with, and you are left disinherited, unarmed, semi-literate, an exile. It's like losing your computer and there's no backup. (What it's like for the decedent, I can't imagine, though I try to be hopeful.) If I had died (say, by slipping on an emollient spill and whacking my head on a family heirloom anvil), I believe Philip, after decent mourning, would've gone about locating a replacement. If your brother dies, improvise. Someone you run into who maybe doesn't fit the friendship profile but his voice is reedy like your brother's, the gait is similar, he takes his coffee black and his laugh is husky, he starts his sentences with 'You know,' and the first words out of his mouth are about boats."

While I haven't found a replacement for you, Boy, I must confess I'd begun improvising before you died, constructing you from memory and conjecture during those months and years of silence punctuated by brief and random crossings. I remembered you to my husband, told stories on you to my friends, sketched you out almost in types, to preserve you in memory: a freckled boy, a skater in ripped jeans, a tattooed man in leather on a bike. I hoped that with time, with chance, I would know you again directly. You were only sixty miles out there, across farm fields and freeways, waiting to be resurrected.

In July of this year—the anniversary month of your passing—Number Two, in his blissful retirement, decided he wanted to try his hand at freezing Missouri peaches for the first time in his life. He wanted my help. The memory of working with Peaches, once so clear in my mind, became fuzzy as Number Two trotted out for my perusal other preserving methods found on the internet.

Boil peaches thirty seconds. Bathe in ice. Remove skins.

"Noo—" I pondered aloud, doubting myself even as I spoke. "I don't think we boiled them." But is the truth slipping daily from my mind?

We implemented both the internet method and what I remembered to be Peaches' method on a mild afternoon, a crate's worth of peaches ripening on Number Two's back porch and my daughters begging for samples as we worked. The fresh, raw skins were stubborn as we cut against them, resistant to the knife; a significant amount of edible fruit was lost with the peel, unlike the boiled peaches, whose skins crumpled and slid off in our fingers. Confronted with our result, Number Two and I improvised our peach-preserving, parboiling and peeling some of the fruit and leaving most of the skin on the raw others before we cut and scooped them all into freezer bags.

I understand improvisation better now that you're gone, Boy. I've tried to re-image the hard drive Keillor wrote about, looking for our story in places from which you can no longer speak directly, cobbling our story together from letters, interviews, videotape, and the dark scraps of memory, thin and flimsy and fluttering out of reach with time's current.

Just last night I dreamed I saw you on the streets of an imaginary city. You were just a boy wearing a little brown bathrobe and padded slippers, plodding through wintertime slush and pausing in front of every one of your life's landmarks—each house you'd lived in, each shop you'd owned.

I followed you with a block's distance in between, hoping to chart the course our lives had taken.

C８

Boy, at the wedding (1977)

Boy, holding a newborn Girl (1978)

Number Two, the Boy, the Girl and a new Little Josh (1980)

He wore a plaid cowboy shirt . . . (1979)

(1980)

The Boy and Number Two

The Girl and Number Two

Brothers and sister c. 1982

Boy c. 1985

Skaters and an audience on Franklin Drive (1988)

"Crimes of the Skate"

The Boy's wedding (2006)

Fatherhood

June 2008

July 2008

NOTES

1.   Song lyrics in Part I are lifted from "If I Could Build My Whole World Around You," by Marvin Gaye and Tammi Terrell.

2.   C.S. Lewis's line in Part II is taken from *A Grief Observed*, reflections made after the death of his wife.

3.   Garrison Keillor's line in Part III comes from a 2009 essay, "When Your Brother Dies," distributed by Tribune Media Services, Inc.

4.   Boy's wedding, Boy-next-to-his-Harley, and Boy-with-naked-baby photos were taken by photographer Heidi Blair.

5.   On the absence of Peaches in the family photographs: There were so many poignant images of Peaches and her children when they were young. If you'd seen them, you might have ached at their sweetness, and then ached some more because of what came afterward. I haven't left Peaches out because of any spiteful impulse. Quite the opposite, I felt it important to protect her privacy as much as possible. She, like anyone else, deserves to face the world on her own terms.

ACKNOWLEDGEMENTS

My first thanks goes to Judith Kitchen and Stan Rubin, who, long before I ever met them, dreamed up a place called the Rainier Writing Workshop. Then they invited me into their program, a place that nurtured and gave my writing some wings. My gratitude extends even further to Judith, who selected *Dear Boy* as one of Ovenbird Books' first releases. Thank you, Judith. I'm humbled and honored.

My indebtedness is to Sherry Simpson—witty friend and obsessed Sarah Palin conversationalist—who encouraged the improvisational nature of this work, believing that something worthwhile could be made of its many parts. My gratitude is also to Fleda Brown, for her diligent attention and nudging toward completion of the manuscript. And to my fellow RWW writers—Kate, Tandy, Rachel, Theresa: you've been amazing cheerleaders of the writing. And beyond that, good friends.

Caitie McCleary—I'm thankful for your razor-sharp proofreading and editing skills. John Beyer, you rock. Thanks for your time and effort in cover design and photography.

There are so many people who enabled me to tell this story because their lives intersected with Henry's. Some intersections were life-altering and profound; others were born out of teenage camaraderie and friendship; yet others were unique and circumstantial. But to each of you who shared memories, photographs, videos, and in one case, Henry's artwork, I am grateful. Thank you Jennee Bertka, Naomi Ballard, Nan Mercier, Susie (Stewart) Henningsen, Dan Rogers, Stacey (Stalkfleet) Dyer and her husband Joby Dyer, Nichole Slabach, and Christian Aanestad.

This book would not exist without the people who cared for my children and kept them relatively calm and quiet while I wrote. Thank you, Dad. And thank you Lauren Whiteaker, Amie Kiehn, and David Borger Germann for your mad craft skills, your talents at entertaining, and your love for my girls.

And Mark, since the beginning you've cheered me on in all things literary. Thank you. I'm indebted.

ABOUT THE AUTHOR

Heather Weber blogs about life, faith, and parenting at www.onravenstreet.com and writes for *ForeWord Reviews*. She lives with her husband and three daughters in North Liberty, IA, where she works as an associate pastor at LIFEchurch.

OVENBIRD

Ovenbird Books promotes innovative, imaginative, experimental works of creative nonfiction.

Ovenbird Books
The Circus Train by Judith Kitchen

Judith Kitchen Select
The Last Good Obsession by Sandra Swinburne
Dear Boy, An Epistolary Memoir by Heather Weber
The Slow Farm by Tarn Wilson

www: ovenbirdbooks.org

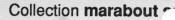

Pierre Daco

L'interprétation
des rêves

Sommaire

I

Cinq années
parallèles...

Si l'on plaçait bout à bout les rêves nocturnes d'un homme de cinquante ans, on pourrait dire qu'il a rêvé durant quelque cinq ans. Cinq années! c'est-à-dire environ 1 800 jours, 45 000 heures...

Ainsi, durant cinq ans de sa vie, il a vécu dans un autre univers, fréquenté un monde radicalement différent de la réalité quotidienne. Il a eu affaire à des personnages, des lieux, des objets, des animaux qui, pour lui, représentaient une réalité effective. Bien plus : cet homme a connu, durant cinq années nocturnes, un total repli sur soi. Et à partir de là, il a découvert des forces latentes existant en lui. Souvent d'ailleurs, il s'est trouvé devant une porte entrebaillée sur l'univers.

Dans cette longue vie nocturne n'existent ni le temps ni l'espace. Mais des actions s'accomplissent : le rêveur vole, plane, nage, dirige des orchestres, fonce dans le ciel, avec un parfait naturel car toute chose, durant le rêve, est ressentie comme vraie. Le rêveur plonge dans le temps : il se retrouve enfant, ou sur les lieux de son enfance. Des morts sont ressuscités et lui parlent. Des voix se font entendre, et parfois naissent des cauchemars.

Il existe donc une sorte de seconde vie, parallèle à la vie diurne. Mais souvent, au réveil, certains rêves puissants disparaissent à tout jamais de la mémoire, ou du moins semblent disparaître. Où se sont-ils évadés ?

Ajoutons encore que le sommeil nous prend un tiers de notre existence et que le quart de ces sommeils est peuplé de rêves...

Une aventure individuelle

Rien n'est plus individuel que le rêve. Le rêve est notre intimité absolue, notre nudité totale. Les tréfonds de notre personnalité montent à la surface. Le rêve nous échappe ; nous ne l'assumons pas au moment où il se produit. Nous n'y sommes pour rien ; et nous ne sommes en aucun cas responsables ni du plus sublime ni du plus horrible des songes. Le rêve nous entraîne dans ses sentiers, et nous demeurons inertes.

Mais le rêve n'est-il pas notre démarche la plus secrète ? notre comportement le plus authentique ?

C'est dans les coulisses de la nuit que surgissent les vérités profondes. Mais avec l'aube reviennent les spectacles, les mises en scène, le paraître, les jeux sociaux, les comportements frelatés, la perte des vérités élémentaires. Et c'est pourquoi il semble essentiel de ne pas rompre avec les rêves, en tentant d'en dénicher les significations.

Mensonges ?

Est-il vrai que « songe égale mensonge » ? Nul ne peut le croire à notre époque. Si nombre de rêves semblent n'avoir aucune signification, la plupart doivent, au contraire, être pris très au sérieux, ne serait-ce que parce que nous les prenons absolument au sérieux en les faisant ! Mais il faut se dire également que *tout* ce qu'accomplit un être humain a une signification ; et que *tout* ce qu'il fait correspond à un *besoin*. Sinon, il ne le ferait pas. Il n'existe *aucun* rêve qui ne possède sa signification propre. Les rêves traduisent (ou dénoncent) nos désirs enfouis, nos difficultés cachées ; ils font des mises au point ; ils annoncent des situations à partir de nos comportements présents.

Le rêve revêt souvent une très grande importance en nous montrant ce que nous sommes *réellement*, ce que nous pouvons être grâce à des dimensions rarement exploitées.

Dis-moi ce que tu rêves...

Les rêves nocturnes ont toujours fasciné les hommes. Il est donc naturel que chacun, de tout temps, ait recherché le sens éventuel de cet étrange univers.

Que signifient ces images, souvent puissantes, imprégnant la conscience comme de la cire chaude ? Et quel pourrait être le sens de ces rêves ressentis comme des « avertissements » ou des « prévisions » ?

En quoi consiste le travail de ces zones mystérieuses de la personnalité, produisant des messages qui, dès l'aube, redescendent dans l'ombre ?

Voici un rêve à titre d'exemple. Comment ne pas être ébloui par un songe de ce genre, accompli par un homme ? Je ne ferai que le citer, et vous en reparlerai en page 100.

> — *Je me trouvais sur un promontoire, d'où j'apercevais une vallée infiniment ondulée, merveilleuse. Ces ondulations se reproduisaient de façon régulière. C'était la Vallée de l'Eden. J'y voyais quantité d'arbres fruitiers,*

portant fruits mûrs et fleurs. Beaucoup de pommiers, et aussi des buissons de roses. La vallée n'était qu'herbe grasse ; des vaches blanches paissaient à perte de vue. Et, çà et là, de petits groupes de personnes dansaient, extrêmement lentement ; ils dansaient sur une musique en trois temps, une sorte de valse ralentie, hors du temps. C'était fantastique... J'entendais la musique avec une parfaite acuité ; elle sourdait de partout ; c'était le premier mouvement de la cantate de Bach : « Wie schön leuchtet der Morgenstern ». Tous ces gens, se tenant par la main, me faisaient des signes. Je me sentais infiniment heureux ; et je crois que je donnerais le restant de ma vie pour une heure de bonheur aussi prodigieux.

Ensuite, arrivèrent du fond de l'horizon, derrière moi, trois avions à réaction, admirables fuseaux aux ailes courtes. Et soudain, je me trouvai dans l'avion central, les deux autres m'encadrant comme les côtés d'un triangle. Ces avions avançaient très lentement, calmement ; toute leur puissance demeurait potentielle. Et ils volaient en silence total, à quelques mètres du sol. Tout défilait sous moi, doucement : l'herbe, les arbres, les gens...la musique continuait de se faire entendre...Jamais je n'oublierai ce rêve qui m'a donné une énergie et une joie que je ne pouvais imaginer...

Nous lisons, nous, ce rêve *à froid.* C'est le rêve d'un autre. Mais quelle dut être, en effet, la sensation du rêveur en vivant *réellement,* dans sa profondeur plénière, ce rêve splendide ? Une fuite dans l'irréel, diraient certains. Pas du tout. Il va de soi que « quelque chose » en lui a produit ce rêve, quelque chose qui travaillait dans les tréfonds de son être. Et, comme je vous l'ai dit, je vous reparlerai de ce rêve en page 100

Très marqué par ce rêve, il était naturel que cet homme en recherchât le sens... Nombre de rêves sont d'ailleurs suffisamment puissants pour que le rêveur se sente obligé de les raconter, même si aucune signification ne peut être trouvée.

Toutes les recherches sur le sommeil et le rêve, toutes les tentatives d'explications, devaient aboutir...d'une part à de nombreuses «clés des songes» et, d'autre part, à la psychologie des profondeurs grâce à des noms prestigieux qu'il serait trop long de citer, mais dont les deux principaux demeurent sans doute Freud et Jung.

Aujourd'hui. aucun être un tant soit peu averti n'ignore plus l'importance du rêve nocturne.

Nous savons tous que nos rêves — pour peu qu'on y prenne garde — attirent souvent notre attention sur nos difficultés intérieures, profondes ou passagères. Ils sont légion les rêves où une personne se voit promenant nue, ou perdant ses bagages ou manquant le train, etc. Certains rêves se répètent inlassablement durant des années, parfois durant une vie entière ! Pourquoi ? Que signifie ce thème unique ? Quelle est la puissance de son «message» pour insister ainsi sans trêve ni repos ?

Du Sénat à la psychanalyse

La route est longue à travers les âges, qui passe par la Rome Antique où les rêves impressionnants étaient soumis au Sénat, fait un crochet par tous les prêtres et sorciers qui interprétaient les «songes» à leur façon, et aboutit à Descartes qui, le premier, fit pénétrer le rêve dans l'empire de la science !

Cependant, actuellement comme naguère, des gens simples croient que les rêves leur transmettent des messages de l'au-delà, voire des communications de personnes disparues. On retrouve d'ailleurs ici certaines croyances primitives selon lesquelles les rêves sont rapportés par les âmes qui, séparées du corps durant le sommeil, s'en vont converser avec les âmes des morts.

Quant à d'autres, ils croient que le rêve est uniquement provoqué par des phénomènes physiologiques : digestions difficiles, malaises cardiaques, douleurs, etc., à moins qu'il ne soit déclenché par une situation vécue dans la vie diurne, ou par un bruit extérieur, etc.

Citons au passage Bergson, pour qui le rêve est un lien direct entre la sensation et la mémoire, et débouchons sur la psychanalyse moderne. Les premiers psychanalystes écoutèrent leurs patients raconter leurs nombreux rêves. On devine à quel point ils furent stupéfaits devant ces énormes floraisons de l'inconscient ! D'autant plus que les patients semblaient leur accorder une importance capitale. Ces mêmes psychanalystes se virent ainsi placés devant les cavernes de l'inconscient, devant ces labyrinthes où les gens devenaient soudain mille fois plus « vastes » et « grandioses » que dans leur vie quotidienne...

Car, outre les rêves *apparemment* banaux, surgissaient les « grands rêves ». Ils étaient comme des nuages nocturnes, avec leurs images archaïques, universelles, mythiques, colorées, jaillissantes, diaboliques, enchanteresses et souvent inoubliables, parcourant l'espace et le temps réunis comme les fils d'une même trame...

Ainsi, l'interprétation des rêves devenait non seulement une importante partie de la psychologie des profondeurs, mais le rêve lui-même entrait dans l'histoire de la pensée humaine.

Les clés des songes

Il faut en parler ici, étant donné le très grand nombre de personnes qui consultent ce genre de livres. Dans quelle mesure sont-ils exécrables ou relativement acceptables ? Tout dépend, bien entendu, de la façon dont ils sont conçus et dont ils envisagent les symboles oniriques. Je possède une « clé des songes » — assez récente d'ailleurs — dans laquelle je lis : rêve de chute de *dents* = signe de maladie ou de mort.

Alors, mettons-nous à la place d'une personne ayant consulté ce genre de « livre » après avoir effectivement rêvé qu'elle perdait ses dents. Or, il s'agit d'un type de rêve extrêmement courant, accompli probablement des dizaines de millions de fois par nuit sur un seul continent ! Comment est-il dès lors possible que ce continent ne soit pas dépeuplé en quelques années ?

Ce genre d'« interprétation » est donc carrément grotesque. Mais sur quoi s'est fondé l'auteur pour affirmer une telle chose ? L'a-t-il purement et simplement inventée ? Il n'en est rien. Il n'a fait que condenser le symbolisme général des *dents*…qui ont fait perdre tout le sens réel de ce genre de rêve.

Nous le verrons plus loin.

Mais nous observons que l'idée de « mort » est élémentairement associée à celle de « dents perdues ». Cela correspond d'ailleurs à une croyance populaire encore répandue. Pour en revenir à cette « clé des songes », un lecteur fruste pensera à la mort « physique », ce qui est absurde. La traduction de tout symbole doit être psychologique. Un rêve de perte de dents est un symbole de « castration », c'est-à-dire de diminution de la personnalité (peurs, angoisses, sentiments d'infériorité, peur de l'échec, etc.). Et on le comprend bien si l'on sait qu'une dentition en bon état est un signe de puissance (songeons à la force des

mâchoires de certains acrobates suspendus par les dents !).
    Nous y reviendrons plus loin.

Faut-il rejeter en bloc toutes les clés des songes?

Une banale clé des songes n'est pas à retenir. Un dictionnaire étudiant les symboles à travers les civilisations et les
âges, est indispensable.
    Un bon dictionnaire des symboles possède une gamme
de nuances fort étendue; un même symbole y «éclate»
vers des significations nombreuses. Nous verrons qu'aucun symbole ne possède un sens fixe, applicable à chacun.
Si quelqu'un dit . «j'ai rêvé d'un cheval furieux; que signifie cela»? on peut lui répondre que cela ne signifie rien
en soi et que tout dépend du «contexte». La personne
est-elle saine ou malade? Introvertie ou extravertie?
Quelles sont ses «mesures» sociales, culturelles, familia-
les, psychologiques?...

A quoi servent les rêves?

Le rêve est absolument indispensable à l'équilibre mental
et psychologique. Il est aussi essentiel que l'alimentation
et le sommeil. Le rêve est semblable à un balancier, à un
gyroscope, qui nous maintient sur la corde raide de l'équilibre. Ainsi, le manque de rêves peut conduire à des troubles affectifs ou mentaux, à une carence en protéines animales, avec les désastres que cela suppose.
    Le rêve est une sorte de respiration psychologique. Il est
— avant tout — une «soupape» à de nombreuses impul-

sions réprimées durant la journée. Le rêve permet la libération des soucis, des hostilités, des hargnes, des espoirs, des revendications, des désirs. Il fait surtout remonter en surface des difficultés intérieures; souvent, il nous suggère des solutions, par le truchement de cet énorme ordinateur qu'est notre inconscient.

Notre agent secret

Le rêve est également notre agent de renseignements le plus précieux. Il représente notre solitude totale; dans un rêve, nous sommes face à nous-mêmes, sans tricherie possible. Rien n'y existe, sauf nous. Et la plupart des personnages qui se présentent dans un rêve sont, souvent, des aspects de nous-mêmes. Ainsi, nous comprenons déjà combien il est important de décoder nos rêves, afin de les comprendre et d'écouter leurs messages.

Le bilan de la vie affective

Il est des rêves qui peuvent révéler combien certains sont — inconsciemment parfois — insatisfaits de leur vie. D'autres rêves dévoilent l'hostilité, voire la haine que des gens éprouvent envers eux-mêmes (voyez l'Ombre chapitre 10).

Mais le rêve sert aussi de mécanisme *compensatoire*. Il prend le contre-pied des nostalgies, des regrets, des impuissances. Ils foisonnent, les rêves où l'on vole dans les airs avec une merveilleuse aisance, à moins que l'on se batte sans jamais être vaincu, à moins encore qu'un homme engoncé dans ses raideurs et ses fausses vertus ne se transforme en « play-boy » nanti de jolies femmes et de non moins splendides voitures ! Combien de personnes, en rêve, se voient aimées d'un amour infini ?

Mais parfois le tableau bascule. On est alors grugé, moqué, vilipendé, humilié, abandonné; on échoue en tout ; on aboutit en prison ; on manque tous les trains du monde, on éparpille de vieux bagages sur d'immenses quais déserts et désolés...

Et ainsi les rêves montrent à quel point la plupart des gens ne sont jamais ce qu'ils croient être...

Le journal des nuits

Il est assez rare que l'on se rappelle totalement un rêve (sauf s'il s'agit de grands rêves, page 99). Mais on est souvent frappé par telle ou telle partie du scénario oniri- que. Or, chacun de nous — qu'il le sache ou non — rêve de une à deux heures chaque nuit ! Et un petit calcul mon- tre que la totalité de nos rêves remplirait facilement un gros volume. Imaginons ainsi l'énorme quantité mentale qui *jamais* n'affleure notre conscience, et les énormes pos- sibilités du cerveau qui jamais ne sont mises en œuvre durant la vie diurne.

Il est cependant possible de se rappeler une large part de ses rêves en les notant dès le réveil (ou en les répétant sur bande magnétique). Freud disait que l'oubli d'un rêve a lieu en fonction du *refoulement* qu'on en fait. Cela signi- fierait qu'un être humain refoule dans son inconscient les éléments perturbateurs de sa vie révélés par un rêve, et cela dès le réveil.

Un excellent moyen de se rappeler ses rêves consiste à se dire (en se couchant) que l'on va rêver. Tout se passe alors comme si une fiche était branchée dans une prise de courant ; et on arrive probablement par ce moyen à réaliser des « câblages » supplémentaires entre les neurones.

Alors, si chacun de nous vit quelques années de rêves- messages, ne vaut-il pas la peine de s'y attarder ?

Peut-on interpréter ses propres rêves?

En principe, chacun peut aboutir à une interprétation assez correcte de ses propres rêves. Mais, dans la pratique, un profane se heurte rapidement à certaines difficultés que je vais tenter de décrire.

■ Quelles sont les quatre conditions principales d'auto-interprétation?

☐ *La première condition* est d'accorder aux rêves l'importance qu'ils méritent! De même que, dans la vie diurne, on peut passer sans les voir devant d'admirables paysages, de même on peut ne jamais remarquer des rêves qui, interprétés et assimilés, auraient pu changer le cours de l'existence.

☐ *La seconde condition* est de connaître, le mieux possible, le « langage » du rêve. Ce langage étant *toujours* symbolique (malgré les apparences, parfois), il s'agit évidemment de savoir ce que signifient tel ou tel symbole. C'est un fait : jamais un rêve n'emploie le raisonnement

« binaire » (page 20). Et cependant, tout rêve est d'une grande logique interne, et d'une grande cohérence. Il faut donc s'accommoder des symboles employés par les rêves et faire son possible pour les décoder. Je suis d'accord avec vous : il est regrettable que tout rêve nous dise des choses dans une langue apparemment mystérieuse, mais qu'y faire ? Car pourquoi une personne rêve-t-elle, par exemple, qu'elle s'emberlificote dans le contenu d'une valise éventrée en plein boulevard ou qu'elle se promène en haillons sous les quolibets ? Il serait tellement plus simple qu'elle se voie en rêve, victime de sentiments d'infériorité ou d'échec, ou ayant une piètre opinion d'elle-même.

Mais nous comprenons aisément qu'un rêve aussi net est impossible ; comment « dessiner », en effet, un sentiment d'infériorité ou d'échec, qui sont des sensations abstraites, uniquement traduisibles par signes, images ou symboles ?

N'empêche — répétons-le — qu'il est fort difficile d'interpréter *à fond* un symbole. On ne pourrait le faire qu'en étant à la fois psychanalyste, historien des religions, historien des mythes et des symboles universels et particuliers... Il est rarissime qu'un seul être réunisse une telle somme de connaissances ; c'est pourquoi il nous faut revenir à des conceptions plus simples...

☐ *La troisième condition* est de se dire et de se répéter que *tout* rêve se déroule *de soi à soi. Personne d'autre que soi* n'est concerné dans un rêve. C'est un état de solitude totale. Il faut être persuadé que jamais un rêve *ne doit être pris au pied de la lettre.* Il suffit de songer pour s'en convaincre, aux innombrables rêves où l'on tue un parent ou un ami, où l'on abandonne un enfant, où une femme se voit enceinte, assiste à la mort d'un être cher (ou que l'on croit tel !...). Le rêve décrit ainsi ce qui se passe dans la personnalité profonde du rêveur ; c'est tout. Le rêveur est seul en cause. Mais l'application de cette troisième condition soulève des difficultés, et nous allons comprendre pourquoi.

☐ *La quatrième condition* est de savoir qu'une personnalité profonde ne correspond presque jamais à ce qu'elle paraît être. Que, dans l'inconscient, gravitent « des complexes », normaux ou anormaux (page 42), tels des satellites autour d'une planète ; et que sur certains de ces complexes, ont été déposées des dalles de protection tandis que rôdent, dans les tréfonds, d'innombrables refoulements !

C'est d'ailleurs pour tenter de replacer une personnalité dans son authenticité qu'existe la psychanalyse...et l'analyse des rêves.

■ **En conclusion à ces quatre conditions,** nous voyons que l'auto-interprétation d'un rêve dépend :
a) de ce que l'on est ;
b) de ce que l'on cherche.

Si une personne a verrouillé sa personnalité dans des comportements qui lui donnent une illusion de force, d'intelligence et de connaissance de soi, elle risque fort de passer à côté de tout rêve important. Pourquoi ? Parce qu'elle refuse (par angoisse inconsciente) de remettre en question la moindre chose qui la concerne. Elle glisse à la surface des choses.

Imaginons une personne pour qui « avoir raison » (ou n'« avoir pas tort ») est un impératif vital. Et voici un rêve qui lui glisse à l'oreille que ce comportement cache de nombreux infantilismes et de grandes angoisses, le tout transporté tel quel depuis l'enfance. Il est presque certain que cette personne ne regardera pas dans la direction de son rêve, mais n'importe où ailleurs. Quitte à cimenter quelques arc-boutants supplémentaires autour de sa personnalité déjà rigide.

Les personnalités «binaires»

Ces personnalités foisonnent dans les civilisations occidentales. Une personnalité binaire est semblable à un pendule, qui décréterait que la vérité se trouve uniquement aux points extrêmes des oscillations, et refuserait la gamme infinie des points situés entre ces extrêmes. La personnalité «binaire» est celle pour qui tout est blanc, ou noir. C'est vrai, ou faux. On a raison, ou tort. C'est oui, ou non. Ces personnalités refusent donc d'envisager le nombre immense des gris ; elles ne parviennent pas à se dire que, en toute chose, chacun a raison et tort à la fois selon le nombre possible des critères. Elles transforment l'existence en une série de petits «absolus», rigides et secs, stéréotypés et — dans leur esprit — inattaquables. Elle conçoivent un fleuve comme n'existant qu'à sa source et à son delta, sans pouvoir envisager qu'il coule longuement, en fluctuant, à travers d'innombrables paysages. On comprend bien que ce genre de personnes n'arrivera jamais à auto-interpréter un rêve qui suit les nombreux méandres de la vie...et des vérités. Généralement, ces personnes souffrent de blocages affectifs dont la principale caractéristique est de noyer l'intelligence dans ces absurdes comportements «binaires». Les choses sont pires encore lorsque ces personnes «moralisent» : c'est bien, ou c'est mal ; cela se fait, ou cela ne se fait pas ; elles admettent ou refusent. Comment pourraient-elles, dans ce cas, «écouter» leurs rêves, qui ne sont jamais «binaires», mais épousent les multiples fluctuations qui sont la marque de toute personnalité humaine ?

Comment procède
un spécialiste ?

Cet alinéa n'est écrit qu'à titre d'exemple. Il tentera d'expliquer une façon de faire qui puisse aider à l'auto-interprétation du rêve.

Un spécialiste — un psychanalyste, par exemple — sera le mieux armé, pour deux raisons : il connaît (autant que faire se peut !) les mécanismes de l'inconscient humain (à commencer par le sien*). De plus, il a été étudié et longuement fréquenté le langage des symboles.

Cependant, *jamais* un psychanalyste ne pourra donner une interprétation immédiate sans avoir recherché, avec son consultant, la meilleure voie pour « tirer » du rêve le plus grand intérêt possible.

Il s'agit, en premier lieu, d'*associer* sur le rêve, ou sur certains passages de ce rêve.

En quoi consiste « associer » ?

C'est fort simple en soi. A partir d'un élément du rêve (un mot, une image, une situation ressentis comme importants), on laisse « tourner ses idées ». Se présentent ainsi d'autres mots, d'autres images, des souvenirs, etc. Il arrive alors qu'une association « touche » une cible chargée d'énergie ; cette cible peut être un complexe, un refoulement, un souvenir pénible ou heureux, une nostalgie profondément inconsciente, un refoulement, etc.

Et cela fait songer à un bombardement de noyaux atomiques par des particules nucléaires dont l'une, parfois, fait mouche. C'est alors le miracle de la transmutation,

---

* Voir MS 29, *Les triomphes de la Psychanalyse*, de P. Daco.

comme dans la chambre de Rutherford : une colonie de
noyaux d'hélium sont émis en flots réguliers d'une feuille
de radium; ils foncent à toute vitesse dans la chambre
contenant un mélange d'azote et de vapeur d'eau, et l'un
des noyaux d'hélium entre en collision avec le noyau d'un
atome d'azote, fusionne avec lui sous la violence du choc
et (après avoir expulsé un proton) crée un noyau d'oxygène, *inexistant avant le choc*. La comparaison reste valable en ce qui concerne les « associations » sur les rêves. Si
une association parvient à entrer en collision avec un
noyau affectif, elle peut libérer une énergie considérable
qui y tournait en rond.

Mais on comprend ainsi que beaucoup d'associations
« passent à côté » ! On comprend également que plus est
forte l'énergie de l'association, plus elle a des chances de
trouer le mur des refoulements.

N'empêche qu'une « transmutation » intérieure peut
avoir lieu. Des énergies se libèrent, exploitables. De nouveaux éléments surgissent, qui demeuraient inutilisés. Car
les associations « rebondissent » les unes vers les autres,
créant de plus en plus d'impacts, de sensations, de souvenirs. C'est comme une réaction en chaîne, dont le but
ultime est de conduire au cœur de la personnalité.

Un rêve à titre d'exemple

Je choisis le rêve de Claudine (40 ans) pour sa brièveté. Il
pourrait avoir été accompli par des centaines de millions
de femmes, tant ce type de rêve est fréquent.

> — *Je me promenais dans une rue populaire. Je
> portais un grand sac à main, bourré de choses.
> Le sac s'est ouvert. Son contenu s'est répandu
> sur le sol. Je me sentais couverte de honte. Je
> tentais de rassembler toutes ces choses répan-*

*dues, mais elles m'échappaient au fur et à me-
sure ; les gens riaient en me regardant.*

Claudine se mit à « associer », en choisissant elle-même les
éléments du rêve qui lui semblaient importants.

■ RUE POPULAIRE. *Je ne fréquente jamais les rues
populaires ; non par vanité, mais par peur. J'ai été élevée
très bourgeoisement ; je manque de spontanéité ; je n'ose
jamais me montrer telle que je suis. Ce qu'on appelle « le
peuple » me fait peur, comme les enfants me font peur.
Tout cela représente la perspicacité, la moquerie, le regard aigu qui vous découvre telle que vous êtes. J'ai peur
de l'authenticité d'autrui qui dévoilerait mes comportements guindés et angoissés.*

Ce rêve place donc Claudine face à elle-même. Mais il
ne fait que décrire une situation que Claudine connaît. Ce
rêve serait donc inutile ? Continuons.

■ ENORME SAC A MAIN. *Linges, objets, bric-à-brac,
secrets, alcôve, cacher des choses, honte. J'ai ressenti
cette ouverture de mon sac comme une éventration,
comme un viol, ou quelque chose d'approchant. Contenu
hétéroclite ; j'étais stupéfaite. Comment pouvais-je cacher
tant de choses et m'encombrer de tant d'inutilités ?*

Il apparaît que Claudine s'encombre de choses inutiles,
c'est-à-dire : elle adopte des comportements artificiels qui
n'ont rien à voir avec sa personnalité réelle. Mais l'élément le plus important est qu'elle ressent ce passage du
rêve comme une « éventration » ou un « viol ». Cela va
s'éclairer plus loin.

■ HONTE. *Ce fut ma honte d'être remarquée dans cet
état. Je suis secrète, et tout mon « Moi » était étalé par
terre ! Mais pourquoi est-ce que je dis : « mon Moi » ?
Suis-je donc ces inutilités dérisoires répandues sur le sol ?
Oui...ma « sacoche intérieure » doit être remplie d'inutilités et de peurs. Chez moi, je suis angoissée si quelqu'un
observe mes meubles, mes rideaux, ou pire ! si un invité
ouvre une porte pour regarder dans une pièce voisine !*

Pourquoi? Toujours cette impression que mon intérieur n'est pas en ordre...

Notons en passant l'importance de ce « mon intérieur pas en ordre » ; nous en retrouverons la signification plus loin.

Claudine aurait-elle pu continuer en auto-interprétant ?

Peut-être, étant donné son besoin profond d'authenticité. Mais elle courait tout de même le risque de s'arrêter ici, parce que le rêve mettait l'accent sur une situation assez bien connue. Et elle aurait probablement tenté de corriger un comportement dénoncé par le rêve, mais de façon relativement superficielle.

Claudine était en analyse. Elle revint spontanément sur ce rêve. Elle continua d'associer. Je reproduis ici les associations essentielles :

■ SACOCHE. *S'ouvre. S'éventre. Ventre. Comme un gros ventre bourré. Mouchoirs sales. Fermer tout à clef. Jamais je ne montrerais à personne l'intérieur de mon propre sac, pourtant propre et ordonné. Trop ordonné, d'ailleurs ! J'aurais l'impression...comme c'est étrange ! l'impression de soulever mes jupes. Je mets toujours des pantalons. Or, ce n'est ni par facilité ni par masculinité. C'est...c'est tout autre chose. Oui...ainsi, je « me » ferme.*

D'autres associations :

■ SACOCHE, VENTRE. *J'en suis maintenant certaine : la sacoche symbolise mon « intérieur secret », celui que je refuse, celui qui me fait entrer en panique dès que j'imagine qu'on puisse le « voir », physiquement ou psychologiquement. Mon intérieur secret, mon ventre ; les rapports sexuels me font horreur. Comme du viol. Ma mère m'a toujours présenté la femme comme une victime des brutalités masculines. Pour moi, un ventre, c'est un organe troué, voilà. J'ai horreur d'être sortie du ventre de ma mère.*

Rappelons-nous ici le « mon intérieur pas en ordre » et je « me » ferme. Cette dernière expression était liée au port du pantalon. On voit à quel point Claudine avait besoin de se « fermer » le ventre en l'enserrant ! En d'autres termes, besoin de *nier* l'existence de son ventre, symbole d'une féminité honnie, parce que identifiée à sa mère.

Rappelons-nous également les « mouchoirs sales » contenus dans la sacoche du rêve. Il s'agit évidemment de l'idée de « linges sales » des menstrues, dont on comprend qu'ils étaient repoussés avec haine par Claudine. D'ailleurs, elle me dit encore :

— *Savez-vous que je n'ose même pas mettre un chemisier légèrement décolleté ? Or, je suis bien faite, je suis belle ! Alors ? Eh bien, là aussi, j'ai peur que l'on voie « au-dedans de moi »... Si je le pouvais sans ridicule, je porterais des vêtements fermés hermétiquement jusqu'au menton. Je n'ose jamais me « faire voir ». Les maillots de bain, quelle honte pour moi ! Merci à ce rêve : il faut que cela change !...*

Mais si ce genre de rêve est tellement fréquent ?...

Entendons-nous bien : le fondement est souvent le même, mais il va de soi que les « contextes » diffèrent. Nous retrouverons ce type de rêve au chapitre 3. Ce rêve de Claudine était donc une mise au point, poussant la personne à aller plus loin que les apparences et, par voie d'associations, à découvrir et corriger des fonds ignorés.

Chacun pourrait-il opérer comme Claudine ?

Oui, en plus ou en moins. En soi, il suffit de « se laisser aller » et de se dire : « A quoi me fait penser tel ou tel élément du rêve ? Que me suggère-t-il, même en poussant jusqu'à l'apparemment absurde ? Que me rappelle-t-il ? ». Mais il faut aussi — j'insiste — ne jamais prendre au pied de la lettre un rêve, quel qu'il soit, mais toujours en rechercher la signification symbolique.

Des réactions en chaîne

Tout élément doit provoquer des réaction en chaîne. Nous l'avons constaté avec Claudine. Il faut revenir — sans se lasser — sur des éléments qui sont ressentis comme importants. Il est évident que si Claudine avait « bloqué » superficiellement sur la sacoche, par exemple, elle n'aurait abouti qu'à découvrir des sentiments d'infériorité et de culpabilité...qu'elle connaissait parfaitement.

Au lieu de cela, elle découvrit une profonde identification à sa mère, qui lui interdisait de se considérer comme une personne à part entière et qui, de plus, la retranchait impitoyablement de l'amour, de l'amitié, de la maternité ; de la vie, en somme...

Un autre rêve avec auto-interprétation

Le rêve de Lucien (30 ans) semble plus compliqué. Mais je le crois intéressant parce que :

a) Lucien a choisi de bout en bout les éléments sur lesquels associer ;

b) ses associations ont « bloqué » en cours de route ; cela nous montrera que l'on peut entrer en court-circuit avec soi, malgré le rêve qui invite à aller plus loin et plus profond ;

c) ce rêve se prolonge bien au-delà de ses significations apparentes ;

d) Lucien a fait ses associations sans la moindre intervention de l'analyste.

> *— Je devais avoir 18 ans dans mon rêve. Je me trouvais dans la maison de mon enfance. Je traversais la cour et ouvrais une porte. Cette porte donnait sur un escalier descendant vers la pénombre d'une cave. J'y arrivais ; plusieurs personnes se trouvaient dans cette cave. Tout*

semblait flou, mais je savais que cette assemblée de gens me regardait. Une panique me
saisissait. Je me sentais faire des mouvements
de jambes ; je me disais : « il faut que je me
réveille… ». Je me suis réveillé en sueur.

Les éléments choisis par Lucien, et ses associations

Je signale avant tout que Lucien est un homme intelligent,
lisant beaucoup, extraverti (= tourné vers l'extérieur,
social), mais sans culture spécifique.

■ MAISON DE MON ENFANCE. *Mon père. Dureté.
Faut réussir, mon garçon ! Faut être digne du nom que tu
portes ! Pas d'excuses. Faut suivre les ordres du père.
Quant à ma mère, je l'aimais, mais osais à peine le lui
montrer. Pas digne d'un homme, fils d'un tel père, n'est-
ce-pas ?…*

■ PORTE. *Toute porte donne sur quelque chose, sauf si
elle est un leurre. Porte du ciel, porte de l'enfer, porte des
Lilas. Porte des Lilas ! Cela me fait songer à un film avec
Fernandel. Rien à voir avec mon père. Ou plutôt si ! Le
film est « La vache et le prisonnier ». Je n'ose pas…et si
après tout : mon père était une vache, et moi le prisonnier. Suivre la voie de mon père, bon ! et moi, alors ?…
Porte des délices. Porte du bureau de mon père. Toc toc !
ce n'était pas drôle d'y frapper, à cette porte ! C'était
toujours pour s'y entendre blâmer, toujours pour rendre
des comptes, jamais sur moi, sur mon être, sur mon bonheur, mais uniquement sur ma réussite ou mon échec sociaux. Porte ? J'aurais dû prendre celle des champs, de la
mer, des lointains, et dire m… à tous les pères du monde.
Mais en attendant, la porte de mon rêve donnait sur une
cave.*

■ ESCALIER. *Ça monte, ça descend, ça va où ? Escaliers de Fontainebleau. Les adieux. Adieu à l'amour,
adieu au bonheur. Le mot « adieu » m'a toujours pour-
suivi. Adieu, plus jamais, jamais plus, nevermore, adieu*

mon amour, disparaître, partir, mourir, l'adieu du
« Chant de la Terre » de Malher, s'évanouir dans le bleu*,
amour de mes quinze ans, adieu, adieu ma vie, j'ai pris
l'escalier montant de la vie adulte et je t'ai abandonnée ;
où es-tu aujourd'hui ? Escaliers d'or, montée au ciel, escaliers de cave, noir, rais de lumière estompés, l'inconscient, ombre, ombre dense recelant tant de choses en moi,
je veux les voir, je veux être heureux tout de même !

■ CAVE. Ombre et pénombre. Révélation ? Initiation ?
Qui sont ces gens qui m'y attendent ? Immobiles, silencieux. Des amis ? Des juges ? L'inquisition ? Mon père
multiplié par le nombre de ces personnages ? Sans doute,
oui… Enfer ou paradis en attente ? Cave de mon enfance.
Peur du noir, peur de quelqu'un m'y attendant… Ces
gens : tribunal. Oui, un tribunal.

■ ASSEMBLEE. Secret. Examen. Opinion secrète.
Scruter. Etre scruté. Derrière moi, l'escalier, comme une
retraite possible vers la lumière. Je ne veux pas. Je veux
savoir. Accusé. Moi. Je me sens toujours comme un accusé. Rendre des comptes. Ne pas broncher. Ne pas
échouer. Coupable. Je ne suis pas un homme.

Lucien revient ici sur certains éléments de son rêve,
déjà envisagés.

■ PORTE. J'étais souvent appelé dans le bureau de mon
père. Comme chez Dieu le Père ! Faut être bien sage, mon
garçon ! Il me disait : assieds-toi, j'ai à te parler ! Au
fond, il ne s'occupait que de lui, de sa réussite à travers
moi.
Quant à mon père confident et guide, bernique ! Au fond,
il m'a castré, et il a étouffé la personnalité de ma mère.
Mais qui est-elle, ma mère ?…

■ ASSEMBLEE. Dire que je me croyais « Je » ! Mon
comportement n'a jamais eu qu'un seul but : donner aux
autres une certaine image de moi. D'un faux-moi, bien
sûr ! Je cherchais donc à correspondre à ce que je croyais

* Voyez le Symbolisme des couleurs, chapitre 11

que les autres attendaient de moi. Rien d'autre. Aucune spontanéité, par conséquent. Je n'ai jamais beaucoup pensé à tout cela; c'était vague, c'était trop pénible. Ne vivre que pour ne pas déplaire aux autres! Mon père a drôlement déteint sur ces autres! C'est comme si mon sacré père était partout. Alors, cette assemblée, ce sont tous les juges de mon existence. C'est-à-dire tout le monde. Je continue d'adopter le comportement que je me suis forcé à prendre face à mon père. Il faut que je réussisse. L'échec est ma honte. Je me sens très angoissé si je suis malade, donc en état d'échec! Et si je paresse, et si je suis en vacances!

■ PENOMBRE DE LA CAVE. *Bizarre. Sensation étrange, très profonde…J'y étais presque à l'aise, dans cette pénombre. J'étais hors de la lumière, sans doute? Mais il y a davantage; voyons…Pénombre…Ombre…Je suis descendu vers l'ombre, venant de ma vie courante, donc venant de ma fausse-lumière… Je suis descendu dans cette ombre, arrivant de mes comportements faux, tiens, tiens! Est-ce dans cette ombre que j'aurais trouvé ma liberté? Liberté…que signifie-t-elle pour moi?*

Ici, Lucien se met à associer sur ce mot :

■ LIBERTE. *Hippies…Play-Boys… Pouvoir des fleurs…Pas d'argent…Hippies : comme je voudrais en connaître de vrais! Mais je n'oserais jamais leur adresser la parole : ils se ficheraient de moi, de mon air guindé, de ma raideur. S'ils savaient! Les gens doués : ils sont libres aussi, ils réussissent sans trop d'efforts. Oui, j'envie les hippies et les play-boys, mais je les hais. Ils sont ce que je ne suis pas et voudrais être… Mais pourquoi est-ce que je ressentais vaguement que ma liberté se trouvait dans cette cave?…Pénombre…Il est vrai que je suis l'envers de moi-même, l'ombre de mon vrai Moi. Oui : une ombre, un fantôme. Je, mon Je, se trouve dans l'ombre. Il faut que j'aille l'y dénicher… J'y retrouverai peut-être mon âme? Peut-être aussi l'amour d'une femme?…*

Où ces sensations ont-elles conduit Lucien? Il faudrait reprendre point par point; mais cela nous prendrait trop de pages! En synthétisant fortement, Lucien a mis l'accent sur :

a) des sentiments de dévirilisation, de « castration » affective;

b) sur le fait qu'il ne connaissait rien de la vie profonde, celle qui est donnée par l'exemple de la Mère. Et la vie, et l'âme de Lucien étaient semblables à celles de sa mère : cachées, dans l'ombre, en attente, profondément enfouies dans les dédales de l'inconscient;

c) le fait de considérer tout « laisser-aller » comme une faute grave;

d) mais *surtout* sur la notion de **l'ombre.** J'y reviendrai dans un chapitre spécial; je crois en effet que cette notion est l'une des plus importantes en psychologie des profondeurs. C'est dans l'ombre (de la cave) que Lucien croit pouvoir trouver sa liberté possible..et son âme. Nous trouvons également ici la notion de **l'anima,** cette immense puissance en l'homme, mais si souvent édulcorée, ou carrément refoulée. Un chapitre lui sera consacré également.

e) sur les tendances suicidaires. Il suffit de relire les associations sur le mot *escalier*. On trouve des mots tels que : *adieu* (quelque 8 fois!); *s'évanouir* (dans le sens de : *disparaître*); la couleur *bleue* (couleur des lointains dans lesquels on disparaît : page 202); *mourir; abandonnée*.

En fait, à travers l'extraversion de Lucien, à travers la richesse des associations, on trouve un profond sentiment de désespoir et de nostalgie.

Pour résumer, ce rêve dit à Lucien : tu n'es pas ce que tu crois être. Ton âme est dans l'Ombre; c'est là que tu dois l'y rechercher. C'est de là que tu dois l'extirper. Tu dois te dégager des fausses notions de vie et des fausses valeurs que t'a léguées ton père. Descends dans les caves ombreuses de ton inconscient : tu pourras y trouver ta vérité.

Jusqu'où peut-on aller seul?

La question devrait être : quelles sont les conditions pour arriver jusqu'au bout d'un rêve ? En premier lieu, il va de soi que les connaissances théoriques (symboles) sont indispensables. Mais cela est relativement peu de chose à côté de la seconde condition. Il faut répéter que tout rêve est une confrontation avec soi-même. Cette confrontation peut révéler de multiples aspects positifs ou négatifs d'une personnalité. On comprend qu'un rêve présentant un aspect fortement négatif puisse pousser quelqu'un à le reléguer dans les tiroirs de l'oubli. Cependant, il est rare qu'un rêve « négatif » ne prépare pas des prises de conscience on ne peut plus favorables et énergétiques. Si une personne « bloque » devant les apparences négatives d'un rêve, elle risque tout simplement de faire abstraction d'une partie de sa personnalité complètement inexploitée (voyez, par exemple, l'*Anima*, chapitre 7 et l'*Ombre*, chapitre 10)

Rappelons-nous que toute interprétation de rêve se fait *à froid*. Au réveil, *l'émotion* provoquée par les symboles s'estompe rapidement. L'interprétation doit se brancher sur un système *rationnel*. On traduit ainsi le rêve grâce à un langage inadéquat !

Et ceci appelle une comparaison. Le rêve serait un peintre exécutant un tableau, avec toute l'inspiration et l'émotion qu'il peut y mettre. L'interprétation du rêve serait le critique d'art qui, pour talentueux qu'il soit, ne peut que traduire rationnellement l'inspiration du peintre.

Quant aux connaissances théoriques, il est possible de les acquérir par la lecture de livres psychanalytiques ou d'ouvrages consacrés aux symboles. D'ailleurs, une personne profondément intéressée par ses propres rêves fera spontanément cette démarche.

Un rêve avec auto-interpretation partielle

> — *Catherine rêve qu'elle abandonne son en-*
> *fant, pour se prostituer ensuite. Elle se voit*
> *plongée dans un tourbillon de rues nocturnes,*
> *de bars, de plaisirs. Des nuées d'hommes tour-*
> *nent autour d'elle.*

Est-ce un rêve « horrible », comme aurait pu le croire cette jeune femme? Car la première chose que fit Catherine fut de tenter d'oublier son rêve. Ce dernier faisait naître un grand malaise. En lisant ce qui suit, on se rendra compte que Catherine n'aurait pas pu, sans bloquer, découvrir certaines vérités, humainement élémentaires cependant. Mais en maintenant son blocage, quelle quantité d'énergie et d'authenticité n'aurait-elle pas continué d'ignorer?

Je citerai, ici encore, quelques associations importantes que fit Catherine, sans intervention aucune de l'analyste. Quelques interprétations suivront immédiatement.

▓ J'ABANDONNE MON ENFANT. *Impossible. Je ne connais que le droit chemin. Je ne connais que le devoir. Dure envers moi. Dure envers les autres. La vie est un rail. Une ligne. Ne jamais dévier. Le cœur est une chose. Le devoir en est une autre. J'aurais dû être militaire. Ma vie est sans tache.*

Quelques mots au sujet de Catherine

Il est vrai que sa vie était « sans tache »…mais aussi sans la moindre fantaisie ni spontanéité. Catherine était une sorte de « petit soldat ». Le devoir? Sans doute; mais elle était raidie, figée, stéréotypée dans cette notion de « devoir ». Cette notion ne venait pas d'elle-même, mais lui avait été « distillée » par des parents probablement aussi rigides et angoissés qu'elle. Elle était « dure » envers elle-même… et le monde entier qu'elle passait sans cesse en jugement. En fait, Catherine était de comportement « binaire » (page 20).

Tout, pour elle, était bien ou mal, vrai ou faux ; c'était oui ou non. Il n'existait aucune nuance, ni transition, ni compréhension, ni circonstances éventuellement atténuantes aux actions humaines...pas plus qu'aux siennes. Il va de soi que le fond de l'affectivité de Catherine était une énorme angoisse inconsciente et un immense (et refoulé !) appétit de vivre... Et que son « Ombre » était tout aussi importante (chapitre 10).

Reprenons les associations sur le même élément du rêve :

■ J'ABANDONNE MON ENFANT. *Je fais tout pour mon enfant. Comment ai-je pu faire un rêve aussi absurde ? Je donnerais ma vie pour mon enfant. Elle sera vertueuse et droite comme moi. Elle me ressemble. Mais il n'existe aucun de ses désirs que je ne satisfasse. Ce rêve est ridicule. Comment pourrais-je imaginer que, même inconsciemment, je puisse avoir envie d'abandonner mon enfant ?*

Association sur l'autre élément du rêve :

■ PROSTITUEE. *Mais enfin, ce rêve se moque de moi ! C'est tout le contraire de moi, tout ça ! L'inverse absolu ! Heureusement qu'on n'est pas responsable de ses rêves ! Je hais, je méprise, je honnis les prostituées. Je hais d'ailleurs toutes les femmes frou-froutantes qui se laissent faire la cour par tous les hommes. Prostituée ? Bars ? Plaisirs nocturnes ? C'est la mort.*

Catherine et « son Ombre »...

Les associations « libres » de Catherine s'arrêtaient ici. Mieux : elles s'y bloquaient. Il était évident qu'elle voulait passer à autre chose et oublier radicalement ce rêve « absurde ». Considérait-elle ce rêve comme monstrueux ? Non ; ce rêve ne la concernait pas, sans plus.

Et cependant... En écoutant Catherine parler ensuite de sa fille, on sentait qu'elle se comportait en coupable envers son enfant. Catherine essayait en effet de « prévoir » les moindres désirs de son enfant; en d'autres termes, elle était à ses ordres. La moindre mauvaise humeur de l'enfant plongeait Catherine dans l'angoisse. Elle me dit :

— *Je ferais tout, absolument tout, pour qu'elle soit de bonne humeur.*

La fillette était, pour Catherine, une sorte de « reproche » vivant. La mère était incapable d'envisager la spontanéité. Mais comment empêcher sa fillette d'être spontanée ? Fillette qui, pour sa mère, était le « témoin » et le catalyseur de sa sourde culpabilité ?

Pour Catherine existaient quatre interdits principaux :
a) être heureuse ;
b) être spontanée ;
c) se laisser aller à la douceur de vivre ;
d) s'amuser.

Mais arrive le rêve, brutal dans sa simplicité. Il sonne comme un coup de gong. Il renverse les valeurs. L'envers devient l'endroit. le noir vire au blanc. Ce rêve, qui est « tout le contraire de Catherine », ne représente-t-il pas son véritable « Moi » (attention : sous forme symbolique !) ?

Quel serait son véritable « Moi » ?

Le rêve lui dit : « il faut te rendre compte de la culpabilité cristallisée sur ton enfant. Non seulement tu en es l'esclave, mais tu en feras une femme aussi rigide et peu libre que toi. Tu dois nuancer ta vie, et non pas l'enfermer entre des bornes fixées une fois pour toutes. Ton « Moi » est demeuré dans l'Ombre ; tu es l'inverse de ce que tu crois être. Ton devoir et ton droit chemin ne sont que des comportements stéréotypés afin de contourner ta peur de vivre. Tout ton système de valeurs est faux. Cette image de la prostituée est celle que tu considères comme se trouvant à l'opposé de toi ; en fait, à l'opposé de ta rigidité, de ton manque de compassion, de compréhension et d'accueil. Tâche également d'abandonner la culpabilité que tu reportes sur ton enfant... ».

Ensuite ?

Si Catherine avait maintenu le «blocage» du rêve, elle aurait probablement renforcé ses systèmes de fausses défenses, pour devenir plus impitoyable encore envers elle et les autres. Mais n'empêche que ce rêve lui revint en mémoire après un certain temps. Catherine dit :

— *... Je repense à ce sale rêve... C'est mon rêve, après tout ! Je voudrais y revenir, mais j'ai un peu peur...*

Et ce fut le début d'une série de «prises de conscience»,* que je n'envisagerai pas ici, mais qui allaient tout droit vers ce qui fut dit plus haut, et vers un épanouissement progressif de celle qui devait devenir «un *ex*-petit soldat»...

Un rêve avec fausse interprétation

Jeanne, 28 ans, mariée :

> — *J'ai rêvé de la mort de ma mère ; c'est un rêve qui revient d'ailleurs souvent, sous une forme ou une autre. J'assistais à son agonie, et je dansais ! J'aime pourtant ma mère !...*

Ce genre de rêve est fréquent : il fait partie des rêves de «mort des êtres proches». Plus que jamais dans ce cas, il ne faut *rien* prendre au pied de la lettre ! Car Jeanne me dit :

— *Danser ! Mais c'est horrible ! Suis-je donc tellement dénuée de tout sentiment ?*

Jeanne conclut beacoup trop vite. Elle confond l'apparence et la réalité. Elle ne cherche pas à traduire symboliquement. On voit l'angoisse qui a pu l'étreindre en interprétant son rêve sous un aspect d'«indignité» et de «monstruosité».

---

* Voyez MS 29, *Les triomphes de la psychanalyse*, de P. Daco.

Quelles sont les possibilités?

■ *Supposons* que Jeanne ait lu superficiellement Freud. Elle conclura qu'il s'agit d'un rêve de «désir»; donc, qu'elle souhaite inconsciemment la mort de sa mère, mort (ou disparition!) qui la libérerait; cette libération *intérieure* se traduisant par une vie plus extravertie (la danse). Il est d'ailleurs fort possible que Jeanne ait ce désir, pour toutes sortes de raisons. Mais, dans ce cas, c'est le terme «mort» qui doit être placé dans un contexte symbolique. Et Jeanne souhaiterait alors que sa mère «disparaisse» de sa vie intérieure.

■ *Supposons* que Jeanne ait lu superficiellement Jung. Elle se dira que son rêve signifie que sa «participation mystique», sa «fusion» avec sa mère, son «identification» à sa mère, doivent cesser (ou sont en train de cesser). Redevenant alors elle-même, elle pourra entamer une «danse de vie».

■ *Supposons* que Jeanne consulte un dictionnaire sérieux des symboles. Elle pourra supposer qu'il s'agit de la «mort» d'une partie d'elle-même, trop reliée à sa mère; nous retrouvons ici l'interprétation possible selon Jung. A moins qu'elle ne conclue à la disparition d'une partie de sa vitalité, avec risque de maladie.

■ *Supposons* que Jeanne croit aux rêves «prémonitoires». Elle sera saisie d'angoisse devant cet avenir qu'elle croira annoncé.

■ *Supposons*… mais laissons parler Jeanne, après qu'elle eût réfléchi:

— *J'ai 28 ans. Je suis à l'âge du départ dans la vie. Peu à peu, je forme un couple avec mon mari. Je ne suis pas à l'âge où l'on fait le point: je suis trop jeune. Je ne suis pas à l'âge où l'optique change, où d'autres valeurs se présentent, me semble-t-il? Puisque ma mère apparaît souvent dans mes rêves, et de manière aussi dramatique dans celui-ci, je dois connaître mon attitude profonde envers elle. Il est tout de même significatif que je danse! Je* crois que ce rêve peut être le révélateur de mes attitudes infantiles envers ma mère, et sans doute envers autrui en général. Quelles sont mes fixations envers mon passé ? Il importe probablement que ma mère meure en moi ; je dois me libérer d'elle, de mes angoisses envers l'existence, envisager ma liberté intérieure, et danser, créer, aller vers la vie et la joie...

Nous voyons que Jeanne rejoint l'interprétation selon Jung.

Un rêve de « recoupement »

Jeanne fit, quelques jours plus tard, un autre rêve qui s'ajustait fort bien au premier.

> — *Je montais à la verticale, à l'intérieur d'une spirale fort large dans le bas, mais se rétrécissant ensuite. Une autre sorte de cône, pointe en haut. Je me sentais étouffer au fur et à mesure de la montée, comme prise au piège. Cela me paraissait inexorable ! Je me heurtais violemment au sommet de la spirale, sans pouvoir continuer malgré mes efforts angoissés.*

La bonne route ?

Je cite à nouveau les associations spontanées de Jeanne :

■ MONTER. *C'est aller vers quelque chose de plus haut.* C'est grandir, cesser d'être enfant. Avenir, demain, réussir, créer, faire des choses. Ciel, lumière. Ma montée verticale, dressée vers le haut.*

■ SPIRALE. *Elle se rétrécit. Piège, Cage. Comme une cage d'osier. Blocage. Arrêt. Pas d'accès à la vie adulte. Pas d'espoir. Jupe, oui ! Comme une jupe ! Je suis coincée dans des jupes ! Je suis mariée,, mais je reste la fille à*

---

*Voyez chapitre 13 : le symbolisme des Directions.

maman! C'est clair, c'est vrai! Je n'irai jamais plus haut. je ne m'envolerai jamais! Ce rêve est un avertissement sérieux, et si je le rapproche du premier...je dois essayer de me déculpabiliser envers ma mère. C'est vrai, je me sens «en faute» dès que j'accomplis un acte libre, ne serait-ce qu'aller au cinéma ou en vacances avec mon mari!...Si j'ai des enfants, je n'oserai pas les élever moi-même sans demander, chaque fois, l'accord de maman! Il faut que je travaille sérieusement tout cela...cela fait tel lement partie de ma vie, c'est tellement mélangé à mes actes, tellement inconscient...

La difficulté est-elle grande?

L'auto-interprétation d'un rêve est souvent difficile, re-butante... et passionnante. Ici comme ailleurs, seul coûte le premier pas! Le degré de culture est important dans certains types de rêves; mais je crois que la «bonne vo-lonté» envers soi et le désir profond de devenir ce que l'on est supplantent largement toutes les cultures du monde. Et tant mieux si l'on possède les deux!

Il est essentiel de n'avoir pas peur ni de se découvrir, ni de se connaître; sinon, les parties importantes du rêve seront refoulées. Mais je répète qu'un rêve peut révéler à quel point l'on confond ses apparences et son «Moi», et combien l'on prend souvent le fantôme de soi-même pour la réalité (voyez le chapitre «Mon ombre est ma lu-mière»).

Et si vous tentez d'interpréter vos propres rêves, dites-vous que tout rêve peut appartenir à trois types princi-paux:

a) le rêve qui dit: *voici ce qui se passe actuellement en vous;*

b) le rêve qui dit : *voici ce que vous êtes réellement, au fond de vous;*

c) le rêve qui dit : *voilà ce qui va se passer, étant donné les circonstances actuelles.*

A chacun selon ses possibilités

Tout dépend donc de ses propres possibilités d'interprétation. Mais je crois que toute personne sachant que le rêve est l'escalier établissant le lien entre la cave et le grenier (traduisons : entre l'inconscient et le conscient quotidien) fera le nécessaire pour s'informer. Il n'est pas si difficile de lire les ouvrages de Freud consacrés aux rêves, pas plus qu'un dictionnaire des symboles dans leurs acceptions diverses. Armé ainsi de certaines connaissances pratiques, on peut entreprendre la route de l'auto-interprétation.

Mais l'on serait étonné de connaître le nombre des gens qui, prisonniers de leur vie « apparente » et de leurs peurs, refusent inconsciemment les libertés qui s'offrent à eux ! Des prisonniers, en quelque sorte, qui adulent leurs prisons...

III

Les rêves les plus fréquents

D'innombrables symboles, signes ou images, pourraient être cités dans ce chapitre. Il s'agit souvent de symboles très simples. Ils se présentent dans les rêves de centaines de millions de personnes, chaque nuit à travers le monde.

Ces rêves sont généralement courts ; ils ne contiennent souvent qu'une seule image « frappante ». Toute l'attention est alors concentrée sur un symbole, devenant un véritable « centre » autour duquel gravitent des éléments secondaires.

Des milliers de rêves pourraient être reproduits. Comment choisir, pour autant qu'un choix soit possible ? Je crois que le mieux serait :

a) de citer quelques symboles se présentant très souvent ;
b) de déterminer les grands courants essentiels des âmes humaines, produisant ce genre de rêves.

Ne seront évoqués ici que des rêves à aspect « négatif », soit qu'ils mettent en garde, soit qu'ils décrivent une situation intérieure. Il va de soi que certains de ces symboles peuvent apparaître dans des rêves éminemment positifs ; nous les retrouverons plus loin dans ce livre.

Quelques symboles
parmi les plus fréquents

ABIMES
AMPUTATIONS
ANIMAUX EFFRAYANTS
APOCALYPSES
ARAIGNEES
ASCENSEURS
AUTOMOBILES
AVIONS
BAGAGES
BALLONS
BILLETS DE VOYAGES
CATASTROPHES MARITIMES
CAVES
CHEMINS DE FER
CHEVAUX
CHEVEUX
CHUTES
COULOIRS
CONTROLEURS
(certaines) COULEURS
COURS DE JUSTICE
DENTS
DISCOURS EN PUBLIC
DOUANIERS
ESCALIERS
ESSENCE

EXAMENS
FORETS
FREINS
GARDIENS
GENDARMES
HOTELS
INSECTES
LABYRINTHES
MAISONS
MEURTRES
MORTS
MUTILATIONS
NUDITE
PLAINES
PNEUS
PORTES
POURSUITES
PRISONS
PRECIPICES
RAZ-DE-MAREE
SANG
SERPENTS
TELEPHONE
VERTIGES
VETEMENTS
...etc.

Notons que ces symboles peuvent faire partie de nombreux sentiments humains qui se recoupent l'un l'autre. C'est normal si l'on songe, par exemple, que les sentiments d'infériorité engendrent toujours des sentiments de castration, d'angoisse, de culpabilité, des sentiments d'impuissance, de rejet, d'abandon…

A la liste qui précède, il faudrait ajouter encore dieu-sait-combien d'autres symboles ! Chacun, en effet, peut « fabriquer »un symbole qui lui est propre, selon les lieux qu'il habite, les objets qu'il voit quotidiennement, ses propres sensations et souvenirs. Tel symbole pourra donc avoir un sens important pour telle personne, et ne rien signifier pour une autre.

Il est impossible de reprendre chacun des symboles précédents en leur donnant une explication détaillée ; je citerai un rêve chaque fois que je le pourrai, en puisant parmi ceux dont je possède le témoignage. Ce rêve sera toujours ramené à ses éléments principaux ce qui permettra d'ailleurs d'appliquer au mieux le chapitré 2.

Ce chapitre sera divisé comme ceci :
a) les rêves d'**infériorité** ;
b) les rêves de **castration** ;
c) les rêves d'**angoisse** ;
d) les rêves d'**abandon.**

Les rêves d'infériorité

Les sentiments d'infériorité sont l'apanage de l'être humain. Ils font partie de sa nature, comme l'humidité du sol. Leur apparition dépend essentiellement de la complexion humaine : sentiments de faiblesse, d'impuissance et de. « parasitisme » dès la petite enfance. Bien entendu, les sentiments d'infériorité se gonflent ou diminuent selon l'éducation reçue, la confiance acquise ou non, la peur de la vie, etc. Il est évident que les parents jouent un rôle capital, mais aussi la race, la situation sociale, etc.

Les sentiments d'infériorité engendrent quantité de compensations, dont le but est de rétablir un (faux) équilibre et de donner une sensation de force et d'aisance. On trouve ainsi de nombreux dérivés de la paranoïa : agressivité exagérée, méfiance pathologique, orgueil, trop grande sûreté de soi, mépris envers les autres, volonté d'avoir raison, etc. On comprendra que, plus forte est la compensation, plus grand est le risque de retomber plus violemment dans les sentiments d'infériorité initiaux, et que les rêves qui en découlent soient fortement marqués par cette peur, consciente ou non.

Un rêve de voyage (une jeune femme)

> — *Je partais en vacances dans le sud de la France., Je suis arrivée dans une chambre d'hôtel. Le porteur a jeté ma valise sur un lit défait. Il m'a regardée sans mot dire et est sorti. Les murs de la chambre étaient sales, le lavabo odieux… Je me suis assise sur une chaise ; j'étais désespérée…*

Chacun saisira d'emblée le sens premier de ce rêve qui marque une situation intérieure de sentiments d'infériorité. Cette personne me dit :

— *Le sud de la France représentait pour moi le sommet de l'élégance… Je n'y avais jamais été et m'imaginais que la Riviera n'était fréquentée que par la haute société…*

Ce qui signifie que cette jeune femme ne se sentait pas « digne » d'accéder à ce genre de vacances ! Autour des sentiments d'infériorité, on trouve un sentiment d'échec. Les vacances n'aboutissent pas au point prévu, mais dans une chambre minable. Il y a des sensations de rejet : elle n'obtient même pas un regard du porteur. Il peut s'agir, d'ailleurs, d'un échec souhaité inconsciemment ; comme si la personne se disait : « je ne suis pas digne de réussir, ni d'accéder à quelque chose de positif. Je demande d'échouer, ce qui me donnerait enfin la paix intérieure face à l'angoisse que me donne tout genre de compétition... ».

Un rêve de nudité (un homme)
Il s'agit d'un type de rêve on ne peut plus fréquent !

> — *Je me promenais le long d'un boulevard animé. Les gens me regardaient en riant. Dans une vitrine, j'aperçus mon image : j'étais nu...*

C'est un rêve très explicite également. Cet homme éprouve la sensation que chacun le « perce à jour », qu'il ne peut cacher aux autre ce qu'il est réellement. Autrement dit : cet homme éprouve la honte de lui-même,

Un rêve de bouge (un homme)
C'est pratiquement, le même type de rêve que le rêve de voyage, ci-dessus.

> — *J'arrivais dans un hôtel. Je devais porter moi-même mes bagages, alors que les autres clients obtenaient les services des porteurs. L'escalier était raide, ma chambre se trouvait sous le toit. Je me suis couché sur le lit. Le plus étrange était que je me sentais bien, comme dans une sorte d'amertume pacifiée, content qu'il n'y ait pas de fenêtre, content d'être en dehors de tout...*

C'est le besoin d'échec, découlant directement de sentiments d'infériorité. C'est un rêve de « masochisme » (page 81). Le sentiment d'être rejeté est évident : cet homme doit porter ses bagages. Il est exclu de la communauté (l'hôtel). Il ne se sent pas accepté par la société (les clients de l'hôtel, les porteurs). Il opère une régression vers l'enfance : la chambre (sans fenêtre sur l'extérieur) devient un monde clos, séparé, une sorte de « ventre maternel » assurant la paix et la sécurité...

Notons ici que cet homme était à peine conscient de son profond masochisme et de son « misérabilisme ». Il avait « compensé » ses sentiments d'infériorité par un travail acharné et avait abouti à une situation brillante dont il tirait un orgueil démesuré. On imagine sans peine l'angoisse profonde qui devait le ronger, partagé qu'il était entre sa « réussite » d'une part, et ses puissants sentiments d'infériorité et d'indignité... Au fond, ce rêve marque un *comportement suicidaire*, un retour au néant et à la séparation totale d'avec le monde.

Un rêve d'ascenseur (un homme)

> — *Je pressais le bouton de la cabine afin de monter. Mais l'ascenseur descendait vertigineusement. Plus, j'insistais, plus la descente s'accélérait... Je me suis réveillé en pleine panique.*

Nous trouvons ici : descendre au lieu de monter, et une notion de Chute.

Cet homme me dit :

— *Je suis certain que ce rêve me donne une directive ; celle d'aller voir au fond de moi ce qui s'y passe. Je passe ma vie à me montrer efficient, à grimper d'échelon en échelon, à vouloir aller de plus en plus haut. Il faut que je descende, que j'explore ce qui se passe réellement dans mon inconscient. Mais cette chute !...*

Cette chute ? Elle marque ce que nous avons lu plus haut. C'est l'angoisse de perdre ses « compensations », de se retrouver dans son authenticité, de se retrouver face à soi-même.

Les **rêves de chute** sont, également, extrêmement fréquents. Certains se présentent de façon répétée, durant des années parfois, tant est sans cesse présente l'angoisse de perdre sa « façade ». Chacun connaît ces rêves où l'on *tombe* d'un rocher, où un *précipice* se présente soudain, ou l'on grimpe au *sommet* pour se retrouver dans l'*impossibilité de redescendre*, où l'on se jette dans le *vide*, où *un avion s'écrase* sur une ville, où *un train fonce dans l'abîme*, etc., etc. Les rêves de chute peuvent aussi révéler une angoisse de ne pouvoir se maintenir «à flot», la peur d'être repris par une mère dévorante, la peur de l'inconscient et de la folie, l'angoisse de se perdre dans le néant, etc.

Les **rêves de vertige** sont directement reliés à ce qui précède.

Un rêve de bagages (un homme)

— *Je prenais un billet pour une ville inconnue, mais dont je savais qu'elle était très ensoleillée, avec de nombreuses fontaines...J'étais profondément heureux de quitter ma ville habituelle. En me dirigeant vers le train, je vis qu'il s'appelait L'Oiseau bleu. Puis je m'aperçus avoir perdu ou oublié mes bagages. Je me mis à les rechercher avec affolement, tandis que le train démarrait sans moi...*

Nous trouvons : *la ville inconnue, le soleil, les eaux jaillissantes. Le bonheur de changer de ville. L'Oiseau bleu. Les bagages perdus. L'échec du voyage attendu.*

Le grand élément de ce rêve est que cet homme s'en va vers...lui-même, vers le plus profond de lui-même. Il s'agit de l'*anima*, dont je vous parlerai chapitre 7. Malheureusement, il semble avoir oublié ou égaré ses bagages. Est-ce important? Ou n'est-ce que fort secondaire, auquel cas il semblerait qu'il attache trop d'importance à de petites choses qui lui font manquer l'essentiel, c'est-à-dire son bonheur? N'aurait-il pas été plus simple qu'il se propose tout simplement de racheter le nécessaire sur place, dans cette ville merveilleuse qui était en lui comme une fête?...

Un rêve de vêtement (une femme)

> — *Je ne me souviens plus très bien du lieu où je me trouvais : une rue ? une pièce d'une maison ? De toute façon, il y avait des gens. Je retirais lentement mes vêtements, qui étaient une sorte d'uniforme gris. Mais en-dessous, je trouvais une espèce de vêtement d'une seule pièce, de couleur bleu « blue-jeans ». Je me sentais infiniment triste. Je me suis ensuite retrouvée dans un autre lieu, vêtue cette fois d'un tailleur bleu-marine, sombre. Des gens allaient et venaient ; je me sentais en paix…*

Notons en premier lieu que ce rêve fut accompli par une jeune femme très élégante, dont les vêtements n'avaient certes rien d'un quelconque uniforme ! En outre, cette personne semblait très vive, heureuse de vivre en participant à de nombreuses assemblées mondaines, entre autres.

Laissons-la associer sur son rêve :

— *Le plus étrange est cette succession de vêtements « uniforme »…Gris…Terne…Blue-jeans. Comme chez Mao… Tout le monde en bleu, tout le monde en gris… Ou est-ce moi-seule ? Tristesse. Mon élégance est une apparence. Ma personnalité est grise. Uniforme. Ce rêve me dit jusqu'à quel point. J'ai passé ma vie à me le cacher. Je devrais enlever tous ces uniformes comme des pelures d'oignon, jusqu'à me retrouver dans mon authenticité. Tailleur bleu-marine. Pension. J'ai souffert en pension, mais c'était mon refuge contre les incessantes mésententes de mes parents. Un refuge doux-amer…Bleu-marine. Etre sage. Suivre les règlements. Oui, ma Sœur, merci ma Sœur, je me mets en rangs ma Sœur… C'est vrai : je me suis mise en uniforme. Extérieurement, l'élégance et la désinvolture. Mais au fond de moi, je me crois obligée de faire comme tout le monde afin que l'on ne puisse rien me reprocher. Faire comme tout le monde, ne pas me faire remarquer, ne pas me faire démasquer. Mais ce rêve est bon, puisque je semble y rechercher ce qu'il y a sous ces vêtements-uniformes… Il faut que je prenne garde à ne pas me remettre dans les rangs, comme en pension, pour y retrouver une fausse paix…Je dois combattre mes compensations ; je veux être trop différente des autres par mon originalité ; je risque de tomber dans un piège dont il me sera difficile de sortir, l'âge venant…*

Et l'on pourrait ajouter à ces associations que le fait d'enlever des vêtements « uniformes »correspondait à un découragement profond devant l'inutilité de fausses-valeurs (*ne pas se faire remarquer*, compensé par l'originalité et l'élégance, *vie intérieure terne et « uniforme »*, compensée par une vie trop extérieure et trop brillante, etc.).

C'est un excellent rêve de « mise au point » et d'avertissement pour l'avenir, et dont cette personne a, d'ailleurs, largement tenu compte.

Un rêve de voyage (un homme)

> *— Je suis dans le train, en première classe. Le contrôleur entre et vérifie les billets. Il me fait remarquer, sèchement, que je n'ai qu'un billet de seconde. Il m'invite à quitter le compartiment, dans lequel se trouvent de jolies femmes et des hommes, jeunes et bien habillés.*

Voilà un rêve hyper-fréquent, sous cette forme ou sous une autre ! Le sens en est clair. Les sentiments d'infériorité y éclatent.

Laissons associer le rêveur :

— Imposture ! Je me sens un imposteur ! Dans la vie, dans mon métier. Je suis un médecin très capable, mais j'ai toujours l'impression de ne pas « mériter » mes honoraires… Une voix, au fond de moi, me dit sans cesse : « Etant donné le peu que tu es, comment est-il possible que l'on te fasse confiance ? ».

Nous trouvons ici le sentiment d'«indignité» dont souffrent tellement d'hommes, sentiment accompagné par son ombre impitoyable : l'angoisse permanente et la peur. Et, dans ce rêve, cet homme est «chassé» d'une situation à laquelle il croit n'avoir pas droit, sous les regards de jolies femmes dont il se juge — également — indigne !

Un rêve de gare (une femme)

> — *J'arrive à la gare de l'Est. La gare est absolument déserte et désolée. Solitude atroce. Aucune lumière. J'ai perdu mon chemin. Je me suis trompée de quai. J'aperçois mon train à l'arrêt sur une voie désaffectée. Aucune locomotive.*

Est-il nécessaire de commenter ce rêve que chacun comprend sans peine ? Le sentiment d'«abandon» est puissant : gare déserte, voie désaffectée. Il n'y a plus de départ pour la vie et l'avenir. La «puissance» manque : aucune locomotive n'est présenté pour arracher le train à son immobilité...

Un rêve de train (un homme)

C'est encore et toujours, le même thème.

> — *J'arrivais à la gare, pour voir mon train disparaître à l'horizon. Je courais le long des voies, en portant de lourds bagages...*

On trouve ici, évidemment, l'impression de «manquer le train de la vie», de rater les occasions de réussir et de s'épanouir, de manquer son «voyage». Le rêveur porte de lourds bagages ; sans doute ressent-il son existence comme trop pesante ?...

Un rêve de maison (un homme)

> — *Je rentrais chez moi. Mais ma maison se*

trouvait près d'un usine sinistre. Elle était devenue minuscule. Le toit en était abîmé.

La maison rapetissée marque ici le sentiment de diminution de la personnalité. L'échec apparaît (l'usine sinistre). De plus, cet homme craint de perdre ses facultés intellectuelles, imagées ici par le «toit» de la maison (voyez le dictionnaire).

Et ces genres de rêve pourraient se poursuivre à l'infini... *Les trains* s'en vont sans le rêveur. *Les trains* sont poussifs, ou bloqués quelque part. *Les gares* sont misérables, ou perdues dans une campagne hostile. *Les trains* passent sans s'arrêter. *Les bagages* sont égarés, ou ne correspondent pas au train choisi. On arrive *en retard* à la gare. On aboutit à un *cul-de-sac*. *L'auto* ne démarre pas. *L'auto part à reculons. On a égaré les clés* de la voiture. Et tant et tant de situations larvaires, manquées, désespérantes, brumeuses, inadéquates, misérables, qui marquent sans trêve l'infériorité et l'impuissance de la race humaine...

Les rêves de «castration»

Dans son acception générale, la *castration* fait partie de chaque instant de la vie humaine. Est castration, tout ce qui porte atteinte à la paix, à l'intégrité, au bonheur, à la liberté de l'être humain; que ce soit sur le plan physiologique ou sur le plan affectif.

La naissance, par exemple, est la première grande castration. L'être est «arraché» à la béatitude du ventre maternel pour se trouver projeté dans le bruit et la fureur. L'enfantement est, pour la mère également, une castration importante : ce qu'elle porte en elle, ce qui fait partie d'elle, lui est enlevé.

Ainsi, l'existence n'est qu'une longue chaîne de castrations diverses et plus ou moins importantes. Elles demeurent *normales*, par exemple lorsque l'éducation se fait harmonieusement. Mais la castration existe néanmoins, puisque l'enfant est «canalisé» par des impératifs venus de l'extérieur. Cependant, nombreuses sont les anormales ; il s'agit de toutes les «mutilations» de la personnalité physique ou affective (voyez le sur-moi, page 88).

Le sentiment de castration se présente souvent en rêve, généralement accompagné d'angoisse. On rêve qu'un *membre* est arraché, ou que les *dents* se déchaussent ou tombent. On rêve que l'on perd ses *cheveux*, qu'un *pneu* de voiture est crevé. On rêve qu'une *balle de pistolet* retombe mollement, à moins qu'une *fusée* ne s'écrase peu après son départ. Les *examens* sont fréquents dans les rêves, de même que les *cours de justice*. Des *ballons ne quittent pas le sol ou se dégonflent, etc.*

Un rêve d'examen (un homme)

> — *Je passais un examen d'entrée à l'Université. Les examinateurs étaient debout, avec toques et toges noires. Ostensiblement, l'un d'eux déchira mon diplôme…*

Les rêves d'examens sont, on le conçoit, très fréquents. L'examen marque le «passage» intérieur d'un point à un autre. Il peut signifier aussi un essai de changement d'état. Mais l'examen est, avant tout, une façon de «rendre des comptes», de prouver sa valeur et son droit à l'existence. Dans ce rêve, il y a «castration» ; le diplôme déchiré correspond à une mutilation de la personnalité à qui l'on dénie le droit (ou le pouvoir) d'accéder à l'avenir et au développement de soi. Mais qui est cet examinateur ? De qui est-il la projection ? Qui représente-t-il dans l'esprit du rêveur ?

Un rêve de cheveux (une femme)

> *— Je me regardais dans un miroir ; je m'aper-*
> *cevais que j'étais devenue totalement chauve.*
> *Réveillée, je me suis précipitée devant une*
> *glace pour vérifier, tant ce rêve avait été puis-*
> *sant...*

C'est, une fois encore, un type de rêve courant (il rejoint les rêves de chutes de *dents*). C'est un rêve classique de castration. Il s'agissait ici d'un jeune femme ; on pourrait donc croire à sa peur de perdre sa beauté ou son pouvoir de séduction. Mais le rêve va plus loin. Les *cheveux* sont chargés d'un symbolisme universel : nous le retrouverons dans le dictionnaire en fin de volume. Les cheveux sont symboliquement synonymes de force virile, de pouvoir actif. En tant qu'attributs sexuels secondaires, ils représentent, chez la femme, un puissant moyen d'attraction. Leur symbolisme est solaire. Ce rêve montre à quel point cette jeune femme craint de perdre son pouvoir, sa force créatrice, le dynamisme de sa jeunesse, etc. C'est, de plus, un rêve d'angoisse.

Et, pour illustrer le symbolisme affectif des cheveux, rappelons-nous Baudelaire :

> Fortes tresses, soyez la houle qui m'enlève !
> Tu contiens, mer d'ébène, un éblouissant rêve
> De voiles, de rameurs, de flammes et de
> mâts...

Un rêve de mutilation (une femme)

> *— Ce fut court, mais !... Je me trouvais je ne*
> *sais où ; un énorme monstre arriva très vite et*
> *arracha le bras droit de mon père... C'était*
> *affreux ; je sentais mon propre bras droit arra-*
> *ché...*

Laissons associer la rêveuse :
— Je n'ai jamais connu profondément mon père ; ma

mère prenait toute la place et faisait tout pour me dresser contre lui*. Je ressens ce monstre comme étant ma mère...

Une mère hargneuse, revendicatrice, toujours critique, jamais aimante. Elle a empêché mon père de vivre. Elle lui a arraché sa force, son pouvoir ; elle l'a rendu inexistant. Moi, dans ce cas, comment aurais-je pu être guidée par mon père ? Je ressens ce rêve comme étant très important ! Une fille sans un père-guide est une femme qui tourne en rond. Mon bras droit, c'est sans doute mon dynamisme, ma créativité. Il faudra que j'essaye de renouer des liens avec mon père, malgré ma mère...

En effet, la mère est, dans ce rêve, *le « monstre »* qui dévore les personnalités, les empêche de s'épanouir librement. *Le bras* est, évidemment, un symbole «phallique». Le bras représente la force, le pouvoir, la protection. C'est le bras qui frappe, qui porte le bâton ou le sceptre. On connaît le «bras de justice» (voyez Dictionnaire en fin de volume). De plus, il s'agit du *bras droit*, celui qui (chez les droitiers) possède le plus de force. Dans ce rêve, le père est «castré». Il est dépossédé de son pouvoir viril. Et ce rêve montre bien à quel point *la fille* est, en même temps, *« coupée »* de son pouvoir *«masculin»* : c'est-à-dire, de sa créativité, de ses pouvoirs dynamiques, de ses enthousiasmes, de son pouvoir «de frappe» envers la vie... En même temps, elle est coupée de son *avenir*, symbolisé par la droite. (Voyez le symbolisme des directions, chapitre 13).

Un autre rêve de mutilation (un homme)

— J'arrivais au bureau. Je m'apercevais avec angoisse que j'avais le bras droit amputé. Je disais à mon chef : « ce n'est rien ; donnez-moi à faire un travail de la main gauche mais gardez-moi ici !.

---

* Voyez MS 250, *Les femmes*, de P. Daco où cette très importante difficulté de la femme est étudiée

Associations du rêveur :

— *Mon chef? C'est mon père. Peur de mon père. Peur des hommes. Je joue à l'homme, mais au fond, je me soumets. Que puis-je faire sans mon bras droit? Inutilité. Mutilé. Foutu. Il est certain que mon père m'a castré. Ses principes! Jamais pu me révolter. Mais vous voyez combien je suis gentil?... Je vous en prie, je n'ai plus de bras droit mais cela n'est rien, rien du tout, je m'arrangerai avec le peu qui me reste, voyons! gardez-moi tout de même tel que je suis, amen! ne me chassez pas, mon bon Monsieur! je ferai tout ce que vous voudrez, mais ne me chassez pas!*

Autres associations :

— *Rien d'étonnant à ce que je me réfugie chez Maman! Ou chez ma femme! Je ferais n'importe quoi pour être aimé et rassuré...Ne pas être chassé...Tout, mais ne pas être chassé...Le bureau, c'est ma famille; je m'y sens bien; je fais tout pour les autres, même des heures supplémentaires...*

Il est inutile d'ajouter un commentaire à ces associations. Nous trouvons à nouveau le bras «droit» castré : celui de la force, de la puissance virile. Il symbolise ici le phallus; nous sommes dans le fameux complexe d'«Oedipe», que je vous propose de lire au dictionnaire.

Un rêve de dents (un homme)

Voici encore un type de rêve aussi fréquent que la pluie en automne, et que nous avons déjà amorcé.

> — *Toutes mes dents branlaient. Je les prenais une à une, et elles se détachaient facilement. Je me suis réveillé en me disant : «quel cauchemar!».*

Les dents servent à mordre : à mordre la nourriture, à «arracher» (la viande de l'os, par exemple). Ne dit-on pas «mordre la vie à belles dents»? Et aussi : «montrer les dents » ? Serrer les dents passe pour être un signe de puissance virile. Les dents font partie également de la séduction sexuelle (dents « éblouissantes », morsures amoureuses, etc.).

Rêver de dents gâtées, arrachées, branlantes, est souvent le signe d'un sentiment d'impuissance (sexuelle, affective, professionnelle, etc.). Cet homme éprouve la sensation — ou la crainte — d'être diminué, amoindri, sans pouvoir.

Notons qu'il est fréquent qu'une femme, après un accouchement, rêve qu'elle perd ses dents. C'est compréhensible, puisque l'accouchement est une forme de « castration » comme nous le savons déjà (il y a « arrachement » et mutilation d'une partie du corps de la mère).

Un rêve de pneus (un homme)

> — *Je sortais de mon lieu de travail pour rentrer chez moi. Les quatre pneus de ma voiture étaient crevés. Je tentais de démarrer malgré tout, mais le moteur tournait sans que je puisse embrayer. Je me disais : « est-ce à cause des pneus » ? Je cherchais des yeux un garage ; je ne voyais que des gens allant et venant.*

C'est un rêve de castration, d'impuissance, de diminution de soi. Cet homme se sent « dégonflé » pour affronter la vie. De plus, l'embrayage ne répond pas : il ne parvient pas à extérioriser ses forces potentielles. Notons que ces sentiments étaient inconscients ; il se montrait efficace (et fort agité !), efficient (mais très angoissé !) dans la vie courante. Ce rêve lui révèle la façon dont il se « ressent » réellement. C'est un rêve de mise au point et d'avertissement.

Les rêves d'angoisse

Consciente ou non, l'angoisse* joue un rôle important chez l'être humain. Il est donc logique qu'elle forme la trame de nombreux rêves.

Dans les rêves, l'angoisse se traduit généralement par des sentiments négatifs de tous ordres. Ainsi surgissent des situations inextricables ou effrayantes. Une situation passée peut se présenter, toujours semblable à elle-même, dans des rêves souvent répétés.

Il est facile de trouver des rêves d'angoisse parmi ses propres fantasmes nocturnes. Angoisses quotidiennes, angoisses métaphysiques, angoisses cosmiques...

Ici également, *des avions* tombent et prennent feu, *des gens* hurlent, *des paniques* se produisent dans *les foules*, *des dédales* s'étendent à l'infini ; *on erre*, perdu et seul, dans une *ville inconnue*, *des maisons* s'écroulent, *des tremblements de terre* ont lieu, *les raz-de-marée* déferlent...

Il est des rêves d'angoisse plus profonde : *un fils* tue sa mère, *une mère* poignarde son enfant, *un mari* voit sa femme engloutie dans les flots, *un navire* plonge dans l'abîme, etc. Apparaissant également les *plaines* immenses, désertes, enneigées ou glacées. *Des maisons* sont inoccupées, abandonnées, hostiles, parmi les herbes folles. *Des sanglots* se font entendre durant le sommeil. *Des animaux* étranges, archaïques, apparaissent, *des insectes* déferlent, *des morts* se relèvent et menacent. On est *perdu, égaré, rejeté, abandonné, seul* au monde et dans l'univers... Oui, l'angoisse humaine est grande !

---

* Voyez MS 15 et 29 : *Les prodigieuses victoires de la psychologie et Les triomphes de la psychanalyse*, de P. Daco.

Les sensations physiologiques et les rêves d'angoisse

Les rêves d'angoisse — ou les cauchemars — sont parfois provoqués par des malaises physiques (superficiels ou profonds), par des gênes respiratoires, des oppressions cardiaques ou pré-cordiales, etc. Chacun sait qu'une digestion difficile peut engendrer un rêve d'angoisse. Mais, de toutes les façons, la situation physiologique du rêveur déterminera *toujours* la présentation de telle ou telle image du rêve, auquel le malaise physique ne sert que d'interrupteur.

Les rêves d'angoisse et la sexualité

Les besoins et désirs sexuels jouent ici un rôle important. Les «refoulements» figurent souvent au premier plan. Parmi les plus courants on trouve des rêves de situation oedipienne (Dictionnaire). Il est rarissime que ces rêves décrivent objectivement une situation. Ce sont les symboles qui, ici encore, se chargent de montrer le climat, les désirs, les angoisses, les refoulements. Dans ma propre documentation, je possède environ vingt rêves où, à travers des contextes différents, un fils «poignarde» sa mère. Il ne s'agit pas de rêves de haine, mais de relations sexuelles; le poignard symbolise le phallus.

La puberté est l'époque où se produisent de nombreux rêves d'angoisse. Ce qui est normal : c'est le temps où sourdent de grandes difficultés affectives et sexuelles. En outre interviennent la peur de l'avenir, l'angoisse de quitter la sécurité familiale, la crainte de la liberté, etc.

Quelques symboles courants d'angoisse
Parmi les rêves «sexuels» angoissés :
☐ Les *serpents* apparaissent fréquemment, dans les rêves

d'hommes ou de femmes. Ils sont des symboles phalliques. Egalement des *animaux reptiliens*, des *jungles*, des *forêts*, des *bosquets touffus* (souvent symboles du pubis; ils peuvent également signifier l'inconscient).

☐ On trouve des *tours* qui s'écroulent (la tour est ici symbole phallique, dressé, vertical; son écroulement montre une peur de l'impuissance afffective ou sexuelle).

☐ Des *révolvers* ne « partent » pas, à moins que la balle ne retombe mollement (même symbole que précédemment).

☐ Des *navires* sombrent, des gens sont *engloutis* dans la *mer* ou les *marais* (signifiant l'angoisse de retourner à l'inconscient et à la Mère).

Chez la jeune fille, on trouvera plus spécifiquement dés *personnages mâles*, menaçants, hirsutes (symboles d'un « Animus » dangereux : chapitre 8). Sont fréquents les rêves montrant l'angoisse du *viol* (*serpents, couteaux, objets pointus ou acérés, voitures* qui foncent sur elle, *trains* qui la percutent de face, *plaies béantes* aux organes génitaux, etc.)

Est-il utile de dire combien ces rêves provoquent une sorte de panique chez les adolescents et les adolescentes qui ont tendance à prendre leurs rêves au pied de la lettre, ce qu'il ne faut *jamais* faire, je le rappelle?

Les situations pénibles

Les rêves d'angoisse présentent assez fréquemment des situations de vie difficiles, soit passées, soit actuelles. Ces rêves — comme déjà dit — peuvent survenir de façon répétée, durant des années!

Voici quelques exemples :

■ *Jacques rêve très souvent qu'il se trouve toujours à l'armée. A moins qu'il ne soit rappelé sous les drapeaux.*

A moins qu'il ne soit porté déserteur.

Or, Jacques est âgé de 50 ans. Il semble donc que l'armée ait fait naître un traumatisme ou un climat d'angoisse, non liquidés après le licenciement. Ce genre de rêve peut paraître superficiel; or, il s'agit au contraire d'un trouble profond, dont le rêve n'est que la traduction symbolique.

■ *Paul rêve fréquemment qu'il se retrouve au bureau. Il y revient après une absence injustifiée. A moins que son chef ne lui fasse des reproches au sujet d'un travail mal fait. A moins qu'il ne se prépare à démissionner sans jamais le faire.*

Or, Paul exerce depuis plusieurs années une profession libérale. Ces rêves de «bureau» sont toujours chargés d'angoisse. Pourquoi? Il faudrait donc savoir ce que représente ce bureau pour Paul, et ce que représente également une démission jamais réalisée. Est-ce là une «peur de la liberté»? Quant à ces absences injustifiées, il s'agit sans doute d'un climat de culpabilité générale, projetée sur le bureau et son chef. Et c'est sans doute dans l'enfance de Paul que se trouve le clé de ces rêves répétés qui semblent «insister» sur la nécessité de liquider une situation intérieure imbibant en permanence la vie de Paul...

■ *Marie-Thérèse rêve très souvent qu'elle prépare ses examens universitaires.*

Or, elle est médecin depuis de nombreuses années. La vie serait-elle pour elle un «examen» permanent? Y a-t-il tellement de culpabilité qu'elle se sente obligée de «rendre des comptes» en permanence?

■ *Frédéric rêve souvent qu'il rentre dans la maison habitée par sa mère (morte depuis longtemps). Il appelle. Personne ne répond. L'obscurité est totale, le silence est absolu. Il voudrait monter à l'étage; il se sent paralysé de terreur. Il se réveille chaque fois en sueur.*

Notons que l'angoisse de Frédéric (lorsque sa mère vivait seule) était de la trouver morte. En fait, et en allant au fond des choses, l'angoisse de Frédéric provenait de son souhait inconscient... qu'elle meure, justement! Et ce, afin de se libérer d'une tutelle que sa mère avait toujours fait peser sur lui. L'angoisse est donc ici comme un *« champ électrique »* entre les pôles positif et négatif; elle provient de *l'antagonisme puissant* entre le désir conscient (que ma mère vive!) et le besoin inconscient (que ma mère meure!). Il y a également dans ces rêves une angoisse d'être abandonné. (Voyez page 68).

■ *Jeanne rêve fréquemment qu'une femme la pousse vers un grand miroir dont elle se détourne avec horreur.*

Un mot d'explication : Jeanne eut une mère qui refusait (inconsciemment) que sa fille grandît. Elle voulait, au fond, que Jeanne fût purement et simplement son «double». Chez Jeanne, la moindre tentative de liberté ou d'autonomie provoquait de l'angoisse. Et ces rêves répétés disent : «ma mère veut que, dans ce miroir, je voie son image et non la mienne. Je refuse; je veux devenir ce que je suis, tout en ayant peur de regarder la situation en face... »

■ *Jean-Pierre rêve souvent qu'il s'éloigne de la maison parentale, mais qu'une voix le rappelle. Il fait demi-tour.*

Or, Jean-Pierre a quarante ans. Il est marié. Ses parents sont morts. Ces rêves sont liés à un sentiment de culpabilité. Jean-Pierre eut toujours la sensation d'avoir «abandonné» ses parents pour se marier; parents qui, notons-le, vivaient dans l'aisance et ne lui reprochaient rien. Ce sont des rêves d'«abandonnisme» et de «peur de la liberté».

■ *Jacqueline rêve fréquemment d'un grand fleuve ensoleillé, couvert de péniches; mais un véritable tapis d'oiseaux noirs survole le fleuve.*

Rêves imbibés d'angoisse s'il en est! En deux mots :

Jacqueline eut une enfance et une adolescence placées sous la tutelle d'une grand-mère « castratrice ». Cette grand-mère était, en permanence, vêtue de noir. Elle était l'image du deuil, de la tristesse ressentie à la mort de la mère de Jacqueline. Mais la grand-mère continua, durant des années, de porter ce deuil vestimentaire et, finalement, devint pour Jacqueline la représentation même de la mort... Peut-on s'étonner que Jacqueline soit tellement angoissée, partagée entre la vie rayonnante qu'elle sentait en elle et cette image de mort qui la poursuivait ?

■ *Jean-Marie rêve, depuis des années, que le téléphone sonne durant la nuit. Il rêve qu'il se lève, décroche, pour entendre une voix de femme, très douce, qui ne fait que citer son prénom. C'est ensuite le silence. Chaque fois, Jean-Pierre se réveille angoissé.*

Qui est cette femme qui poursuit le rêveur et se contente de l'appeler ? N'ayant fait que lire ce rêve que m'avait envoyé un Jean-Pierre inconnu de moi, je ne puis que supposer...S'agit-il de l'« Anima » (*Chapitre 7*) de Jean-Pierre, dont le rêveur ne parvient pas à obtenir de « messages » ? Est-ce à dire que, dans sa vie, le rêveur ne peut dégager cette Anima des forces maternelles qui l'encombrent ? C'est possible. S'agit-il d'une puissante nostalgie d'enfance ? Ou de la « voix » de sa mère, à laquelle Jean-Pierre serait demeuré relié par de puissants courants affectifs ? Ou par une intense culpabilité ?

■ *Virginie rêve souvent qu'elle se promène dans une grande ville. Elle demande soit son chemin, soit l'heure. On ne lui répond jamais. Elle se met alors à courir vers le poste de police.*

Il s'agit de rêves d'« abandon ». Virginie se sent coupée des relations sociales ; elle se croit rejetée. Errant en elle (= dans la ville), elle ne trouve aucune main secourable, aucune oreille qui l'écoute. Seule au monde dans ces rêves, elle se précipite vers la police, qui représente ici un élément de sécurité maternelle.

■ *Jacques rêve souvent que des maisons s'effondrent. Il se sent paralysé.*

C'est un type de rêve qui pourrait indiquer une situation inconsciente assez dangereuse. La maison peut représenter le « Moi » de Jacques (homme souvent dépressif d'ailleurs). Ce Moi s'écroule; mais, en même temps, c'est toute une « verticalité » qui s'abat, toute une construction qui se désagrège. Ces rêves traduisent donc aussi une forte sensation d'impuissance de vivre; ce sont évidemment, en plus, des rêves de castration (voyez plus haut).

Ainsi donc, l'angoisse surgit dans la nuit. Il faut dire à nouveau que la répétition de certains rêves est un signe à ne *jamais* négliger. Les rêves d'angoisse ne sont que des symptômes, avertissant le rêveur qu'il doit rechercher la racine de ses troubles.

Apparaissent également de « grands » rêves d'angoisse, parfois proches des archétypes (page 97). Ce sont *des chevaux qui déferlent* et menacent de renverser le rêveur. Ce sont *des géants menaçants, des monstres mythiques*. Se font entendre *des voix menaçantes*. On aperçoit *des forêts énormes* où l'on s'enfonce sans espoir de retour. *Des couleurs* apparaissent. *Des nains dangereux, des bandes de hors-la-loi* hantent les rêves de beaucoup de femmes (nous les rencontrerons plus loin). Voici un homme qui erre sans fin *dans les glaces*. Voici…Mais faut-il poursuivre la nomenclature de ces rêves, aussi variés que peut l'être l'anxiété humaine, et dont je n'ai fait que citer quelques symboles courants?

Que de crimes en ton nom...

Mais voici un autre type de rêve d'angoisse, assez fréquent, et qui a le don de plonger le rêveur dans une anxiété accrue. Ce sont les rêves de **crimes**, de **prisons**, de **poursuites**.

Un homme (27 ans)

> — *Je venais d'être libéré d'une prison où j'avais purgé une longue peine pour je ne sais quelle faute ou quel crime. La rue était animée et ensoleillée. Je me mettais à courir; je me sentais poursuivi. Me retournant, je vis une foule menaçante courir derrière moi.*

Cependant, cet homme commença ses commentaires en disant : « Mais après tout, est-ce moi qu'ils poursuivaient ? Je le supposais, mais rien ne me le prouvait ! ». Laissons associer le rêveur :

— PRISON. *Je suis en prison. Depuis toujours. Je ne suis jamais libre. Mais qu'est-ce que je dois payer? Impression de n'avoir pas le droit d'être. Désamorcer le destin. On ne m'aime pas. Je dois faire des choses pour qu'on m'aime. Je payerais pour qu'on m'aime. Je ne veux pas être seul. Pas libre. Mais on me libère. Soleil. Pourquoi est-ce que je cours comme si le monde entier était à mes trousses? Toujours l'impression d'être regardé, observé, critiqué. Timidité. Angoisse. Et pourtant, il y a du soleil...pourquoi pas pour moi? Je me sens même coupable face à ma femme et à mes enfants!... Impression d'être un petit garçon dans un monde d'adultes... Non; ne pas être seul...*

Ainsi donc, le «prisonnier» (de lui-même...) ressent une certaine détente (intérieure). La liberté apparaît (rue ensoleillée). Mais la culpabilité demeure (je n'ai pas le droit d'être libre, heureux, autonome). Refuse-t-il sa liberté? Cette liberté lui fait-elle peur?

De plus, il s'agit d'un rêve d'«abandon»; voyez plus loin.

Dans ces types de rêves, interviennent souvent des *représentants de la loi : juges, gendarmes, douaniers, professeurs, directeurs, bourreaux, avocats, etc.* Le rêveur se voit *traqué, interrogé, fouillé, en fuite, jeté en prison, décapité,* etc. Ces rêves peuvent être reliés à une *situation oedipienne,* que je vous propose de lire au dictionnaire.

Un homme, 22 ans

> — *J'ai tué mon frère aîné. Le pistolet du crime est sur la table. Mon frère est allongé; il est mort, mais me regarde et dit quelques mots en souriant. Mes parents sont présents. La scène semble parfaitement naturelle à tous, moi inclus. C'est ce qui m'a le plus étonné. Depuis, je ressens une libération.*

Et l'on comprend cette libération intérieure! Sans entrer dans les détails, pour importants qu'ils soient, disons que Philippe avait toujours considéré son frère comme supérieur à lui, recevant tous les hommages. Le rêveur se sentait le «cadet», le «petit dernier». Il se croyait le second dans l'amour maternel, et second également dans les sollicitudes paternelles. C'est une situation on ne peut plus courante. A un certain moment, il se rendit compte qu'il «fabriquait» cette situation d'infériorité. Pourquoi? Par un certain «masochisme» (page 81) qui pouvait, croyait-il, lui assurer l'amour total de ses parents. Il fabulait. Il imaginait une situation familiale qui n'existait pas. A ce moment de prise de conscience, il fit ce rêve.

Il tue au pistolet. Cet instrument est un objet «phallique» (percutant, perçant). C'est un signe de virilité. L'important est que la scène soit *naturelle*. L'harmonie familiale démontre la paix intérieure de Philippe et le redressement qu'il a su opérer.

Comme déjà dit, les crimes se présentent assez fréquemment dans les rêves. Il s'agit, le plus souvent, d'une traduction de la situaton oedipienne (Dictionnaire). Et cela, même si le rêve semble n'avoir rien à voir avec cette situation : *un employé tue son directeur*, par exemple, ou *le rêveur abat un représentant de la loi*.

Voici un homme rêvant *qu'il fonce avec sa voiture contre le gardien* de l'aire de stationnement. Ici encore, l'auto est phallique : elle percute, troue. Le gardien symbolise le père qu'il faut tuer pour posséder l'amour total de la mère. Beaucoup de femmes rêvent qu'elles tuent au moyen d'un poignard; c'est également un objet phallique, qui peut marquer l'accession à une masculinité trop longtemps refoulée.

De toutes les façons, est-il encore besoin de répéter qu'il ne faut jamais prendre ces rêves au pied de la lettre ?

Les causes des angoisses oniriques

Nous savons qu'un phénomène d'angoisse peut être comparé à un *« champ électrique »* entre les pôles positif et négatif. Poursuivons la comparaison : dans un condensateur, l'énergie se localise dans l'isolant qui sépare les lames, c'est-à-dire dans l'espace se trouvant entre les électrons. Il en va de même pour l'angoisse, qui « accumule » ses énergies parfois énormes, et les « condense » entre des sensations opposées. Dans un rêve, les sentiments et les sensations négatifs (haine, hostilité, besoins, désirs, etc.) se présentent sans barrage. L'inconscient, ne s'occupant jamais de « morale », livre sans détours ce qu'il contient.

Mais l'angoisse peut être comparée également à une *puissance bloquée*. C'est un barrage situé au milieu d'un fleuve. Un important « mouvement » de la personnalité se voit freiné ou arrêté (par la morale, par exemple). De puissants sentiments sont ici en jeu : *amour, haine, sexualité, autonomie, liberté.* Imaginons un exemple entre mille : une mère éprouve d'intenses difficultés à élever et à guider un enfant difficile. L'éducation de cet enfant lui supprime toute liberté personnelle et lui donne des soucis énormes. Il est *normal* qu'elle pense (plus ou moins consciemment) : « s'il n'était pas dans ma vie, je pourrais être heureuse et disposer de moi ». Il est normal qu'elle le pense, puisque cela est vrai. Et un rêve va apparaître, tel le suivant par exemple (une femme de 32 ans) :

> — *Je partais en voyage avec mon fiancé. On avait abandonné notre petit chien. C'était horrible, mais je parlais de Venise à mon fiancé.*

D'après les associations de la rêveuse, notons qu'elle voyage avec son fiancé (devenu son mari). Elle recule dans le temps. Elle se retrouve à l'époque de la liberté des vacances, et des promesses. Elle abandonne la situation actuelle et « refuse » d'être mariée (= non-libre). Le petit chien symbolise son enfant. Mais, même dans le rêve, une « censure » intérieure bloque le désir réel. La monstruosité ressentie est trop puissante et le rêve « édulcore » le désir. Il y a donc blocage, barrage. Cette mère — après son rêve — s'était jugée la pire des femmes... et avait rapidement pensé à autre chose. Mais l'angoisse demeurait, jour après jour, comme une sorte de « pression » contre le barrage. Et ce n'est qu'après s'être rendu compte que l'inconscient lui dépeignait un désir normal (n'avoir pas d'obstacles à sa liberté), en opposition à son désir tout aussi normal (élever son enfant difficile qu'elle aimait), qu'elle sentit la paix remonter en elle.

Les rêves d'abandon

La peur d'être « abandonné » est l'une des peurs essentielles. C'est une angoisse quasi cosmique. C'est l'angoisse du petit enfant qui, privé de sa mère pour une raison quelconque, se sent absolument seul dans un monde devenu abstrait et effrayant. C'était la peur apparaissant dans un rêve évoqué précédemment où Virginie, égarée dans une ville, court vers le poste de police.

Mais c'est également l'angoisse des enfants dont la mère boude, par exemple ; ce qui est la pire des façons de faire. La bouderie est ressentie comme un abandon ; un « mur » est dressé entre la mère et l'enfant ; le contact est rompu ; la culpabilité et le besoin de pardon à tout prix apparaissent.

Chez l'adulte, l'angoisse d'être abandonné se traduit généralement par trois comportements principaux :

a) telle personne éprouve le besoin exagéré de posséder des amis « sur lesquels elle puisse compter ». Il s'agit souvent d'un besoin angoissé. Il se traduit par une tyrannie affectueuse, par un besoin d'exclusivité totale. Le désir *d'être aimé* surpasse celui d'aimer. La personne amie doit être sans cesse présente, sans cesse disponible. Elle symbolise généralement la mère. L'impératif est : « n'être pas seul, n'être jamais seul, à aucun prix ». Ce genre de personne en arriverait à inviter chez elle n'importe qui, sous n'importe quelles conditions. Elle dira : « j'ai peur d'être seule » ; on devra traduire : « j'éprouve sans cesse l'angoisse d'être abandonnée de ma mère, de Dieu et des hommes »... Il faut répéter que cette peur est essentielle et profondément humaine. Mais l'on comprend qu'elle augmente considérablement dès qu'une personne se sent démunie, incapable, ou dès qu'elle se croit tolérée par autrui, voire rejetée par eux...

b) la personne « prend les devants ». Par peur d'être abandonnée dans l'avenir, *elle refuse tout lien* dans le présent.

Elle ne veut pas s'attacher. Elle refuse l'amour, l'amitié, l'affection. Sous-entendu : « à quoi bon ? rien ne dure, tout se brise, et je serai tout de même abandonnée un jour ». Ce genre de personne est souvent négative, critique, agressive. En attaquant les autres, elle « justifie » à ses propres yeux son refus de tout lien affectif.

c) la peur d'être abandonné *se transforme en une peur d'abandonner les autres*. Cette angoisse est fréquente entre personnes proches : on le comprend aisément. Chez ce type de personne, toute autonomie est freinée par : « si je me comporte librement, ne serait-ce que pour aller au cinéma, j'éprouve la sensation d'abandonner ma femme » (sous-entendu : d'abandonner ma mère). Ou bien : « d'abandonner mon mari ». Ici encore, le mari représente la mère. Ce sentiment — nous l'avons rencontré — est fréquent chez les jeunes gens prêts à se marier. Il se traduit par : « si je deviens autonome et adulte, j'abandonne mes parents ; ils seront seuls au monde ». Ce qui n'est souvent que la transposition de sa propre peur.

Un rêve d'abandon (une jeune femme)

> — *Je rêve souvent que je marche dans la nuit, en pleine campagne. J'appelle. Personne ne répond. Je sanglote. Je me réveille avec des spasmes qui semblent monter du fond de moi-même...*

Il s'agissait ici d'une angoisse permanente chez cette jeune femme. Enfant, elle fut effectivement abandonnée par sa mère. Une tante la recueillit et l'éleva durement. Notons que cette femme vivait entourée d'une quantité d'amis et d'amies (ou du moins de personnes qu'elle décrétait telles !). C'était sans doute pour que l'un au moins de ces « amis » s'attache suffisamment à elle pour ne jamais l'abandonner...

Et ne peut-on se demander si les *communautés* d'aujourd'hui, ne sont pas la concrétisation de cette peur ?

Les causes de la peur de l'abandon

Les situations dans lesquelles l'enfant est « abandonné » foisonnent dès le début de l'existence. Ce sont le plus souvent des abandons occasionnels et courts, dûs à des circonstances tout à fait normales. La frontière est ainsi sinueuse, entre les frustrations d'un enfant que sa mère a quitté pendant un certain temps (pour son travail extérieur par exemple) et la sensation d'abandon irrémédiable développant rapidement une profonde névrose d'angoisse. Dans ce dernier cas, l'enfant, puis l'adulte, n'arrivent à considérer toute relation humaine qu'en fonction d'un « abandon » possible. C'est une situation intérieure qui ne cesse jamais, pénible, douloureuse... et le plus souvent inconsciente.

Un puissant complexe d'infériorité apparaît. Le sadisme peut émerger : je souffre, donc les autres payeront. Ce genre de personne ne laisse rien paraître d'elle-même, mais elle demande qu'on devine ses moindres intentions, ses moindres sensations. Et lorsqu'elle abandonne un ami, par exemple, elle prétend que c'est l'ami qui l'a abandonnée. Cette névrose d'abandon peut produire de nombreux symptômes. Citons-en deux. Telle personne ne se sent en relative sécurité que si les numéros de téléphone (cliniques, médecins, police, etc.) sont en permanence à portée de sa main. Telle autre se sent angoissée si, en voiture, elle emprunte des routes secondaires où elle rique la panne. Cette peur « mécanique » n'est qu'une justification ; en réalité, elle redoute d'être « abandonnée » sans qu'un secours n'arrive immédiatement. Le gendarme motorisé — ou tout autre dépanneur — représente alors la Mère.

Névrose d'abandon, masochisme (voyez page 81) et sadisme, sont fréquemment reliés. Et l'on se rend compte que, étant donné la fréquence exceptionnelle de cette névrose, la littérature foisonne de situations où l'« abandonnisme » perce à chaque page.

Parmi les causes de ce type de névrose, on peut citer :
a) un sevrage réalisé beaucoup trop tôt. Mais tout dépend, ici encore, du climat affectif développé par la mère, ainsi que de la complexion personnelle de l'enfant ;
b) une éducation où la mère ne prête pas suffisamment d'attention à l'enfant ; ce dernier se ressent alors comme « inexistant » et indigne d'intérêt. Il se sent abandonné ; ce qui n'est pas étonnant, puisqu'il l'est ! ;
c) si un enfant est élevé par sa mère (père mort par exemple), il ne possède qu'un seul « appui » de sécurité. Un abandon, même partiel, est ressenti comme une angoisse sourde produisant parfois des paniques incontrôlables.

Quelques rêves d'abandon

■ *Julie rêve que, se promenant dans la forêt avec des amis, elle les voit s'éloigner sans l'en avertir. Un effroi apparaît. Elle appelle ; nul ne répond. Le silence s'étend. La nuit tombe.*

Dans ce rêve, ne se ressent-elle pas comme seule au monde, dans ce silence opaque et plongée dans une nuit planétaire ?

■ *Marie rêve que, arrivant chez des amis très chers, elle se heurte à un accueil indifférent et froid. Désespérée, elle ressort de la maison. Elle se trouve dans une immense plaine. La neige tombe. Elle se retourne, pour constater que les lumières de la maison amie s'éteignent. Elle se réveille en sanglotant.*

Marie était une jeune femme « abandonnée » par sa mère, dans la mesure où celle-ci ne fit jamais attention à elle, ne lui demanda jamais la moindre aide, ne suivit en rien ses études, ne contrôla jamais un bulletin de classe, ne distribua jamais le moindre blâme ni la plus petite punition, pas plus que le moindre encouragement... Et, dans la mesure également où son père sembla ne jamais remarquer sa présence. Marie était donc une « fille coincée » * entre une mère et un père ressentis comme inexistants ; au fond, une fille seule au monde. Et elle passait son existence à refuser tout lien, par peur d'être abandonnée un jour. Au fond, elle abandonnait pour n'être pas abandonnée.

Dans ma documentation, nombreux sont les rêves d'abandon, sous une forme ou une autre. Le rêveur ou la rêveuse *passent sans que le regard d'autrui* ne leur soit accordé. A moins que, dans une réunion, ils ne se voient *seuls dans un coin*. Des *téléphones* ne répondent pas. Tel rêveur se voit *mendier* dans la rue (= mendier de l'affection). Un autre rêve de *maisons vides de toute femme (sans une mère)* ; seul un homme menaçant se trouve sur le seuil. Une jeune femme rêve qu'elle déambule *nue dans la rue* ; personne ne la voit.

Et je cite, pour terminer, un extrait d'un admirable poème d'Apollinaire illustrant ce qui précède :

> J'ai cueilli ce brin de bruyère
> L'automne est morte souviens-t'en
> Nous ne nous reverrons plus sur terre
> Odeur du temps brin de bruyère
> Et souviens-toi que je t'attends.

La Chanson du mal-aimé.

---

* Voyez MS n° 250 *Les femmes*, de P. Daco.

IV

Ce que l'on appelle névrose...

Toute personnalité humaine comporte une série d'arc-boutants. Dès l'enfance, des « poutres » se mettent en place, s'appuyant les unes sur les autres dans une stabilité plus ou moins grande, et cherchant progressivement leur position pour assurer au mieux l'équilibre de l'ensemble.

Qu'est-ce qu'une névrose ?

On pourrait dire que tout être humain est constitué d'arc-boutants « névrotiques ». Mais avant tout, il faut considérer le terme « névrose » dans son acception *normale*. C'est fort important étant donné la coloration uniquement « maladive » que l'on accorde généralement à ce mot.

Il y a névrose au sens le plus large dès qu'une personnalité humaine (on devrait dire un « système en mouvement ») s'adapte à des normes proposées (ou imposées) de l'extérieur. Or tout enfant, dès sa naissance, est obligé de s'adapter à des normes, des valeurs, etc., qui ne sont *jamais* les siennes, puisque ce n'est jamais lui qui les édicte au départ.

En poussant les choses à la limite, il semble ainsi que l'immense série des adaptations « aux autres » exige la mise en place de fort nombreuses « névroses » localisées dans le temps, durables ou non, normales ou non.

Nous le verrons plus en détail avec les « Sur-Moi » (normaux ou anormaux) et l'Ombre.

Tout être humain est un funambule permanent. A chaque instant, à chaque milliardième de seconde, l'organisme entier tente de maintenir son équilibre. Et, à chaque instant, est atteint un état d'équilibre que l'organisme pourrait conserver indéfiniment s'il n'était pas un système en mouvement*.

Ainsi donc, notre inconscient, semblable à un gigantesque ordinateur bourré d'informations, tente sans cesse de maintenir l'équilibre du système, mais, très souvent, *au détriment de* telle ou telle partie de l'ensemble.

Il est extrêmement important de bien comprendre ceci. Revenons à l'ordinateur. Imaginons un énorme ordinateur central d'une non moins énorme usine. Supposons que cent mille personnes y travaillent, du directeur général au plus obscur des manœuvres, chacun ayant sa place et sa fonction.

Supposons que l'ordinateur possède *toutes* les informations concernant *tout* ce qui se passe dans l'usine, de la moindre pièce de machine jusqu'à la *moindre molécule* de *chaque* personne employée ou dirigeante.

L'ordinateur est au travail, jour et nuit. Mais voici un employé, faisant partie des cent mille personnes, travaillant dans son bureau du 25e étage. Il ignore évidemment *tout* de ce qui se passe dans le « ventre » de l'ordinateur. Ce dernier, cependant, travaille pour un ensemble et

---

* Ce qui est, pour ceux que cela intéresse, conforme au « Second Principe » de la Thermodynamique.

ignore l'employé *en tant qu'élément isolé* ; de même qu'il ignore le directeur général, ou une machine, ou une pièce de machine, toujours en tant qu'éléments isolés.

L'ordinateur — maintenant sans cesse l'équilibre du système — va donc remplacer telle pièce de machine, déplacer ou licencier tel employé, remplacer tel directeur, etc. Chacun des éléments est donc *atteint personnellement*, mais l'équilibre de l'ensemble est maintenu.

Disons que les mesures personnelles seraient telle ou telle névrose, normale ou non. Disons encore qu'une névrose anormale serait semblable à l'employé, qui voudrait à tout prix se maintenir dans son genre de travail personnel, pour la sécurité personnelle, et sans arriver à s'insérer dans l'équilibre de l'ensemble. Cet employé devient alors une sorte de « fixation » ; son travail est stéréotypé ; il travaille pour lui-même, séparé de l'ensemble, tournant en rond, s'accrochant à une tâche qui ne varie plus.

On comprend ainsi qu'une forte « tension » naisse entre lui et l'ordinateur, entre lui et les autres membres du personnel, etc. Cette tension est l'angoisse.

Pour en revenir au « système » humain, toute névrose (normale ou non) est une tentative d'adaptation (harmonisée ou manquée). Dans une névrose *anormale*, tout se passe comme si une partie de l'ensemble travaillait pour son propre compte (comme l'employé de tout à l'heure). Des « complexes » apparaissent. Ce sont des corps étrangers dans la personnalité psychique.

Des « *Sur-Moi* » rigides (page 88) se mettent en place. Ces corps étrangers deviennent semblables à des aimants, attirant à eux toute une série de comportements qui, autrement, auraient été normaux. La personnalité se fige en partie. Elle entre en état de tension avec l'autre partie demeurée « saine ». L'angoisse sourd, s'installe, s'amplifie au fur et à mesure qu'augmente le combat entre l'adaptation authentique et l'adaptation fausse. Mais l'ordinateur inconscient travaille sans trêve. La névrose est une recherche de sécurité et d'équilibre général, au détriment de telle ou telle partie de la personnalité.

Imaginons d'ailleurs un exemple, celui d'un symptôme névrotique très répandu : le comportement obsessionnel.

Ma manie est ma sécurité...

Répétons tout d'abord que *tout* ce que nous faisons correspond à un *besoin* conscient ou inconscient. Sinon, nous ne le ferions pas.

Voici un rêve (une femme, 30 ans).

> — *J'étais une femme de ménage. Dans un vaste et luxueux salon, je frottais le parquet. J'avançais à quatre pattes. J'avais l'impression de me trouver depuis longtemps dans ce lieu. Des gens passaient. C'étaient une réception, je pense. J'apercevais une quantité de vaiselle à faire briller. C'était...comment vous dire ?...comme si j'étais à un point d'aboutissement de ma vie ; une sensation que je ne puis décrire...J'étais triste, en tous cas seule, hors de tout...*

Sachons que cette personne souffre de « manies » obsessionnelles bien connues : les manies de l'ordre, de l'époussetage, de la vérification, etc. Nous l'avons vu précédemment : une manie obsessionnelle procède du besoin angoissé d'être toujours *en règle devant une « autorité »* ; autorité intérieure, bien entendu. Ou une autorité anciennement extérieure (un parent, une morale, etc.) devenue un véritable « satellite artificiel » de la personnalité. On n'obéit plus au monde extérieur; on obéit à un gendarme intérieur. Il s'agit d'une forme de « Sur-Moi » (page 88).

Mais comme il existe toujours quelque chose à « mettre en ordre », cette personne aurait pu, sa vie durant, passer d'une manie obsessionnelle à une autre (vérification permanente des portes, du gaz, de l'eau, du rangement des choses, etc., etc. Ce genre de manies est extrêmement épuisant, et finit par drainer toute l'attention de la personne atteinte. Et il lui est impossible de l'abandonner; c'est pour elle un mécanisme essentiel de sécurité (être en règle, donc en paix).

Dans ces cas, il s'agit avant tout de traiter la cause, qui est toujours un sentiment de culpabilité et un besoin angoissé de « perfectionnisme ».

Dans ce rêve, nous trouvons également une notion de *misérabilisme* et d'*échec* (elle est devenue femme de ménage, elle travaille à quatre pattes). A ceci s'ajoute une sensation d'indignité (les gens ne la remarquent pas).

Ce rêve fut fort utile à cette jeune femme. Elle put prendre conscience qu'elle avait toujours caché, sous des compensations, le fait de se croire indigne d'exister. Ces compensations étaient ce qu'elles sont généralement : hauteur, mépris envers les autres, orgueil, besoin d'avoir raison, etc. Bref, un comportement paranoïaque*. Et surout, elle se rendit compte de son besoin d'échec (voyez plus loin).

Quelques rêves de culpabilité

Un homme, quarante ans

> — *Je me trouvais dans un parc. A travers une trouée dans la verdure, j'observais deux amoureux. Des gens me regardaient et s'attroupaient.*

D'après les associations faites par le rêveur, nous trouvons la « trouée dans la verdure », qui rappelle le « trou de ser-

---

* Voyez MS 15, *Les prodigieuses victoires de la psychologie*, MS 29, *Les triomphes de la psychanalyse*, de P. Daco.

rure » à travers lequel tant d'enfants essayent d'observer ce qui se passe dans la chambre parentale, avec le sentiment de honte et de culpabilité que ce « voyeurisme » suppose. Les gens le regardent et s'assemblent; sous-entendu : la société me « démasque » et me condamne.

Le besoin d'échec

Le fait de se croire inférieur et coupable d'exister, engendre automatiquement le besoin inconscient d'échouer. On le comprend facilement : cette personne ne peut croire à une réussite quelconque (même si elle « réussit socialement »), puisqu'elle se ressent comme non-existante. Or, réussir est le contraire de la non-existence.

De plus, échouer signifie « se retrouver en paix », sans combat ni compétition avec les autres et soi-même. On serait étonné de connaître le nombre d'hommes — même au faîte des réussites sociales — qui cultivent inconsciemment ce besoin d'échec, à travers d'innombrables fantasmes et rêveries.

Un rêve d'hôtel (un homme de 43 ans)

> — *Je revenais d'un long voyage à l'étranger, aux Indes, je crois. J'étais harassé. Sans transition, je me suis retrouvé dans une petite salle enfumée. L'hôtel était situé dans la zone. Des gamins piaillaient et se lançaient des pierres. Les gens buvaient de la bière. Quelqu'un me dit : « te revoilà parmi nous ». Je n'avais plus ni argent ni passeport.*

Encore un rêve d'hôtel, comme vous le voyez ! Qui était le rêveur ? Un homme d'affaires, fort riche et « apparemment » très heureux. Il serait trop long de détailler sa psychologie profonde, mais notons qu'il se trouvait en paix dans des endroits fréquentés par des gens de condition sociale opposée à la sienne. Résumons les associations.

Dans ce rêve, nous trouvons : *le retour d'un long voyage* (celui de sa vie). *Les Indes* (pour beaucoup, c'est le pays de la «libération» intérieure, de la vérité). *La fatigue* (de sa vie, encore). *La petite salle enfumée, les gamins de la zone, la bière, le «te revoilà»*, montrent le retour à «rien» (selon ses propres paroles). Et le *manque d'argent et de passeport* clôture l'échec.

Cet homme, d'ailleurs, m'avait souvent dit son désir de partir au loin, seul, sans argent et il m'avait un jour déclaré son fantasme sourd et amer de ne jamais revenir et de mourir abandonné de tous.

Les clans

Il s'agit d'un symbole important que l'on trouve dans les rêves de personnes qui se culpabilisent, qui éprouvent le besoin d'échec et souffrent de l'angoisse d'être abandonnées.

On trouve des «clans» tels que : **saltimbanques, acteurs de théâtre, gitans, gens de cirque, maffias, bandes de hors-la-loi,** etc. Quel est leur sens dans la vie courante, et dans les rêves ?

Les clans — qu'ils soient de haute ou de «basse» volée — forment une «famille» en marge des sociétés traditionnelles. Ils possèdent des codes d'honneur particuliers, devant être strictement respectés. Les membres des clans sont fréquemment entre eux «à la vie à la mort». Pour pénétrer dans un clan, il faut être jugé «digne» d'y être accepté. Il faut montrer patte blanche. Ils sont impitoyablement loyaux entre eux.

Il est logique qu'ils apparaissent dans les rêves de personnes souffrant de culpabilité, d'isolement affectif, de besoin d'échec ou d'abandonnisme. La sensation est celle d'être accueilli totalement jusqu'à la mort. La sécurité du clan devient énorme (symboliquement), à condition de demeurer « bien sage ». Une famille est trouvée. La société habituellement menaçante disparaît. Le rêveur (ou la rêveuse) éprouve l'impression d'être pris en charge. Au fond, c'est un retour à la sécurité de l'enfance.

Un rêve de clan (une femme de 20 ans)

> — C'était un groupe en cagoules. J'avais commis une faute. Je ne savais pas contre quoi. Un juge se levait, ôtait son masque. C'était un gitan, très beau. Je le savais juste. J'allais payer ma faute, peut-être mourir, mais je savais que je recevrais la médaille pour aller aux Saintes-Marie-de-la-Mer.

Cette jeune femme souffrait des symptômes de culpabilité suivants (et fort classiques...) : sensation de n'être pas acceptée par autrui, de n'être pas « reconnue », d'être sans cesse mise en doute, de n'être pas aimée.

Voyons les associations de la rêveuse :
■ CAGOULE : *secret, anonyme, noir, punition, loi implacable ;*
■ FAUTE : *... mais je me sens toujours en faute, depuis toujours !...*
■ JUGE : *surveillant, voit tout, critique tout, enfance ;*
■ GITAN : *comme on doit se sentir bien chez eux, effacer le restant du monde, pauvreté...*
■ JUSTICE : *je n'ai jamais été reconnue en tant que moi ; comment pourrais-je alors me situer dans la vie ?...*
■ MOURIR : *... bah ! zut. Après tout...*
■ MÉDAILLE : *je suis reconnue. Je participe à la fête. Oui, je dois me trouver des amis et des amies ; je dois soigner mes peurs ; je dois trouver une famille d'élection. Je dois surtout arriver à me reconnaître moi-même...*

Culpabilité et masochisme

Le terme *masochisme* est tellement galvaudé aujourd'hui qu'il a perdu sa signification réelle et profonde. On l'emploie à tort et à travers, comme un tic : et l'on ne se prive pas de le nantir de diverses abréviations. Mais que signifie-t-il réellement ?

On définit couramment le masochisme comme étant la recherche du « plaisir par la souffrance ». Cette souffrance peut être physique (se faire souffrir soi-même ou par le truchement d'un autre). Elle peut être affective ; surgissent alors des symptômes très courants, comme le besoin de se diminuer, de se dévaloriser ; le besoin de se placer « sous » les autres, de partir battu ; le besoin inconscient d'échouer, de se punir, d'être puni, non par sentiment de justice mais afin d'être pardonné ensuite (c'est-à-dire d'être à nouveau « reconnu » et aimé), etc.

Le masochisme possède un tout autre visage. Mais étant donné le « relent » dont ce terme est enrobé, il faudrait vraiment le définir par un autre mot !

Le masochisme essentiel ou la passion de reliance

Le besoin le plus intense de tout être humain est de se sentir « relié » à ce qui l'entoure : les autres, la nature, l'univers, Dieu. Consciemment ou non, chacun possède en lui cette « religiosité »*, et cherche sans trêve à l'assouvir — quitte à la refouler durant sa vie comme le font la plupart ! Ainsi, le Paradis Terrestre est devenu un Paradis Perdu, avec la nostalgie permanente que cela comporte.

---

* Dans le sens étymologique de *religare* = relier.

Or, *la religiosité est le fondement du masochisme, dont le sens devient on ne peut plus positif.* Il consiste à « *se fondre dans* » : dans Dieu, la Nature, la Musique, l'Amour, etc. Mais « se fondre » signifie disparaître en tant que « Moi » individuel. Le masochisme consiste ainsi à tendre vers zéro pour se fondre dans un infini ou un absolu. Et ceci, quel que soit le plan (religieux, moral, artistique, etc.) sur lequel on se place.

Le rêve d'un homme de 50 ans

> — *La nuit était rouge-rose. Je me trouvais dans un désert. J'étais allongé sur le ventre, contre le sable. Je sentais que c'était un grand rêve. Une impression gigantesque. Le sol était comme un aimant. Je collais à lui. Je me fondais dans lui. Toute ma vie défilait vite, comme une inutilité, ou plutôt non, comme des événements accessoires, surajoutés... Il m'est difficile de l'expliquer...Je n'étais plus rien, mais je devenais tout, je participais à quelque chose de grandiose, mais pas en tant que moi, vous voyez? Mais... comment dirais-je? J'étais une molécule dans une loi universelle. Quel rêve!*

C'est un rêve de « religiosité » : il y a participation à l'Univers et fusion dans un « tout ». C'est un rêve de « masochisme » dans le sens large. On pourrait croire qu'il s'agit d'une régression et que cet homme se réfugie dans le « sein maternel ». Mais en fait, d'après ses associations et l'énergie qui se dégagea de ce rêve, il y a réunion avec la Terre-Mère et les lois universelles. Rêve qui procura à cet homme (un écrivain) un dynamisme et une joie de vivre considérables. Et cet homme n'aurait pas accompli ce rêve si ces informations potentielles ne s'étaient déjà trouvées en lui.

Il faut donc dégager le terme « masochisme » des acceptations étriquées.

☐ *Un exemple :* les martyrs religieux étaient jadis consi-
dérés comme des mystiques ou des saints. Aujourd'hui, la
« science » les qualifierait de masochistes (dans le sens
négatif et pathologique). Cependant, la plupart d'entre eux
recherchaient une fusion totale avec la divinité. Pour cela,
ils devaient n'être plus « séparés » d'elle et, par conséquent, supprimer leur personnalité individuelle.

Ne pourrait-on pas dire alors que le fondement de tout
être humain soit d'essence masochiste, c'est-à-dire : se
réduire à rien pour participer à tout ? N'est-ce pas Freud
qui a dit que le masochisme est (ainsi) la base de la psyché
dans son ensemble ?

Et la mort, considérée par certains comme une *libération extatique*, n'est-elle pas alors du masochisme essentiel ?

Mais les appellations scientifiques ont pratiqué la réduction du véritable masochisme ; elles l'ont ramené aux
seuls phénomènes pathologiques et à des fantaisies
sexuelles qui ne sont que les dégradations maladives d'un
phénomène parfois grandiose.

Et, dans sa vaste acception, le mot masochisme ne
pourrait-il pas être remplacé par *la Passion de Reliance ?*

L'orgie

Le terme *orgie* doit être, lui aussi, considéré dans son sens
le plus large. Et les phénomènes d'orgie dérivent du masochisme « supérieur ».

Le rêve d'une femme de 55 ans

> — *J'étais allongée sur un lit bleu. Des chants
> montaient ; des centaines de bougies brûlaient.
> Je criais : « Mais je suis jeune, je suis jeune ! ».
> L'image de ma grand-mère apparaissait ; elle*

> *me souriait... Il y avait une grande foule as-*
> *semblée en cet endroit, une foule calme et*
> *douce. J'étais heureuse.*

Il s'agit d'un rêve «orgiaque». Voici quelques associations de la rêveuse :

■ CINQUANTE-CINQ ANS. *... sextant, faire le point... porte ouverte... un poème dont je me souviens... quelques bribes : on y parle de la Seine; le poète dit « j'ai cinquante berges, elle deux seulement; mais tous les deux nous coulons...* » Mourir et naître à nouveau...*

■ LUMIERES, CHANTS, FOULE. *... mysticisme, messe profane, chants bleus, encens... participation. Instinct. Messes musicales... Jeunesse... Joie; m'en a-t-il donné, de la joie, mon rêve!...*

■ LIT BLEU. *Je ne sais pas s'il était vraiment bleu; ou est-ce ma joie qui me le fait imaginer ainsi en ce moment? Mais le bleu est ma couleur préférée. Celle du ciel sans limite. Lit? Couchée... horizontalité, comme l'eau... sans défense... sans agressivité; flottant sur cette masse, sur ces musiques, dans cette foule... Perdue dans l'infini... non-existence...*

■ JEUNE. *Quel ressourcement après ce rêve!...*

■ GRAND MERE. *Passé, Tout le passé lointain, Racines, Durée. Bonté. Par-delà la mort. Eternité.*

Ce rêve, accompli à un âge «charnière», montre une participation «mystique» à une vastitude. C'est un rêve puissant, source d'énergie et de renouvellement de soi-même, marquant et provoquant un nouveau départ intérieur. Il y a dans ce rêve, à la fois *orgie* (nous le verrons plus loin) et *masochisme,* dans le sens de «reliance», bien entendu.

---

* Il s'agit d'un poème d'André Courraud, que voici :

La Seine et moi	Un point commun
Sommes différents	Pourtant
J'ai cinquante berges	Tous les deux
Elle, deux seulement	Nous coulons lentement.

Le rêve d'un homme de 50 ans

> *— Je fais partie d'un carnaval énorme, déli-*
> *rant, dansant, musical, criant. Mais tout cela a*
> *lieu dans un ordre parfait. Tout danse, chante,*
> *c'est l'harmonie, la beauté, des majorettes*
> *splendides passent, des enfants lancent des*
> *fleurs... Un rêve formidable!*

C'en est un, en effet! Nous le ressentirons mieux plus loin.

Le rêve d'un homme (40 ans)

> *— Je vivais en collectivité. Mais c'était une*
> *communauté platonique, pourrais-je dire, hip-*
> *pie, des fleurs, des baisers, de la musique*
> *d'orgue; c'était puissant et très doux, une en-*
> *tente générale et profonde, pas de mots, on se*
> *laissait aller à être, hors du temps, un climat*
> *d'infini, comme si le ciel et les eaux étaient*
> *présents...une merveille de douceur paradisia-*
> *que...*

Et le rêveur se souvient particulièrement du « climat affectif incroyable » contenu dans son rêve. Il parle également de la « spiritualité » indifférenciée; aucune personnalité ne s'oppose à une autre. C'était, dit-il, « comme une seule âme! »

Cet homme était un fonctionnaire, assez stéréotypé en apparence. Ce rêve montre que l'habit ne fait pas le moine. Est-ce un rêve d'*ombre* (page 184)? Et cet homme rêve-t-il de ce qu'il désire au plus profond de lui-même, et qu'il n'a pu réaliser? Peut-être. Mais, de toutes manières, il s'agit d'un rêve d'*orgie*, dans le haut sens du terme. Les « personnalités » disparaissent. La communauté devient une seule âme. Chacun « se fond » dans chacun.

Quel est le sens de l'orgie?

Ce terme recouvre un grand nombre de phénomènes et de comportements. Il est généralement ressenti de façon péjorative. On pense à la luxure sans frein, à la débauche collective, à l'ivresse en groupe, aux danses « hystériques », etc. Mais on pense également aux carnavals, aux « débauches » musicales de haut ou de bas niveau, etc.

Toute orgie est une *démesure*. Toute forme d'orgie est « religieuse » (toujours, comme le masochisme, dans le sens de « relier »). *Orgie* s'applique à tout ce qui éclate vers l'immense, le grandiose, à tout ce qui jaillit, tonne, à tout ce qui fait se briser les barrages et les inhibitions quotidiennes, à tout ce qui peut donner la sensation de participer à plus vaste que soi, et à s'y « fondre ». Et également à tout ce qui donne la sensation de « se perdre dans... ».

L'orgie peut ainsi se manifester de multiples façons, selon la qualité des affects et des motifs en jeu. Mais l'orgie est *toujours* de « religiosité », quelle qu'en soit la forme. Cette religiosité peut être d'aspect hautement positif (une « débauche » de très belle musique par exemple), ou d'aspect régressif voire pourri (une débauche collective alcoolique ou sexuelle, par exemple)

Un retour aux sources...

On connaît les grandes orgies collectives de certaines populations primitives. Elles sont liées à l'Agriculture, à la Moisson, au Printemps, etc. Elles ont pour but de fondre l'homme dans la grande unité universelle. Dans certaines orgies rituelles primitives, le prêtre s'unit *publiquement* à son épouse. Tous les participants les imitent; l'orgie devient énorme, gargantuesque, démesurée, imaginez! Le but de cette orgie est de multiplier la prospérité de la

Terre, de la vie végétale et animale. Comme le signale
Micea Eliade : «*tout ce qui est isolé cesse de l'être ;
l'union est totale et les individus se fondent dans la grande
Matrice Universelle...*»

Carnavals et musiques «pop»

Vous avez lu plus haut un rêve de carnaval «énorme et
délirant». Débauches de musiques, de danses et de
chants...Car l'orgie comprend aussi bien les «bains spirituels» des musiques dégringolant des grandes orgues de
cathédrales, que les réunions de musique pop. Tous les
carnavals, petits ou grands, sont des formes d'orgie. En
plus des danses, en plus des libertés accordées, les mas-
ques sont une recherche inconsciente de «reliance» (ils
procurent l'anonymat et suppriment l'individualité). Et
pour en revenir aux orgies de bas niveau (sexualité et
alcool), les participants cherchent également à se fondre
dans autre chose qu'eux-mêmes : en fait, dans le suicide
de leur personnalité et dans la mort du Moi. C'est une
orgie inversée, une religiosité à l'envers.

Un rêve de musique pop (un jeune homme)

> — *Cela venait de partout, la musique, les
> chanteurs, la foule, dans une grande enceinte
> pour musique pop, j'étais sur une estrade, je
> dirigeais tout, cela m'enveloppait, j'étais heu-
> reux comme jamais, il y avait des fleurs, de
> l'eau dans des vasques, des filles , j'étais le
> grand maître de tout, c'était du délire, un vrai
> cirque de joie...*

Ce qui m'amène à parler des «Messes musicales» des
réunions pop...

Pourquoi des réunions musicales de ce genre atteignent-
elles souvent des intensités telles que la raison semble y
perdre tout contrôle ? Pourquoi des individualités y parais-
sent-elles anéanties ?

Le plus frappant est que cette foule s'agglutine dans une sorte d'émotion primaire ; c'est une masse indifférenciée, formant un «tout» émotif et semblant réagir comme le feraient des marionnettes.

Ici, également, les énormes forces instinctuelles mises en jeu rappellent celles des cérémonies chez les primitifs. L'atmosphère est, en effet, celle d'une «Messe» à l'envers, si l'on peut dire. On dirait parfois un énorme halètement collectif. L'individu devient la foule. Des gens se tordent, se révulsent, hurlent, entrent en «extase». Et le tout baigne dans les déchaînements d'une «sono» démesurée.

Qu'on le veuille ou non, nous avons affaire, ici encore, à des manifestations «religieuses». Ces «orgies» musicales (fortement teintées de sexualité) suppriment l'individualité au profit d'une communauté baignant dans la même ferveur.

Ainsi donc, ces orgies musicales ne sont qu'une manifestation parmi des milliers possibles, de phénomènes de «ressourcement» et de «fusion» qui ont toujours existé.

Les rêves de «Sur-Moi»

Ce terme est généralement employé au singulier. Le Sur-Moi se définit de lui-même : tout ce qui est «posé sur» le Moi, tout ce qui empêche le Moi d'être totalement libre.

Il existe ainsi des Sur-Moi qu'on peut appeler normaux, et des Sur-Moi pathologiques.

Les *Sur-Moi normaux* foisonnent! Cela va des feux de signalisation routiers à tous les règlements divers, en passant par toutes les lois et interdictions possibles. Les autorisations diverses sont également des Sur-Moi, puisqu'elles sous-entendent une interdiction. Le fait de posséder telle ou telle nationalité est un Sur-Moi, puisqu'il oblige à un respect civique et légal. Toute forme d'éducation (même parfaite) est un Sur-Moi, puisque donnée par des éléments extérieurs au « Moi » éduqué. Il est évident qu'*aucun* enfant ne correspond à l'éducation qu'on lui donne, puisque cet enfant est, par essence, différent. Les règles de société sont des Sur-Moi, ainsi que les modes, les courants d'opinions et de pensée, les idéologies, les religions organisées, les morales, les temps à respecter, etc., etc.

Ces Sur-Moi (éducatifs notamment) peuvent rapidement être ressentis de façon *pathologique*. Il suffit que le sentiment de culpabilité ou d'infériorité se glisse dans la machinerie psychologique pour que le Sur-Moi devienne l'ennemi intérieur. Il se transforme en une véritable gendarmerie répressive et angoissante. La liberté intérieure se fissure. Le simple feu rouge des routes devient un symbole d'obligation à respecter sous peine de culpabilité et d'angoisse. Le Sur-Moi normal : tenir sa droite en voiture, devient anormal : je tiens parfaitement ma droite pour que « les autres » s'aperçoivent à quel point je respecte les règlements, ou parce que j'ai toujours la sensation de « gêner » les autres, de n'être pas à ma place, etc. Ceci à titre d'exemple.

Mais c'est évidemment l'éducation qui développe les plus importants Sur-Moi pathologiques. Surgissent alors les sentiments bien connus d'infériorité, de culpabilité, d'angoisse, de non-existence, de non-droit à l'existence, de peurs diverses, de castration, etc.

C'est ici qu'interviennent les rêves du « Sur-Moi ». Soit pour dénoncer une situation intérieure inconsciente et mettre le rêveur en garde, soit pour avertir des probabilités d'un comportement à venir (toujours par le truchement de l'ordinateur inconscient infiniment plus informé que ne l'est le conscient).

Les rêves de Sur-Moi présentent généralement des personnages d'autorité. On y voit défiler les **gendarmes** les douaniers* : il faut montrer «patte blanche»; on est «en règle» ou non; de toutes façons, il faut rendre des comptes. Apparaissent les **hommes de loi**, les **avocats**, les **juges**. Ou bien des **institutrices** ou **instituteurs**, des **surveillants** ou **surveillantes**, etc.

Dans le domaine des choses : ce sont des **barrières**, des **déviations routières**, des **panneaux d'interdiction**; bref, *tout ce qui freine, brime, bloque, punit, accuse, met en doute, fait changer de route, etc.* En un mot : *toute entrave plus ou moins forte à la liberté.*

Un rêve «classique» de Sur-Moi (un homme, 30 ans)
Ce rêve comporte l'un des objets cités plus haut :

> — *Ma voiture roulait assez vite, mais quelque chose d'anormal avait lieu. De la fumée sortait du dessous. Tout en roulant, je constatais que les freins étaient serrés, et que la mécanique chauffait. Je me suis arrêté et j'apercevais au loin un gendarme routier; il allait et venait à l'horizon, sans jamais venir vers moi.*

L'activité de cet homme est «freinée»; le frein est intérieur, bien entendu; la personnalité «chauffe», partagée qu'elle est entre sa liberté et les impératifs du Sur-Moi.

D'autre part, le gendarme à l'horizon est ici un symbole de la Mère dont on attend les secours mais qui, dans ce rêve, semble ne pas répondre à l'appel.

Etant donné le nombre incalculable des Sur-Moi même normaux, l'on s'aperçoit qu'une personnalité est toujours une entité que l'on enveloppe dans des conditionnements sociaux. Mais dans ce cas, les «individualités» ne sont-elles pas purement «fabriquées»? Et si l'on pouvait débarrasser les «Moi» de tous les «Sur-Moi», ces Moi ne seraient-ils pas semblables sur toute la terre, dans leur indifférenciation?

---

* Aussi paradoxal que cela paraisse, les représentants de l'ordre symbolisent souvent la Mère (voyez page 116).

V

Le langage des nuits

Pourquoi et comment notre pensée nocturne n'est-elle pas semblable à notre « raison » diurne? Pourquoi n'employons-nous pas le même langage dans l'une et l'autre circonstance? Mais aussi, pourquoi ce langage des nuits nous semble-t-il parfaitement naturel tant que nous rêvons?

En réalité, le langage du rêve ne serait-il pas notre langage le plus authentique? Notre mode d'expression essentiel puisque l'enfant et le primitif s'expriment avant tout par symboles?

Qu'est-ce qu'un symbole?

Imaginons un photographe. Il nous présente une image. Le photographe dit avoir voulu représenter telle ou telle sensation, tel ou tel état d'âme. Pour lui, *son* image possède un sens qui lui est propre; et cette même image produit chez lui une émotion toujours la même, à chaque regard.

Elle peut susciter le souvenir d'un climat d'enfance, de bonheur ou de tristesse ; elle peut « symboliser », pour lui, la solitude, la vie ou la mort, le temps qui passe, ou d'autres situations qui lui sont personnelles.

Mais nous ? Ressentirons-nous le même type et la même qualité d'émotion ? Il y a vraiment fort peu de chances, tant que l'image illustre une émotion personnelle. Tout serait évidemment différent si cette image faisait surgir, *chez cent mille personnes différentes, le même genre et la même intensité d'émotion.*

Et ceci montre déjà que les vrais symboles sont rares. Or, on emploie ce terme à tort et à travers, et à propos de tout. Une marque publicitaire devient un « symbole ». Telle actrice de cinéma devient même un archétype ! etc. Pour en revenir au photographe, l'image sera pour lui un symbole réel ; pour nous, elle ne sera qu'un « signe », ou une allégorie.

Il semble ainsi qu'un symbole soit *une représentation chargée d'émotion ; sans cette émotion, un symbole cesse de l'être* pour devenir signe ou allégorie.

Pour en revenir au photographe, nous ne pourrons bien comprendre « son » symbole que si nous connaissons bien l'homme lui-même.

Mais nous savons déjà cela. C'est le principe même de l'analyse des rêves, puisque chaque symbole doit bénéficier d'une interprétation personnelle.

Une expression lointaine de soi-même...

Les exemples pourraient être multipliés. Voici un collectionneur. Pourquoi amasse-t-il des armes, des épées, des timbres, voire des boîtes d'allumettes ou des bagues de cigares ? Et cet autre , pourquoi a-t-il besoin de cette collection de crayons, ou de chaussures, ou de vêtements ? Que représente cette accumulation de choses dont il n'a nul besoin, choses qui sont, pour lui, *des symboles* mais qui pour nous — à première vue — restent sans écho ? Or, il est à peu près certain que ces objets évoquent « quelque chose » de profondément enfoui dans l'inconscient. Ce sont des signes dont les « collectionneurs » ignorent la signification réelle. Mais lorsque ces objets apparaissent en rêve, ils placent l'individu sur la voie de climats ou de souvenirs lointains qui dirigent sa personnalité, à son insu bien entendu.

Le symbole est du domaine de la sensation

Je crois qu'il est une loi importante : *nous ne connaissons jamais, des êtres et des choses, que la sensation que nous en avons. Nous ne connaissons jamais la réalité objective, quelle qu'elle soit.*

Du même coup, tout devient symbolique : un mot, une image, une couleur, un objet, une musique, un geste, etc. Car le véritable symbole implique toujours quelque chose de plus que le sens immédiatement perceptible.

Ainsi, *nous utilisons d'innombrables symboles sans le savoir, et à longueur de vie.* Mieux : *un univers de symboles vit en nous ; ils nous font agir et réagir ; ils dirigent nos sensations et nos émotions.* Et si définir le symbole est tellement malaisé, c'est qu'il est du domaine de la sensation, jamais de la raison. Le meilleur exemple nous est donné par les rêves nocturnes.

Comment se « fabrique » un symbole ?

Dès que nous nous trouvons devant une abstraction, nous tentons de la représenter par un « signe ». Ainsi, nous essayons de tracer des signes pour évoquer une idée, un sentiment, une sensation ; et cela, au moyen d'une image, d'un trait, d'un objet, etc.

Tout symbole possède donc un sens *subjectif*. Pour qu'un symbole devienne commun à beaucoup, il faut que le « signe » rappelle à chacun, de façon immédiate, l'abstraction représentée. On dit, par exemple que ∞ est le symbole mathématique de l'infini. Ce n'est en réalité qu'un signe ne procurant aucune émotion chez la plupart. Pour d'autres, ayant la *sensation* de l'infini, ou des nombres, il deviendra un symbole réel.

On voit donc, une fois de plus, combien ardue est la tentative de traduire le symbole par des mots rationnels ! Je cite ici Bachofen : *Le symbole éveille l'intuition ; le langage peut seulement l'expliquer. Le symbole frappe simultanément toutes les cordes de l'esprit humain ; le langage ne peut s'attacher qu'à une seule idée à la fois. Le symbole plonge ses racines jusque dans les profondeurs les plus secrètes de l'âme ; le langage, comme un souffle léger, n'effleure que la surface de l'entendement. Celui-là est tourné vers le dedans ; celui-ci vers le dehors. Seul le symbole est capable de fondre les choses les plus diverses en une impression d'ensemble homogène. Les mots rendent l'infini fini ; les symboles font franchir à l'esprit les frontières du monde fini...».*

Symbole = religiosité

Au fond, tout vrai symbole est « religieux ». Car il tente d'englober notre Moi, le monde et l'univers. Pour le primitif (et pour l'enfant), la plupart des actes sont « religieux » en soi. Ces actes se fondent sur un Inconscient demeuré en contact profond avec le monde ambiant.

Mais le symbole « vécu » est avant tout du domaine des rêves. Il y reprend sa véritable place. Il y reparle son langage. Lorsque les humains descendent en grappes dans les puits des rêves, remontent parfois en eux des images millénaires, ayant régné dans combien de cerveaux avant les nôtres ?

Freud, Jung et le symbole

■ **Freud**, à qui l'on a reproché de considérer tous les symboles comme étant la traduction d'une situation sexuelle refoulée, écrit pourtant : *les symboles ont souvent*

potentialité. C'est une sorte de *dépôt psychique.* Si
[...]ntait de représenter *un archétype*, c'est un symbole
[...]e présenterait. Il serait plus ou moins proche de l'ar-
[...]ype, mais ce serait un symbole tout de même.

[...]n peut imaginer une comparaison : l'archétype serait
[...]ergie indifférenciée, tandis que le symbole serait la
[...]ualisation» de cette énergie. Ou bien : l'archétype
[...]it les photons virtuels liés aux électrons; le symbole
[...]it la lumière, produite par les photons devenus « ac-
[...]» après excitation des électrons.

[...]maginons qu'un peintre — par exemple — veuille re-
[...]senter un archétype. C'est impossible : il représenterait
[...] symbole, comme dit ci-dessus. Mais on comprend bien
[...]'il est des symboles très proches des archétypes, qui
[...]llent» littéralement à eux. Ce sont les très grands sym-
[...]les ceux qui font réagir de la même façon les êtres
humains, d'un bout à l'autre de la terre.

[...]On saisit ainsi la puissance que peut revêtir un grand
[...]mbole proche de l'archétype, lorsqu'il apparaît en rêve,
[...]ec ses retentissements émotifs et énergétiques! A tel
[...]int que la vie, parfois, peut s'en trouver complètement
[...]difiée, comme portée par un arc-boutant de cathédrale.
[...]us allons le voir dans les pages qui suivent.

des sens nombreux et multiples de sorte que, comme dans
l'écriture chinoise, seules leurs relations mutuelles permettent l'interprétation correcte dans chaque cas particu-
lier. A cette ambiguïté des symboles, s'ajoute la propriété
du rêve de permettre des hyperinterprétations, de représenter des structures de pensée et des élans de désir, différents dans leur contenu et souvent fort éloignés par leur
nature. Et il continue en écrivant : ...il est important de
prendre en considération les convictions philosophiques,
religieuses ou morales de la conscience.

■ Quant à **Jung**, il a tenté d'opérer une classification de
la formation des symboles.

a) *La comparaison se fait par analogie.* Par exemple : *le
soleil* féconde; il est ainsi comparable à l'amour dont la
«chaleur» est fécondante affectivement. Le soleil *brille* et
rayonne comme Dieu ou un Père. Le soleil est *haut* dans le
ciel, ce qui produit le symbole de la *montée* : on «monte»
vers la lumière; viendrait-il à l'idée de dire : on «descend» vers la lumière? *Lumière* peut être associé à *gloire* :
on «monte» vers la gloire et les honneurs, on n'y «descend» jamais! Ce qui montre bien à quel point un simple
symbole analogique peut diriger le langage et les expressions toutes faites. On peut continuer, d'ailleurs, ces ana-
logies à perte de vue, jusqu'aux très grands symboles universels que nous verrons plus loin.

Autre exemple : *la lune* est pâle et mystérieuse; elle est
du domaine des nuits. Elle est devenue un symbole de la
féminité, de la douceur, du mystère, de l'amour caché, de
la mère, etc.

Autre exemple encore : *l'eau* est indifférenciée; elle est
souple. Elle est soit accueillante, soit attirante et mortelle.
Elle devient le symbole de la féminité*.

Etc. Il est cependant à noter que, en langue allemande,
Soleil est du genre féminin (die Sonne), tandis que Lune
est du genre masculin (der Mond)!...

* Voyez MS 250, *Les femmes*, de P. Daco.

b) Les symboles provenant des sensations les plus puissantes et universellement répandues. Les grands phénomènes naturels se trouvent au premier rang : l'eau, la pluie, les orages, le jour, la nuit, la montée et la descente du soleil au-dessus de l'horizon, la fécondation du sol, la vie, la mort, la puissance, Dieu... Et par conséquent, ce qui touche de près ces sensations profondes de l'homme. Les exemples pourraient être multipliés. Revenons au soleil et à sa «gloire» symbolisant Dieu, le Père, la brillance, la réussite, que sais-je? Imaginons aussi la fécondation du sol dont dépend la vie des hommes : les outils qui travaillent la terre deviennent des symboles importants. La terre (fécondée) devient un symbole de la femme. Le soleil et l'eau (qui la fécondent), se marient pour accorder la fertilité. Le soc de la charrue devient un symbole «phallique» (il laboure et «perce» la Terre-Femme, etc.).

Le soleil qui, à chaque aube, sort de l'horizon, devient un symbole de renaissance après la mort. Sa brillance, sa chaleur, sa gloire, son invincibilité, rejaillissent sur le grand symbole universel des héros solaires, que l'on retrouve aussi bien dans les grands récits que dans de petits ou grands films de cinéma. C'est alors le thème du héros invincible qui rejaillit même... sur les champions sportifs.

A chacun selon ses mesures

1) *Voici une personne* de maigre culture et de pauvre vie. Elle s'entoure d'objets dérisoires qui, pour elle, possèdent une inestimable valeur. Ces pauvres choses deviennent ses symboles à elle. Qu'évoquent, en profondeur émotive, ces choses? Une enfance? Des chagrins ou des joies inexprimables par des mots? Un grand amour estompé par le temps? Un accord avec la nature? Et cette image pieuse, couvée comme un fétiche, ne symbolise-t-elle pas une

union avec l'Absolu à la mesure de cette ainsi, devient vaste?

2) *Voici une autre personne* ayant une vie tense. Pour elle, tout devient symbole : l'art le jour et la nuit, la vallée et le clocher, l'océ le travail et le repos. Et cette personne-là es infinie.

3) *Voici une personne* trop rationnelle; sa v semble désséchée. Pour elle, les symboles être qu'un archaïque objet de curiosité, déta contexte émotif.

Mais voici la nuit et ses rêves. Et ces troi voient monter en elles des images identiques. grands symboles.

On les retrouve partout : chez l'ignorant et l jeune et le vieux, l'homme et la femme, l'e primitif. Ces grands symboles sont en dehors de toute race, de toute religion, de toute morale. Ils ont trave siècles. Ils ont fait fleurir d'innombrables mythes des. Ils ont alimenté le besoin de paradis et d'enf les peuples.

Et ce sont alors les «grands rêves», qui plo racines dans les archétypes.

Qu'est un archétype

S'il n'est pas facile de définir un symbole impossible d'expliquer ce qu'est un archétyp existent, les archétypes, puisqu'ils produis qui sont les symboles. Cependant, ils sont en tant que réalité tangible et formelle. Qu

Un archétype relève d'une *pure sensat*

VI

Les grands rêves

Dans certains rêves disparaissent les symboles «indivi-duels». Cela peut sembler en contradiction avec ce qui fut dit ; en effet, tout symbole est individuel, dans le contexte d'une personnalité bien déterminée.

Mais les «grands» rêves font surgir des symboles éma-nant directement de sensations profondes appartenant à l'humanité entière (voyez le chapitre précédent). Ces rêves sont puissants, souvent inoubliables. Ils peuvent être char-gés d'une énorme énergie, et faire basculer quelqu'un vers un climat très positif ou très négatif.

Comment reconnaître un «grand rêve»?

Par la profondeur du climat qui s'en dégage, tout d'abord. C'est le type de rêve que l'on se sent obligé de raconter à quelqu'un, même à un voisin indifférent. C'est le rêve dont on doit se «décharger», même si aucune interpréta-tion n'est en vue.

■ **Les symboles** qui y apparaissent se rapportent presque

toujours (revoyez le chapitre précédent) aux très grandes sensations humaines : la vie et la mort, le bonheur et le malheur, l'amour immense, l'unification ou la fragmentation de soi, les grandes espérances de l'enfance, etc.

Ils évoquent, dans des images parfois grandioses, la Nature, ses forces et ses dangers, la fusion de l'être humain avec les animaux et l'univers. Souvent, une intense poésie (positive ou négative) s'en dégage ; des musiques se font entendre, des paysages émouvants se découvrent aux yeux éblouis du rêveur. Ce sont des rêves de lumière ou d'obscurité, de soleils et de lunes, d'eaux de toutes natures. Mais s'y présentent aussi des «directions» (page 242) : ce sont des montées ou des descentes infinies. On y trouve des couleurs puissamment émotives (page 201) ; ou encore, des nombres, dont nous verrons le symbolisme et des formes géométriques.

■ **Les grands mythes** se présentent : ce sont des rois et des reines, des sorcières, des femmes éternelles et légendaires qui hantent l'âme des hommes (l'Anima, chapitre 7). Ou encore des géants, des princesses, des labyrinthes ; des carrefours, des couloirs, des grottes enchantées ou maléfiques, des fées...

Ce sont également le feu, le vent, l'orage, la plaine, la vallée, la montagne. Dans ces grands rêves, on vole de façon magique, on est maître du monde et des cieux. D'autres dimensions de l'âme se font jour, dimensions totalement inconnues dans la vie courante ; et cependant, elles se trouvent au fond de nous ; sinon, pourquoi en rêverait-on ?

Ce sont aussi des visages sublimés et ardemment désirés par l'âme humaine : des pères, des mères, des sœurs, des frères.

Et je vous proposerai de reprendre ici le rêve cité au début de ce livre. En revoici le texte, pour plus de facilité :

— *Je me trouvais sur un promontoire, d'où j'apercevais une vallée infiniment ondulée,*

merveilleuse. Ces ondulations se reprodui-
saient de façon régulière. C'était la vallée de
l'Eden. J'y voyais quantité d'arbres fruitiers,
portant fruits mûrs et fleurs. Beaucoup de
pommiers, et aussi des buissons de roses. La
vallée n'était qu'herbe grasse; des vaches
blanches paissaient à perte de vue. Et, çà et là,
de petits groupes de personnes dansaient, ex-
trêmement lentement; ils dansaient sur une mu-
sique en trois temps, une sorte de valse ralen-
tie, hors du temps. C'était fantastique... J'en-
tendais la musique avec une parfaite acuité;
elle sourdait de partout; c'était le premier
mouvement de la cantate de Bach : « Wie schön
leuchtet der Morgenstern ». Tous ces gens, se
tenant par la main, me faisaient des signes. Je
me sentais infiniment heureux; et je crois que je
donnerais le restant de ma vie pour une heure
de bonheur aussi prodigieux.

Ensuite, arrivèrent du fond de l'horizon,
derrière moi, trois avions à réaction, admira-
bles fuseaux aux ailes courtes. Et soudain, je
me trouvai dans l'avion central, les deux autres
m'encadrant comme les côtés d'un triangle.
Ces avions avançaient très lentement, calme-
ment; toute leur puissance demeurait poten-
tielle. Et ils volaient en silence total, à quel-
ques mètres du sol. Tout défilait sous moi, dou-
cement : l'herbe, les arbres, les gens... la mu-
sique continuait de se faire entendre... Jamais
je n'oublierai ce rêve qui m'a donné une éner-
gie et une joie que je ne pouvais imaginer...

C'est un rêve purement et simplement merveilleux. Il
donna au rêveur énergie et enthousiasme : les images de ce
rêve touchent directement les grandes sensations de l'âme
humaine.

On y trouve :

■ L'ANIMA : elle est symbolisée par l'immense et douce *vallée* que le rêveur embrasse d'un seul regard, puisque se trouvant sur un *promontoire*. Le rêveur est comme « hors du temps » ; il regarde, il est témoin immobile. Et si nous savons que l'*Anima* est probablement la sensation inconsciente la plus puissante chez un homme ; si nous savons que seule la réalisation et l'harmonisation de l'Anima permettent à un homme de devenir ce qu'il est, nous pressentons déjà l'importance d'un rêve de ce genre.

■ LA MUSIQUE : ce mouvement d'une cantate de Bach (la cantate nº 1) est. en effet, une sorte de valse avant la lettre, très lente, d'une grande douceur. On pourrait danser sur cette musique. C'est ce que font les gens qui peuplent la vallée. Ici encore, le climat se situe hors du temps. Et si nous savons que le titre de cette cantate signifie : «*Combien resplendit l'étoile du matin*», nous comprenons davantage encore la beauté de ce rêve. Car c'est une aube dans l'âme du rêveur...

■ LA VEGETATION, LES VACHES : c'est le grand thème de la *fertilité* (de l'âme). Ce sont des *arbres fruitiers*, symboles de la *Terre-Mère*. Une *herbe grasse* tapisse le sol de la vallée. A perte de vue paissent des *vaches blanches*. La vache est évidemment un grand symbole agraire. Sa propre fertilité dépend de la fertilité du sol. La vache est un *symbole maternel*. Elle donne du lait, rappel de l'enfance liée à la mère. La vache représente également la *Terre-Mère* et la douceur patiente. Elle est un symbole pratiquement universel ; et l'on sait combien elle est vénérée en Inde.

■ LES AVIONS : à réaction, ils recèlent une énorme puissance. Mais cette *puissance* demeure *potentielle* ; elle reste « en réserve », car ces avions volent lentement, quasi au ras du sol, et en silence ! De plus, les trois appareils forment un *triangle*, figure géométrique importante (voyez page 233). Ici encore, le rêveur survole; il demeure témoin de la vallée, témoin de lui-même.

■ LES GENS QUI DANSENT : se tenant par la main, ils dansent très lentement. C'est une sorte de *danse rituelle*, quasi sacrée. En fait, il s'agit d'une *orgie*, dans le haut sens du terme (voyez page…). Cette danse marque une *participation* à la Terre et à sa fertilité. Elle établit un *rapport* entre la Terre-Mère et l'Anima du rêveur. Elle marque une *étape spirituelle* importante. C'est également un symbole de *réintégration* et d'*unification* (les gens se tiennent par la main). Cette danse est un mouvement, un geste ayant un *sens*. Songeons ici aux danses de Bali; le moindre geste révèle un sens sacré, un sens de participation religieuse, dont les danses occidentales ne sont que de pâles copies, parce que ne pouvant plus s'appuyer sur une religiosité depuis longtemps perdue.

En résumé, ce rêve conduit le rêveur vers l'essentiel de lui-même et sa participation à toutes choses grâce à une Anima puissamment harmonisée.

Un grand rêve étrange

Ce rêve fut fait par un homme de 40 ans, ingénieur, marié.

— *Je me trouvais sur une sorte de plateau infini, comme une gigantesque galette circulaire. Ce plateau tournait autour d'un axe central invisible. Je ne ressentais aucune force centrifuge. Les horizons défilaient…des nuages…des lumières…Tout à coup, le plateau s'est immobilisé. J'ai entendu le chant d'une voix puissante; une voix d'homme, mais de très haut registre, un contre-ténor; une voix sans vibration, froide perçante. Je n'ai pu reconnaître la mélodie; cette voix était, je le répète, d'une extraordinaire puissance, mais froide comme un champ de neige éclairé par le soleil. Ensuite, je ne sais plus… j'ai dû me réveiller, sans doute?…*

Voici ce qu'en dit le rêveur :

— *C'est le rêve le plus étrange de toute ma vie! J'entends
encore cette voix! Ce plateau infini? Je le ressens comme
un état de solitude absolue; moi face à moi, moi cherchant
ma place dans l'univers…Il est vrai que je suis à un tournant de mon existence; je n'aime pas mon état d'ingénieur…ou plutôt, je n'aime pas les spécialisations dans
lesquelles je suis coincé; j'aurais voulu faire de la recherche astronomique dans un but métaphysique…Je voudrais
cesser mon métier, mais comment? Je savais que le plateau tournait, comme nous savons que la terre tourne,
sans que nous ressentions la force centrifuge étant donné
la longueur du rayon. Mais quel appel dans ces horizons,
tous différents, indescriptibles, qui défilaient! J'étais
comme immobile dans le Temps, comme éternel…Le plateau s'est arrêté; tout s'est arrêté. Puis cette voix…Vous
connaissez les voix de haute-contre?*

— *Oui.*

— *Ces voix me fascinent*; ce sont des voix d'androgy-
nes; elles montent haut comme des voix de femmes, mais
elles sont sans aucune vibration. On dirait des voix d'anges, des voix de Lucifer, ombre et lumière, comme annon-
çant un jugement dernier! Mais que voulait me dire cette
voix-là? Elle me semblait hors de moi, hors de tout.
C'était comme une épée qui transperçait tout…Oui, une
voix…attendez…magnifiquement esthétique…une la-
me…un rayon… une pureté parfaite…mais il manquait la
chaleur d'une femme…Au fond tout était froid dans ce
rêve…j'étais seul…ah! si une femme était apparue!*

N'ayant plus revu cet homme, je n'ai pu poursuivre
avec lui un essai d'interprétation de ce grand rêve. Que
signifiait-il? C'est vrai que tout y semble glacial. Quoi
qu'en dise cet homme, on peut penser que ce rêve soit
l'expression de son âme profonde à ce moment-là de sa

---

* On trouve d'admirables interprétations de haute-contre dans les cantates de
Jean-Sébastien Bach, dirigées par Nikolaus Harnoncourt (Telefunken).

vie. La voix de haute-contre, sans vibration en effet, est une voix d'alto-homme. Elle a repris son rang dans les interprétations de musique ancienne. Il est à noter que J.S. Bach, ne pouvant faire appel à des femmes interdites dans les églises, employait des voix de garçons comme sopranos, et de haute-contre comme altos. Bach, souvent, avait recours à l'alto lorsque le texte musical évoquait une « chute », une pénitence. On le comprend : l'alto est un soprano « déchu », puisque ne pouvant atteindre les « hauteurs » (la tessiture) du soprano. Mais dans ce rêve ? Serait-ce l'Anima du rêveur qui se perd dans des infinis glacés ? Cette voix de haute-contre accuse-t-elle ? Le met-elle en garde ? Cette voix lui annonçait-elle un « jugement », une punition, une « castration » de sa personnalité ? Y a-t-il chez le rêveur une « homosexualité » latente, les voix de haute-contre étant jadis des voix de « castrats », mais aujourd'hui des voix spécialement travaillées ? Ce rêve est évidemment très étrange. Et le tout aurait été de connaître le « message » que le chant puissant et glacé de la haute-contre lui transmettait...

Et nous verrons plus loin un autre « grand rêve », accompli par un ingénieur également.

Un rêve de labyrinthe
Il fut fait par une femme, 35 ans, journaliste.

> — *Je me trouve dans un vaste labyrinthe, mais à la surface du sol. Sensation grandiose. C'est le jour. Je vais vers la sortie. Devant moi se trouve une porte fermée. Je l'ouvre. Mais de l'extérieur arrive sur moi un rayon jaune-orange, très linéaire. Ce rayon me repousse dans le labyrinthe. Je fais des efforts désespérés pour en sortir, mais le rayon me repoussait encore. Je n'éprouve aucune angoisse. Mais je me dis simplement : « que se passe-t-il ? que veut-il ce rayon ? »*...

Qui était cette personne? Une femme *trop* sociale, trop extravertie, vivant par monts et par vaux, célibataire, *sans foyer* donc *sans centre*. Il était visible que son extraversion exagérée lui permettait de fuir quelque chose : elle-même sans doute.

Que dit ce rêve? Les éléments principaux sont évidemment : labyrinthe; sortir du labyrinthe; rayon qui repousse. Voyons donc ces éléments.

■ LABYRINTHE : il fait songer à des expressions telles que : errer dans le labyrinthe; en chercher la sortie. Ce mot suggère également des difficultés d'orientation, des parcours aboutissant à un cul-de-sac, etc. Il est évident que, pour cette personne, il s'agit du labyrinthe de sa propre vie.

Le labyrinthe peut s'apparenter au carrefour. De nombreuses directions sont possibles. Il y a donc hésitation quant à la direction à prendre, puis choix.

Il s'agit de détenir « la clef » permettant de sortir du labyrinthe, ainsi que le fit — classiquement — Thésée dans le palais crétois de Minos où était enfermé le Minotaure; on connaît l'histoire du fil d'Ariane.

Mais le labyrinthe peut surtout, symboliser *la recherche du centre*. La fonction du labyrinthe est alors de *retarder* le voyageur dans la recherche de son propre centre intérieur, de son « Moi » profond. Il s'agit d'une recherche de spiritualité.

Le labyrinthe est, symboliquement, un voyage initiatique. Les non-initiés ne peuvent pas trouver le centre. Des *épreuves* doivent être affrontées avant de pouvoir atteindre le centre secret. Le labyrinthe est *concentrique*. Il est un symbole magique. Il signifie : se concentrer sur soi-même, supprimer ses obstacles intérieurs, ne pas être dupe de ses faux chemins qui n'aboutissent qu'à des cul-de-sac, ne pas se laisser tromper par les apparences, etc.

Symbole de rénovation intérieure, le labyrinthe se rapproche du *Mandala* (page 111).

■ RAYON ROUGE-ORANGE : il fait penser au fameux rayon laser, dont cette personne était superficiellement informée par son métier. Pour le public, le rayon laser signifie la puissance, la lumière concentrée. C'est le rayon qui coupe, tranche, perce, tue (rayon de la mort)*

Il s'agit d'un très beau rêve. Son «message» est simple : cette journaliste doit cesser ses fuites en avant; elle doit cesser de s'échapper sans cesse de ses labyrinthes intérieurs; c'est au centre de son Moi qu'elle trouvera la solution de ses difficultés. Elle doit retrouver la partie introvertie d'elle-même, celle qu'elle ne cesse de fuir. Il est urgent qu'elle opère ce demi-tour : la puissance du rayon qui la repousse le montre. Ce rayon l'avertit également du danger qui la menace : c'est la société qui risque de la repousser si elle continue son jeu de fausses personnalités agressives. Et, en pensant à ce rayon laser, elle me dit :

— *Je me suis transformée en une copie d'homme. Un*

---

* LASER signifie *Light Amplification by Stimulated Emission of Radiation*. Au départ, un laser est composé d'un monocristal d'alumine renfermant une faible dose d'oxyde de chrome. C'est un bâtonnet d'une longueur de quelques centimètres et de moins de 10 mm. de diamètre. Les bases en sont parallèles. Une base est réfléchissante, l'autre transparente. Par la base transparente pénètre la lumière d'un flash, d'une fréquence telle qu'elle entre en résonance avec la fréquence des ondes optiques. Les électrons des atomes sont pompés à leur niveau supérieur. Le signal les fait alors retomber tous ensemble à leur niveau inférieur. A ce moment, ils lancent tous ensemble leur radiation. La lumière émise spontanément dans le rubis fait des aller-retour entre les deux faces parallèles, arrivant à une telle concentration qu'elle provoque une émission stimulée. Un éblouissant jet de lumière rouge jaillit du rubis : c'est la fascinante lumière laser. Il s'agit d'une lumière «cohérente», issue d'une source dont tous les atomes projettent en même temps la même onde, de même phase et de même amplitude. Et ce, contrairement à la lumière habituelle, où chaque atome émet une radiation différente ou non des autres (lumière incohérente). C'est Einstein qui, le premier, eut l'idée théorique du laser, idée reprise ensuite par Townes et Maiman. La directivité et la puissance du rayon laser sont stupéfiantes. Projeté vers la lune, un rayon laser y ferait une tache lumineuse de 3,6 km de diamètre ! De plus, l'intensité de cette lumière laser est des millions de fois supérieure à tout ce que l'on connaît. Un rayon laser, par concentration et focalisation, perce et volatilise tout ce qu'il touche. Ses applications sont nombreuses : industrie, médecine, biologie, ophtalmologie, holographie, informatique, etc., grâce à cette science nouvelle de l'optique cohérente.

*rayon de ce genre est phallique! Et combien d'hommes
m'ont repoussée en me disant ou en me faisant comprendre : «Deviens une femme, sois capable d'avoir un foyer
(= un centre), et je t'aimerai».*

Un rêve de ville

Il s'agit d'un cauchemar, subi par un homme de 42 ans.

> *— Jamais je ne pourrais traduire la puissance
effrayante de ce rêve. Je me trouvais dans une
ville. Elle était tentaculaire, super-moderne,
kafkaïenne. Je la sentais respirer! Cette ville
vivait, haletait, bougeait! Une ville vivante,
comme consciente! Elle était pleine de bruits
gigantesques; car tout était gigantesque dans
ce cauchemar. Une ville consciente, sachant ce
qu'elle faisait : c'est ce qui me terrifiait le plus.
Je m'y sentais seul, isolé, perdu; cependant,
s'y trouvaient des foules énormes, par grappes,
partout, et je me trouvais au centre de l'une de
ces grappes, qui respiraient en bloc, elles
aussi, comme un seul corps. A l'horizon de
cette ville, c'était l'océan. Ses eaux respiraient! Elles montaient et descendaient avec un
bruit énorme de soufflet rauque : horrible! Je
voyais cet océan comme prêt à dévaler, prêt à
dévorer la ville. Dans un coin, dans un endroit
de la ville, je dis bien : de la ville, il y avait un
bateau, posé sur des pilotis.
Un bateau dans une ville, vous imaginez cela?
C'était terrible et étrange... A bord de ce bateau se trouvait un équipage en uniforme d'été.
Immobile, cet équipage regardait la ville qui
bougeait de plus en plus. Comme s'il n'avait
rien à voir avec elle. J'ai détourné les yeux de
ce navire; ensuite, toute la ville s'est mise à
tournoyer, de plus en plus vite. Tout s'enfon-
çait comme aspiré vers le centre d'un énorme*

> *entonnoir. Je me suis réveillé en criant : « Je ne*
> *veux plus, je ne veux plus ! ».*

Voici — sans entrer dans trop de détails — la signification de ce rêve ; elle fut établie en collaboration avec le rêveur.

Ce dernier était le « directeur » d'une importante entreprise *familiale*, d'une certaine région de France. Nous sommes donc dans la « bourgeoisie de la petite industrie ». Richesse, paraître et efficience étaient les mots d'ordre. Mais la caractéristique était que l'entreprise et les propriétés qui en étaient le fruit, *étaient gérées par les femmes*, de la grand-mère à l'épouse, en passant par la mère du rêveur. Autrement dit : les femmes étaient phalliques et les hommes dévirilisés. Cela dit, on voit immédiatement que l'« Anima » *de cet homme était littéralement encastré dans les femmes qui l'avaient entouré depuis l'enfance.* Il n'avait pas d'« âme » personnelle ; cette âme était celle de sa mère, plus celle de sa grand-mère dont sa mère était la copie conforme, et à quoi s'était ajoutée la domination engloutissante de son épouse. Son père ? Inexistant, puisque mangé par sa femme, lui aussi. Et le rêveur travaillait quatorze heures par jour pour échapper au climat féminin insupportable, mais également pour éviter qu'on lui fasse le moindre reproche (qui le plongeait dans l'angoisse). Donc : un homme dont l'« âme » était mangée, engloutie par les femmes qui, pour lui, représentaient une image totalement négative et dangereuse.

Revenons-en au rêve qui s'éclaire ainsi singulièrement.

■ LA VILLE QUI RESPIRE : la ville peut être considérée ici comme un *symbole maternel*. Une ville protège. Elle possède — symboliquement — des enceintes, des fortifications, des portes. Une ville est une « cité », contenant des habitants : elle est le symbole d'une mère protégeant ses enfants. C'est pourquoi — symboliquement encore — une femme est toute désignée pour être à la tête d'une cité, qu'elle gère en bonne mère de famille*.

---

* Voyez MS 250, *Les femmes*, de P. Daco.

Mais si une ville s'apparente au principe féminin, on voit néanmoins dans quel piteux état se trouve l'*Anima* du rêveur ! (chapitre 7). Au lieu de lui procurer protection et bénédiction, cette ville du rêve n'apporte qu'un cauchemar destructeur.

Cette ville *respire, halète, est comme « consciente »*. Elle représente une formidable menace d'engloutissement. Face à cette ville, le rêveur est totalement démuni. Le bruit et la fureur y règnent. Des foules en grappes s'y trouvent, étouffantes, isolant le rêveur de tout secours possible.

☐ *La respiration (de la ville)*

Depuis que l'Occident est plus ou moins informé du Yoga, il connaît l'importance physique et symbolique de la respiration. L'air est un symbole de l'esprit et du souffle. A son tour, le souffle est le principe de vie et de création. Mais ceci s'applique-t-il à cette ville du rêve ?

Ce n'est pas une ville de vie, mais de mort. Et il est un fait que le rêveur a toujours (inconsciemment) considéré *sa* vie comme la mort de sa personnalité, de sa liberté, de son autonomie, tout cela étant effacé par le pouvoir des femmes !

Car si une ville est symbole de la Mère, elle représente également la vie *et, par conséquent, elle peut représenter son contraire : la destruction et la mort*. L'anonymat et l'abandon ressentis profondément dans certaines villes n'est-il pas, lui aussi, une « mort » de soi-même ?

De plus, toute ville possède un « centre », symbolique ou non (une Grand-Place, par exemple), centre d'où rayonnent des rues (c'est le symbole du Mandala, page 111). La ville du rêve ne possède pas de centre visible. Tout y est bousculé, bouleversé. Elle respire, sans doute, mais c'est un halètement terriblement menaçant : celui d'une « Anima » qui est près de tout avaler, de tout engloutir.

■ LE BATEAU ET L'EQUIPAGE : ce bateau se trouve, non pas sur l'eau, mais *dans la ville*. Cependant, il ne fait nullement partie d'elle : il est comme en attente, et son équipage est en tenue d'été : c'est le navire « solaire », le bateau de l'évasion hors de cette ville épouvantable. Mais…le rêveur détourne les yeux, sans lui accorder l'importance qu'il mérite. En détournant les yeux d'une circonstance apparemment simple qui pouvait le sauver, il se perd. L'océan lui-même menace de tout submerger.

C'est ensuite le final : une giration avec aspiration, vers un « centre ». Quel centre ? Celui de son « Anima » malade, complètement envahi par l'image dangereuse de la Femme.

C'est un rêve d'avertissement très sérieux. Ce centre du rêve aurait été celui d'une dépression profonde et, peut-être, d'une psychose. Mais cet être n'avait-il pas déjà perdu le contact avec les réalités joyeuses et libres de l'existence ? Cependant, cet homme était en analyse ; et ce rêve, rapporté ici, ne fut qu'une étape dans son évolution qui, plus tard, se termina au mieux.

Un rêve de « Mandala »
Il fut fait par un homme de 50 ans, écrivain.

> — J'étais assis dans un grand parc. Proche de moi, il y avait un autre parc, un jardin plutôt, absolument circulaire, et délimité sans l'être, par des fleurs se trouvant au ras du sol. Partant de ce jardin, se traçaient des chemins, dans toutes les directions, comme si le jardin était le centre d'une roue. Quatre enfants buvaient l'eau d'une fontaine : deux garçons, deux fillettes. J'avais envie de chanter ; et je me suis surpris à siffloter durant toute la matinée qui suivit !

■ QU'EST UN MANDALA ? En fait, un Mandala est composé d'un *centre* autour duquel sont tracés, soit une *circonférence*, soit un *carré*, soit *diverses formes* géométriques plus complexes. Dans certains rêves, une *ville* peut symboliser un Mandala : une ville possédant des enceintes, par exemple. *A Paris, la place de l'Etoile* est un véritable Mandala : les rues partent comme des rayons de circonférences à partir d'un centre. *Un carré* est un Mandala ; les quatre côtés sont égaux, tracés à partir d'un centre. Dans certains rêves, une *roue* symbolise le Mandala (centre et rayons, circonférence, comme évoqué dans le rêve ci-dessus).

Dans certaines représentations orientales, le Mandala représente l'image du monde (centre et circonférence). Les tapis orientaux sont souvent d'admirables Mandalas ; ils forment le support des méditations, et sont censés conduire à l'illumination ceux qui les contemplent.

Songeons aussi à ces touchants médaillons contenant de petites photographies jaunies, voire des mèches de cheveux : ce sont également des « Mandalas » circulaires, où l'œil est irrésistiblement attiré par le centre.

Les grands rêves de Mandalas sont assez rares, encore qu'ils apparaissent au moment d'une rénovation intérieure (en fin de psychanalyse par exemple). Ces rêves sont généralement l'aboutissement d'un lent mûrissement de l'âme, d'une progression dans une harmonisation psychologique, d'une « sagesse » lucide.

C'était le cas de cet écrivain cité plus haut. Est-il bien utile d'analyser ce rêve, où le Mandala est représenté par le *jardin circulaire*, dont la circonférence n'est que très peu délimitée, et d'où partent de nombreux rayons, dans toutes les directions possibles ? Nous y trouvons également *le nombre 4* (deux garçons, deux filles. Voyez page 236). La fontaine, signe de jouvence, symbolise l'Anima de cet homme (chapitre 7). Les pôles masculins et féminins sont réunis. Et est-il nécessaire de dire que le bonheur apparaît ?

Les grands rêves et l'âge

Les grands rêves peuvent avoir lieu à tout âge. Les enfants font souvent de « grands rêves » ; ces derniers ne sont pas le signe d'une précoce rénovation intérieure, mais montrent à quel point l'enfance reste fort proche des grands symboles. C'est compréhensible : un enfant n'est pas encore « décollé » de l'inconscient profond.

Beaucoup de grands rêves se situent également à la fin de l'adolescence, époque où l'on se trouve à un « carrefour » (voyez page 242) et où des chemins doivent être empruntés, de façon souvent irréversible.

Mais si tel « grand rêve » peut conduire un adolescent vers une route large, tel autre, au contraire, l'entraîne parfois dans de redoutables projets.

Ainsi, les grands rêves semblent se présenter à certaines périodes décisives de la vie (adolescence, vieillesse, changement d'état intérieur, bifurcations dans la profession, etc.). Egalement à des époques de crises psychologiques souvent inconscientes, mais qui exigent d'être résolues sous peine de dégradation de la personnalité. Le grand rêve décharge alors une somme de tensions qui auraient pu empoisonner la vie intérieure.

Un grand rêve (une femme de 50 ans)
— *Seule dans la nacelle, je montais en ballon. Sensation très forte de devenir semblable à mon destin, de m'ajuster à ce destin, de ne faire qu'un avec lui. Sensation que tout, dans ma vie, avait eu sa raison d'être, dans la convergence vers l'instant présent. Le ballon s'est immobilisé. J'ai alors vu, avec enchantement, une immense superficie de terres. Dans ce rêve, cette surface représentait ma vie entière. Une unité sans faille...*

D'après les associations de cette personne, l'impression la plus puissante fut de découvrir la terre dans une multi-direction quasi infinie. Le ballon était ainsi le «centre» d'une gigantesque circonférence; et nous retrouvons le thème du Mandala.

Elle dit aussi :

— *C'était comme un carrefour sans nécessité de choisir une direction. Toutes étaient bonnes. Il n'y avait ni passé, ni futur. Tout s'emboîtait, tout allait de soi. Comme je vous l'ai dit, c'était la représentation de ma destinée dans sa totalité, depuis ma naissance jusqu'à ma mort. La totalité de mon Temps. Il n'y avait plus de petits morceaux de temps, mais une durée sans cassures...*

Notons ici qu'il pourrait également être question d'un rêve «sexuel» dans le sens très large (montée, ballon gonflé). Il faudrait alors le traduire par une sublimation de l'affectivité, par un regroupement des énergies, travaillant toutes ensemble dans un but commun.

Les grandes images de deux importants symboles

Comme déjà dit, chaque symbole «émet» une floraison d'images oniriques. Je crois intéressant de passer en revue ceux des symboles qui se présentent le plus souvent dans les «grands rêves». Il faut répéter ici qu'*un symbole n'a que peu de valeur en soi*, mais que, dans un rêve, c'est toujours *la totalité de la personne* qui doit être prise en considération si l'on veut aboutir à une interprétation sérieuse et utile. De plus, tout grand symbole peut avoir un aspect positif ou un aspect négatif. Comme un sablier que l'on retournerait... Ici également, le positif ou le négatif dépendent de la vie intérieure de la personne qui rêve, *en ce moment-là*.

L'un des plus grands symboles étant probablement celui de la *Mère*,* il est normal que de très nombreuses images oniriques en jaillissent. Voyons-en d'abord l'aspect généralement positif.

La mère positive

1) *Tout ce qui accueille, protège, réchauffe, rassure, enveloppe…*
Par exemple :

LA MAISON	LA GROTTE	LA GRANGE
L'AUBERGE	LE VILLAGE	LA VILLE
LE JARDIN CLOS	LE COFFRE	L'ARMOIRE

2) *Tout ce qui allaite, nourrit, donne la vie ; tout ce qui est promesse…*
Par exemple :

LA TERRE	LES CHAMPS	LE VERGER
LA FERME	LE JARDIN	LA VACHE
LA SOURCE	LA MER	LE FLEUVE
L'OEUF		

3) *Tout ce qui est étalé, horizontal (contrairement à la masculinité qui est « dressée » et verticale…*
Par exemple :

LE LAC	LA NEIGE	LA ROUTE
LA PLAINE	L'HORIZON	

---

*Voyez également *MS 250, Les Femmes*, de P. Daco ; ce point s'y trouve très développé. Il y aura d'ailleurs ici certaines redites ; mais comment faire autrement ?

4) *Tout ce qui est « mystérieux » comme semble l'être la femme...*
Par exemple :

LA NUIT	LA LUNE	LE MARECAGE
LE SILENCE	L'OMBRE	LE SOUTERRAIN
LA MONTAGNE ENNEIGEE	LA FORET	LE SOUS-BOIS
	LE FELIN	

5) *Tout ce qui enferme, contient, englobe (comme le ventre maternel)...*
Par exemple :

LE NAVIRE	LE SOUS-MARIN	L'ASCENSEUR
LA VALISE	L'ARMOIRE	LE CALICE
LA MAISON	LE SOUTERRAIN	

6) *Tout ce qui passe pour posséder les secrets de la vie...*
Par exemple :

LA GITANE	LA SORCIERE	LA DISEUSE DE
LA SYBILLE		BONNE AVENTURE

Toujours en ce qui concerne la mère, passons aux symboles généralement ressentis comme négatifs et où nous retrouverons des images présentées précédemment comme « positives ». Tout dépend, une fois de plus, de l'état intérieur du rêveur.

La mère négative

1) *Tout ce qui évoque le passé ; tout ce qui symbolise l'enfance ; tout ce qui « descend » vers le passé, vers l'inconscient, vers l'obscurité* (voyez le symbolisme des Directions, page 242).
Par exemple :

L'ENFANCE	LES PLANS INCLINES DESCENDANTS
LES ESCALIERS DESCENDANTS	LA DESCENTE VERS LES SOUTERRAINS
LES CAVES	LES FONDS MARINS
LES FLEURS FANEES	LES JARDINS ABANDONNES

2) *Tout ce qui est repli sur soi...*
Par exemple :

LE SOMMEIL	CERTAINES MUSIQUES
L'INTROSPECTION	L'IMMOBILITE
LA DANSE	CERTAINES PEINTURES
LA NUIT	(IMPRESSIONNISME, par ex.)
LA SOLITUDE	LE JARDIN CLOS

3) *Ce qui empêche de « grandir », d'avancer ; ce qui enferme dans l'enfance...*
Par exemple :

LES MURS	LES FORTIFICATIONS	LES VILLES
LA PRISON	LA PORTE FERMEE	TENTACULAIRES

4) *Ce qui peut « maudire », jeter des sorts...*
Par exemple :

LES DISEUSES DE BONNE AVENTURE   LA SORCIERE
LES ANIMAUX « MAGIQUES » (hibou, crapaud, serpent, etc.)

5) *Ce qui menace, rejette dans la solitude...*
Par exemple :

L'EAU STAGNANTE	LA NUIT OBSCURE
L'ATTENTE SILENCIEUSE	LA RUE DESERTE
LA CAVERNE	LE LABYRINTHE
LE TUNNEL	LA VILLE NOCTURNE
LA VILLE DESERTE	LE DESERT

6) *Ce qui exige que l'on montre «patte blanche» avant d'aller plus loin, ou avant de passer la frontière (de la vie adulte)...*
Par exemple :
LE DOUANIER   LE GENDARME
LES JUGES

7) *Ce qui guette, piétine, dévore, étouffe, emporte vers le néant...*
Par exemple :

L'AVALANCHE	LA NOYADE	LE POISSON (parfois)
LE TREMBLEMENT	L'OCEAN	LA SPIRALE
DE TERRE	DECHAINE	L'APOCALYPSE
LES ALGUES	LE POULPE	L'ARAIGNEE
LE CROCODILE	LE CHEVAL	LE FILET
LE PIEGE	EMBALLE	LA CHUTE
LE VERTIGE	LE PRECIPICE	LES FONDS MARINS
LA JUNGLE	LE NAVIRE	L'INONDATION
LA GLU	QUI SOMBRE	

Le rêve d'un homme (30 ans)

> — *Je me prépare à quitter mon lieu de vacances. Mais l'aubergiste (un homme) me retient. Il me montre la table mise ; les meilleurs mets y sont accumulés. Je proteste ; je dois partir ; je lui montre mon billet de chemin de fer.*

En fait, il ne s'agit pas d'un « grand » rêve ! Mais je le cite parce qu'on y trouve un homme — l'aubergiste — symbolisant la Mère. Ce rêve n'est ni positif ni négatif : il fait le point d'une situation intérieure. L'aubergiste — mère tente de retenir auprès de lui (d'elle) son fils qui désire prendre le départ dans la vie (le billet de chemin de fer). Ce rêve montre tout de même que cet homme a gardé, quelque part en lui, un « accrochage » envers sa mère. Mais cela n'est-il pas quotidien ?

Le rêve d'une femme (27 ans)
Cette fois, il s'agit d'un « grand » rêve

> *— Le ciel était rouge sang. La terre tremblait. Le silence était total ; du non-bruit, du non-être. Des gens couraient dans toutes les directions. Leurs cris — s'ils criaient ? — étaient en tous cas inaudibles ; ici encore, le silence était absolu. Comme un énorme cinéma muet. Une apocalypse de silence... Je m'encourais à mon tour vers une trouée, une grotte ? une clairière ? je ne sais...*

Les rêves apocalyptiques sont assez nombreux dans les nuits humaines ! Et je crois inutile d'interpréter longuement celui-ci. Laissons associer cette personne :

■ ROUGE SANG. *J'ai vu, un jour, un tableau contemporain. Il représentait cette partie de mon rêve. le ciel y était courbe, infini, rouge également. Les lointains semblaient y être roses. Ce tableau était fort beau mais, pour rien au monde, je n'aurais voulu l'accrocher chez moi. Le ciel rouge de mon rêve signifie pour moi les profondeurs matricielles. C'est le néant, la mort dans un infini sans retour. C'est le ventre.*

■ TREMBLEMENT DE TERRE. *C'est, je crois, le phénomène qui me terrifierait le plus ! La terre qui s'ouvre ! Disparaître vivante, comme avalée par des mâchoires... La Terre-Mère, à ce moment-là, quel monstre ! Une terre maudite, une terre nourricière qui se met à maudire et à dévorer ! Elle colle à vous, elle vous digère, elle vous coince...On court, on s'enfuit, mais il n'y a rien à faire : elle vous récupère toujours...*

■ SILENCE. *C'était le pire, dans ce rêve. Silence indescriptible. Le signe d'une impuissance à l'échelle cosmique. Que peut-on dire ou faire devant les silences de la mère ? Mais on ferait tout pour qu'elle sorte de ce silence ! On se lancerait contre un mur la tête la première, on se*

tuerait même ! Le silence boudeur, revendicateur, mena-
çant, d'une mère, est comme la mort... C'est se trouver
relégué dans un abandon absolu (voyez page 68). Apoca-
lypse...silence...Etre seule, horriblement... Mais tout de
même, j'allais vers une trouée...

■ TROUEE, CLAIRIERE. *Espoir. Espoir lumineux,*
mais... N'est-ce pas un nouveau piège ? C'est vrai qu'avec
ma mère, je ne savais jamais à quoi m'en tenir. Har-
gneuse et boudeuse, puis brusquement gentille... J'ai
toujours tenté de me faire accepter par elle, j'ai toujours
joué la comédie de la soumission admirative... N'empêche
que je ne me suis pas mariée. Comment ai-je pu aller vivre
seule dans un appartement au lieu de rester collée à elle ?
Mais je lui téléphone chaque jour, et plutôt deux fois
qu'une. Je ne pourrais pas ne pas lui téléphoner ; mon
angoisse serait trop forte. Mais pourquoi cette angoisse ?

□ *A quoi servit ce rêve ?*
Cette jeune femme pouvait-elle, *sans le savoir*, ressentir
l'image maternelle de façon aussi puissamment négative ?
S'était-elle arrêtée à des symptômes très superficiels (ne
pas se marier, téléphoner chaque jour avec angoisse) ? Il
est un fait : sans ce rêve, sans les associations qu'elle fit,
elle serait demeurée dans un état « larvaire » ; sans âge,
hors du temps, petite fille sans cesse angoissée devant
l'opinion d'autrui, craignant de prendre la moindre liberté
(elle n'avait jamais « pris » de vacances par crainte des
bouderies et des jérémiades maternelles, du genre « tu
m'abandonnes encore ? » !), etc. Cette jeune femme *subis-*
sait son état intérieur ; elle ne le *connaissait* pas.

Le rêve fut — évidemment — un choc. Il était la soupape qui s'ouvrait, laissant s'échapper une trop forte pression. En même temps, ce rêve ouvrait de tels horizons à
cette jeune femme qu'elle entreprit une analyse, du reste
menée à très bon port.

Je reviens d'ailleurs sur le *ciel rouge-sang*. Il représentait donc les « profondeurs matricielles » ; il symbolisait

également le ventre de la mère dont cette jeune femme refusait — inconsciemment — d'être sortie (refus qu'opposent à la vie tant de gens et pour la même raison !). Et, comme beaucoup de gens encore, cette jeune femme traversait la rue lorsqu'une femme enceinte approchait (ce qui était pour elle le rappel de sa propre naissance). S'étonne-t-on qu'elle ne se soit pas mariée à l'époque, non seulement par angoisse d'« abandonner » sa mère, mais surtout pour éviter d'être enceinte, angoisse qui l'avait empêchée jusqu'alors de répondre à la moindre avance d'un homme ?

Mais aujourd'hui, Marylou, puisque c'est son nom, est mariée, heureuse, et mère de deux enfants. Et grâces soient ainsi rendues à son rêve !

□ *Notons encore que...*

Ces divers symboles évoquant la mère, peuvent évidemment représenter également la femme, selon le rêveur ou la rêveuse. Ces mêmes symboles peuvent représenter l'épouse d'un rêveur; il suffit pour cela qu'il « projette » sur elle la Mère : ce qui est courant. Combien d'hommes, en effet, n'épousent-ils pas une copie de leur mère ?

Mais je vous propose de passer maintenant à quelques symboles d'un personnage important* dans la vie adolescente : le père. De même, les symboles du père pourront — selon chacun — s'appliquer au mari, au frère, à l'homme en général, etc.

Le père positif

L'idée du Père se confond avec celle de la masculinité. C'est assez évident. La masculinité, à son tour, dérive vers

---

* Mais considérablement moins important que la mère toutefois, cette dernière colorant la vie enfantine et adolescente de manière beaucoup plus profonde et plus indifférenciée.

le symbole du phallus.

Ainsi, nous trouvons déjà, par analogie, toute une série de symboles dans tout ce qui est *vertical. dressé, arrogant, agressif,* tout ce qui *perce, troue,* tout ce qui est tendu vers l'*avenir.*

Symbolisent donc souvent le père :

1) Ce qui évoque l'avenir, le devenir...
Par exemple :

LE GUIDE	LE CHEF	LA VIE ACTIVE
LES PROJETS	LE BUT	CONDUIRE. PILOTER

Notons ici deux symboles représentant l'avenir, donc souvent le père : *la montée* et *la droite.* J'en reparlerai plus loin ; mais dans les rêves se présentent assez fréquemment des images se rapportant à :

LES PLANS INCLINES MONTANTS	L'ALPINISME
LES ESCALIERS MONTANTS	LES ECHELLES
LES VERSANTS DE MONTAGNE	GRIMPER
LES SPIRALES (voyez cependant page 118)	GRAVIR

Se diriger VERS LA DROITE (à un CARREFOUR par exemple).

2) Ce qui évoque le « social »...
Par exemple :

L'EXPRESSION DE SOI	L'ACTION	LA LUTTE
LA CREATIVITE	LE DEVOIR	L'HONNEUR
LA REUSSITE		

Notons que ces « images » peuvent paraître abstraites ; mais elles ne sont que le fondement d'autres images oniriques. *L'expression de soi* peut, en rêve, se représenter par une création quelconque : le rêveur se voit peindre, dessiner, tracer des routes, diriger un orchestre, etc. La notion de devoir ou de lutte peut se transformer en une action sociale spécifique (tel rêveur se voit haranguer les foules, par exemple). Une autre personne rêvait qu'elle mettait en marche une machine à vapeur (signe d'expression de soi, d'extraversion et d'avenir, puisque la machine transmet un mouvement).

3) *Ce qui évoque l'aventure...*
Par exemple :

LE VOYAGE	L'EXPLORATION	LA RECHERCHE
LA DECOUVERTE	LE COMBAT	L'ARMEE

4) Ce qui est « brillant », réellement ou socialement ; tout ce qui rappelle le soleil ; ce qui « monte » (comme le soleil dans le ciel)...
Par exemple :

LE RAYONNEMENT	LA GLOIRE	LE FEU
LA LUMIERE	LA FOUDRE	L'INCENDIE
LES HONNEURS	LA ROYAUTE	LA REUSSITE
L'HEROÏSME		

5) *Ce qui avance, perce, est vertical, est linéaire...*
Par exemple :

LES FLECHES	LES ARMES	LES MATS
LES COLONNES	EN GENERAL	LES TRAINS
LES ARETES	LES TOURS	LES ROUTES
ANGULEUSES	LES CARRES	LES VOITURES

6) *Ce qui évoque la loi et la parole paternelle...*
Par exemple :

LE BRUIT	LE TONNERRE	LE VENT
LE SOUFFLE	LA TEMPETE	LA VOIX
LES STRIDENCES	LA JUSTICE	

7) *Ce qui évoque l'initiation, l'activation, l'apprentissage...*
Par exemple :

| GUIDES | GOUROUS | MAITRES |
| PROFESSEURS | CHEFS RELIGIEUX | D'ŒUVRE |

C'est ici que se place le symbole de *la Belle au bois dormant*. Il signifie que la jeune fille, souvent identifiée à sa mère, doit cesser cette « participation mystique » pour devenir une femme autonome et plénière. Symboliquement, elle « dort au bois », c'est-à-dire : « elle est engourdie dans la sécurité maternelle ». Et ceci, souvent par sentiment de culpabilité ; elle se sentirait angoissée de quitter affectivement sa mère ; sous-entendu de l'abandonner.

Le rôle du père est celui du chevalier dans la légende. Il doit arracher sa fille au sommeil. Il doit l'éveiller à la vie sociale, et l'initier à l'extraversion de la vie active. Il doit développer le « pôle masculin » de sa fille.* Mais cet arrachement ne se fait pas sans peine ; la jeune fille regarde souvent en arrière, apeurée qu'elle est de quitter la sécurité maternelle, ou angoissée devant sa culpabilité de « rompre le couple » qu'elle forme avec sa mère.

Le père négatif

— *Tout ce qui peut représenter la castration, la destruction, la loi et la justice répressives...*
Par exemple :
L'AUTORITE ET SES REPRESENTANTS
LES REGLEMENTS DRACONIENS

| LES DOUANES | LES GENDARMERIES |
| LES ARMES | LE FEU |

LES CATASTROPHES BRUTALES ET BRUYANTES

---

* Voyez *MS 250*, *Les femmes*, de P. Daco

Les rêves héroïques

Ces rêves méritent une place particulière, tant ils interviennent fréquemment dans l'activité onirique. Ils se fondent sur le symbole du *héros,* que l'on retrouve dans toutes les civilisations avec d'innombrables variantes, allant des grands thèmes religieux aux héros de cinéma, en passant par les champions sportifs et certains comportements de délinquance juvénile.*

Une histoire sans cesse répétée...:
Le thème du «héros» se fonde pratiquement toujours sur le même scénario. D'où provient ce thème? L'interrogation foncière de l'homme étant la mort, il est logique qu'il désire une forme d'éternité (vie éternelle, gloire, laisser des traces au moyen d'une oeuvre ou de ses enfants, prolonger son nom, etc.). Ainsi, l'homme se tourne vers ce qui symbolise son besoin d'éternité. De même, tout individu se sentant démuni et faible, se voudrait fort et puissant; à moins qu'il ne demande la protection de puissances invisibles et tutélaires.
Telle est la base du thème du héros. Quel en est le déroulement?
1) Généralement, on ne sait d'où vient le héros. On dirait qu'il surgit du brouillard. Sa naissance est obscure, sans traces nettes. Et de même, il disparaît vers on ne sait où. On entrevoit déjà le thème de l'éternité : le héros n'a ni commencement bien délimité, ni fin. Il s'établit ainsi dans une durée, et non dans une temporalité terrestre.
2) Le héros est seul. Il se situe bien au-delà de l'humanité courante. Sa force physique ou morale est énorme. Il est précoce, et fait preuve, très rapidement, d'une grande intelligence. C'est l'être du Savoir et du Pouvoir. On voit

---

* Voyez également MS 29, *«Les triomphes de la psychanalyse»*, de P. Daco.

déjà poindre ici plusieurs catégories, allant de Tarzan à certains chefs religieux…ou militaires.

3) Le héros est généralement trahi ou trompé. C'est normal : il ne peut ni chuter ni mourir étant donné sa force extérieure ou intérieure. Mais il peut aussi se sacrifier «héroïquement».

4) Il ne disparaît pas. Il est invincible. Il peut ressusciter. Il peut laisser des traces indélébiles dans les mémoires humaines. A moins qu'il ne «disparaisse» dans les flammes, sans que l'on retrouve trace de son corps (Hitler, par exemple).

5) Le héros «meurt» jeune. Soit réellement, soit symboliquement (le «héros» sportif qui se «retire» après une cabale ou une trahison, par exemple).

Le rêve de Jean-Jacques (18 ans)

— Je roulais à moto, une Harley. Je virevoltais parmi la foule. Je stupéfiais les gens. Je grimpais et plongeais. D'autres jeunes à moto se joignaient à moi. La foule s'écartait. Je crois qu'on avait décidé l'attaque d'une banque lorsque je me réveillai.

Ce rêve est donné à titre d'exemple. Nous y trouvons :

1) la moto, instrument individuel de liberté. Le rêveur virevolte : c'est un *virtuose* ; la virtuosité, dans n'importe quel domaine, fait partie du thème du héros. Notons toutefois que certaines virtuosités (à moto, en voiture, etc.) peuvent cacher une tendance «suicidaire», avec l'espoir secret d'un accident mortel ;

2) la moto est puissante (une Harley-Davidson). Elle peut représenter une puissance intérieure, ou un *besoin* de puissance compensant des sentiments d'infériorité et d'impuissance ;

3) le «héros» draine des «disciplines» ; d'autres se joignent au rêveur.

4) le thème de la *délinquance* apparaît (projet d'attaque de banque). La délinquance peut faire partie du thème héroïque lorsqu'elle donne l'impressions d'être plus « grand » et plus « fort » que les autres. Les « bandes » de jeunes formant une *maffia* font souvent partie du même thème ; ils sont isolés (donc seuls) de la société ; ils possèdent des secrets communs, etc.

Compensatoire ou non, ce rêve marque tout de même une « transformation intérieure » chez ce jeune rêveur. Ceci nous amène aux rêves de transformation.

Les rêves de transformation intérieure

Toute vie humaine étant un système en mouvement, subit en permanence des changements plus ou moins importants. Certaines étapes, capitales pour la vie intérieure — donc pour la vie tout court ! — se marquent par des rêves dont voici les thèmes principaux.

La traversée

Tout rêve de traversée marque un changement d'état, généralement positif. Ce rêve se voit parfois suivi d'une véritable « renaissance » intérieure, en même temps qu'apparaissent dynamisme, enthousiasme, joie de vivre...

Les rêves de traversée peuvent revêtir de multiples formes. Par exemple :

— on franchit un *gué* ;

— on traverse un fleuve *à la nage*, ou en *bateau* ; on passe ainsi d'une *rive* à l'autre ;

128

— on entre dans un *tunnel*, pour ressortir ensuite dans la *lumière* ;

— on traverse une *forêt obscure* pour aboutir à une *clairière* ;

— on fait une traversée en *sous-marin*. C'est le thème du voyage que fit Jonas dans le *ventre d'une baleine*. Symboliquement, c'est le retour au sein maternel où sont puisées des forces nouvelles. Une autre rive se présente alors après la traversée obscure (c'est-à-dire l'obscurité de l'inconscient);

— on voyage *dans la nuit*, en train, en voiture, etc. On aboutit à une route, par exemple, mais de toutes façons à un autre lieu qui marque un nouveau point de départ.

Le rêve d'un homme de 40 ans

Je ne ferai que synthétiser ce rêve assez long afin d'en retirer le symbolisme de la traversée.

> — *Cet homme rêve qu'il cherche une ville ; celle de son enfance. Il s'égare, puis rebrousse chemin pour retrouver sa voie. Il rencontre une Gitane qui lui montre la direction. Finalement, il arrive en vue de la ville. C'est la nuit. Il est séparé de cette ville par de l'eau. Il se réveille alors qu'il cherchait le moyen de traverser pour arriver enfin à cette « ville promise »...*

C'est un grand rêve ! Nous y trouvons :

— le désir de renouer avec les valeurs d'enfance (la ville où il est né);

— les tâtonnements de la vie intérieure (le rêveur s'égare);

— la Gitane (voyez page 116). Elle représente ici la Mère, celle qui sait les secrets de la route de la vie, celle qui montre l'avenir;

— l'aboutissement de la route devant la ville promise et

devant l'accomplissement de soi-même. Mais il reste un obstacle : l'eau. Il faut encore accomplir une traversée pour arriver à l'autre rive de soi-même. D'ailleurs, c'est la nuit (c'est encore l'obscurité dans l'âme du rêveur). Mais on peut être sûr d'une chose : il cherche le moyen d'accomplir cette « traversée » qui sera pour lui une renaissance...

Un autre rêve de traversée (un homme de 40 ans)

— *Un train m'emportait dans un couloir fort long et obscur. Le bruit était fort. Mon angoisse augmentait au fur et à mesure du trajet. Un contrôleur apparaît ; je suis en règle. Et tout à coup, le train sort du noir ; il roule sur les hauteurs ; dans une belle vallée, j'aperçois une petite ville autrichienne... Je suis heureux.*

Laissons associer le rêveur :
— *Il y a longtemps que je suis dans le noir, comme dans un tunnel. Ce voyage est à mon image... C'est pourquoi j'ai entrepris une analyse avec vous. Ce train était puissant ; sa course était irréversible, irrésistible. Oui, quel tunnel ! Mais depuis quelques mois, je me suis découvert, mon angoisse a largement disparu. Et malgré tout, je me sentais encore « en faute » ; or, ce contrôleur me signale que je suis en règle ! Quant à cette ville d'Autriche...c'est dans ce pays que j'ai rencontré, il y a longtemps, une jeune Allemande que j'ai beaucoup aimée, que j'aime toujours comme...comme une sorte d'entité sans visage... Elle a marqué mon âme à tout jamais. Elle est pour moi comme un symbole de vie profonde, participante. Elle est comme mon « double » ; et cependant je ne la reverrai jamais. Mais je sais que, quelque part, se trouve un second moi-même, mon autre face, la « moitié » de moi-même si je puis dire... La fin de ce rêve serait-elle une grande arrivée ?*

Ainsi donc, après la *traversée* que fait le train dans le couloir obscur, voici qu'apparaît une *vallée* et la *ville d'Autriche* où le rêveur connut un amour hors du temps. Le rêveur arrive ainsi à son *Anima*, cette puissance intérieure de l'homme (chapitre 7). C'est un très beau rêve.

Le pont

Le symbole est assez simple : un pont relie deux endroits. Grâce à lui, on peut passer d'une rive à l'autre. Dans les rêves, on jette un pont entre deux états d'âme, entre deux comportements psychologiques parfois contradictoires. Le pont procède ainsi de deux symbolismes : celui de la *traversée* et celui du *passage*.

Traverser un pont signifie, dans certains grands rêves : établir une alliance, relier, se réunir à quelque chose de plus vaste que soi.

Il s'agit donc toujours d'examiner le contexte : quels sont les lieux reliés par le pont ? Au-dessus de quoi est-il jeté ? Comment est le pont ? Quelles sont ses dimensions, les matériaux dont il est fait ? Dans quel état est-il ? Etc.

Le rêve de Jacqueline

    — Je roulais en voiture. Et j'arrivais devant de nombreux ponts superposés, très grands, comme des échangeurs auto-routiers. J'hésitais, effrayée. A droite, j'apercevais une petite passerelle de bois, qui surplombait un précipice. Je m'y engageais à pied, sans aucune crainte malgré le vide. Je savais que cette passerelle était solide. De l'autre côté se trouvait une étendue unie, une plaine ? Rien n'y accrochait le regard ; il n'y avait pas un arbre, mais uniquement des graminées, comme dans une pampa. Je me sentais joyeuse tandis que j'y

avançais à pied.

Jacqueline commente son rêve :

— *Je n'aime pas la voiture ; elle m'enferme, me rend anonyme. Je ne trouve rien de plus absurde que de croiser un ami à toute vitesse et de recevoir un appel de phares en guise de bonjour. Ces ponts-échangeurs étaient des trompe-l'œil. Beaux, certes, admirablement dessinés, mais aussi froids les uns que les autres, et ne conduisant que d'une autoroute à une autre. Donc, nulle part ; on ne sait jamais où l'on se trouve en suivant une autoroute... Ces ponts étaient des leurres écrasants. Ce pont de bois correspondait à moi-même, à ma liberté, puisque j'arrive dans cette étendue immense... Les ponts autoroutiers représentaient sans doute ma tentation de viser plus haut que mes possibilités, de faire comme tout le monde, de devenir brillamment anonyme sur des routes inhumaines... J'ai souvent été tentée de quitter mon rôle de femme pour m'imposer à coups de paraître, bien dessinés, dans le monde actuel. Je ne sais si ce rêve m'a mise en garde ou a décrit ma décision de demeurer ce que je suis ; mais je suis heureuse de l'avoir fait.*

D'autres rêves de ponts...

Je les résume sans commentaires ; ils parlent d'eux-mêmes.

☐ *Paul rêve* qu'il arrive devant un pont illuminé comme un arc-en-ciel ; ce pont joint un paysage gris de pluie à un fleuve où passent des péniches.

☐ *Etienne rêve* qu'après avoir longé un pont, il arrive devant une gare fleurie d'où partent des rails semblant se diriger vers l'infini.

☐ *Frédéric rêve* qu'il marche sur un pont comme enchassé dans un passage étroit ; ce passage se rétrécit et aboutit à un cul-de-sac.

☐ *Julie rêve* qu'elle se trouve au centre exact de quatre

ponts se coupant à angles droits. Elle attend. Elle sent qu'elle doit choisir (c'est aussi un rêve de «Carrefour»; voyez page 242).

☐ *Armand rêve* que, engagé sur un pont, il arrive devant un grand trou. Le pont y est brisé. Il fait demi-tour. Il se réveille en sanglotant.

☐ *Marie-Jeanne rêve* qu'elle construit un petit pont au-dessus d'une petite rivière où il lui était pourtant facile de passer à gué.

☐ *Hélène rêve* qu'elle gravit un pont montant presqu'à la verticale dans le ciel. Tous ses efforts sont vains; chaque pas la fait glisser vers le bas.

☐ *Micheline rêve* qu'elle voit son père marchant sur un pont; son père lui fait signe. Micheline se trouve dans un parc; elle n'arrive pas à aller vers ce pont; elle regarde sans cesse en arrière (elle ne parvient pas à se détacher de sa mère).

☐ *Yvon rêve* que le pont sur lequel il est engagé arrive dans la foule; il sait qu'il va devoir passer un examen.

La porte

Le symbole est assez clair : une porte fermée donne l'envie de la pousser pour «voir ce qui se trouve derrière». La porte fermée signifie l'aventure possible, la découverte éventuelle, le mystère et le secret.

Quant à la porte ouverte, elle marque le *passage* d'un endroit à un autre. C'est une «traversée», en quelque sorte. Si elle apparaît en rêve, elle peut donc signifier que l'on est en train de changer d'état intérieur.

La porte *protège* également. Elle assure l'intimité. Elle empêche le passage : il suffit de songer aux portes d'une ville.

Au symbolisme de la *porte* est lié celui de la *clef*. Songeons encore aux clés de la ville, remises en grande pompe;

également à la clef des domaines secrets ou aux clefs des coffrets emplis de souvenirs.

Ainsi donc, portes de bois, portes d'or, portails et portiques ne sont que peu de chose sans les clés qui leur correspondent.

Voici quelques éléments de rêves très simples illustrant ce qui précède :

☐ *Pierre rêve* qu'il pousse une porte entr'ouverte. Il débouche sur une pièce obscure, qu'il ressent comme redoutable.

☐ *Anne rêve* qu'elle se trouve devant une porte fermée. Elle sait que cette porte donne sur un jardin. Elle cherche fébrilement la clef, mais sans succès.

☐ *Jacques rêve* qu'il cherche, dans la boue d'un ruisseau, la clé de sa maison.

☐ *Anne-Marie rêve* qu'une porte s'ouvre sur le vide. Elle recule.

☐ *Cécile rêve* qu'un homme la conduit devant une porte brillante. Il lui tend une clef, et lui fait signe d'ouvrir.

☐ *Simone rêve* que la porte de son appartement est abattue au sol. Toutes les pièces sont visibles d'un seul coup d'œil.

Ainsi donc, certaines portes peuvent s'ouvrir sur des promesses ; d'autres sur des endroits dangereux, ou sur un Inconscient encombré ou redouté. On peut hésiter à ouvrir une porte ; ne va-t-elle pas donner sur des refoulements soigneusement entretenus ? Et n'a-t-on pas « volontairement » perdu telle ou telle clef, afin de ne pouvoir ouvrir cette porte qui dévoilerait une partie de soi-même tenue dans l'ombre ?

Mais il est aussi des portes s'ouvrant sur des jardins enchanteurs, sur des pièces lumineuses. De toutes les façons, il s'agit toujours de rêves marquant la possibilité d'un changement ou d'une mutation intérieurs.

Notons également que *la clef* est un symbole phallique ; sa pénétration dans la serrure est d'un symbolisme assez clair.

Le seuil

Le symbolisme du seuil est lié à celui des *marches* et de l'*escalier*. Généralement, *franchir le seuil* signifie que l'on passe du domaine profane au domaine sacré. Dans les rêves, on peut traduire : l'on passe de la vie extérieure, de la vie des paraître, à la vie intérieure. On « *change de niveau* ». Dans des rêves, apparaissent également les *gardiens du seuil*. Dans ma propre documentation, il s'agit le plus souvent de femmes. Pourquoi ? La femme est gardienne de la maison. Elle accueille (ou repousse) sur *le seuil*. Pour franchir un seuil, il faut montrer patte blanche. Il faut répondre aux normes exigées par celui (ou celle) qui garde le foyer.

Le seuil est formé d'une ou plusieurs marches, généralement montantes. On trouve alors deux symbolismes :

1) *franchir le seuil*, c'est-à-dire être accepté, admis. Cela signifie aussi passer de la vie extérieure à la vie intérieure (qui peut donc être symbolisée par une maison ou tout autre lieu « secret »);

2) *monter les marches*, c'est-à-dire s'élever plus haut que sa condition intérieure première.

Voici quelques éléments de rêves :

☐ *Suzanne rêve* qu'elle arrive sur un seuil *descendant*, sorte d'escalier court aboutissant à une cave. Mais elle sent dans ce rêve une sorte de promesse (il lui faut « descendre » vers son Inconscient avant d'émerger dans une nouvelle existence).

☐ *Patrick rêve* que le seuil de sa maison est souillé.

☐ *Mylène rêve* que sa mère se trouve sur le seuil; Mylène part en voyage; sa mère la bénit.

Le vent

Le vent est synonyme de *souffle*, du moins dans ce qui nous occupe ici. Le vent représente le souffle créateur. Pour les

Chrétiens par exemple, Dieu anima Adam par le souffle ; le souffle de Dieu s'étendit sur le chaos.

Dans certains rêves, le vent peut être destructeur, irrésistible. Le rêveur est parfois emporté comme un fétu ; il se fracasse, se voit emporté vers le ciel, etc.

Le vent est généralement un symbole de masculinité, de puissance, d'extraversion, de créativité. Il symbolise la parole du père : nous l'avons vu précédemment.

L'apparition onirique du vent signifie souvent qu'un changement intérieur est en cours, positif ou négatif.

L'enfant

« Attendre un enfant » est probablement un des rêves les plus fréquents chez la femme. Il s'agit le plus souvent de l'annonce d'une « naissance » intérieure, d'un changement important dans l'affectivité.

Les pierres précieuses

Elles apparaissent parfois en rêve dans la mesure où un « joyau » se forme dans l'inconscient, où la personnalité acquiert un centre, et où des énergies « spirituelles » se cristallisent. C'est le cas notamment lorsque *l'Anima* s'harmonise chez l'homme, *l'Animus* chez la femme, et lorsque *l'Ombre* remonte dans ses manifestations négatives et positives (*chapitres 7, 8, 10*).

Dans chaque « amour » que l'on peut éprouver envers une pierre précieuse, se trouve évidemment une projection de soi-même. Dans les rêves, une pierre n'est réellement précieuse qu'en fonction de la valeur affective qu'on lui donne. L'élément financier n'intervient pratiquement jamais. Et s'il intervient, ce n'est qu'à titre de symbole.

Voici un rêve à titre d'exemple :

— Jean-Paul rêve qu'il place sa fortune dans un diamant de grande taille. Ayant placé la pierre dans un coffret, il l'enterre dans le jardin.

La « fortune » symbolisait ici *l'énergie* ; le diamant représentait (dans le cas de Jean-Paul) le « centre vital », c'est-à-dire *l'Anima* du rêveur. Quant au jardin, il était ici le symbole de *l'introspection* trop grande, du repli sur soi. *C'était donc un rêve peu positif* ; cet homme cachait et refoulait sa vie intérieure (Anima) au lieu de tenter de la libérer et de l'exploiter. *Il aurait donc mieux valu* qu'il fît un rêve dans lequel il se voyait vendre son diamant contre nombre d'espèces « sonnantes et trébuchantes ». Cela aurait signifié qu'il transformait son énergie intérieure trop cristallisée (le diamant) contre de l'argent (énergie extravertie et « circulante »).

Les pierres précieuses se présentent généralement dans les rêves sous forme d'achat ou de vente (comme ci-dessus) ; également sous forme de cadeau reçu ou offert. A moins que l'on ne force un coffre oublié dans un grenier, pour y voir resplendir une pierre. A moins qu'on ne lise un vieux grimoire donnant le chemin à suivre pour trouver la pierre (le grimoire à déchiffrer symbolise ici le labyrinthe ; il faut alors rechercher cette pierre qui représente le centre de soi-même). Etc.

Essayons d'examiner les symbolismes les plus fréquents, liés aux pierres précieuses.

Le diamant

Formé de carbone pur cristallisé, cette pierre représente avant tout la limpidité, la dureté, la transparence. L'éclat du diamant marque un « sommet », un aboutissement naturel.

On comprend qu'il puisse représenter la spiritualité, la force de l'âme et la limpidité intérieure. On l'appelle « la reine des pierres ». Le diamant peut symboliser également le centre de la vie intérieure (comme dans le rêve ci-dessus). Il représente alors l'Anima (chez l'homme), ou la force affective (chez la femme). Le diamant symbolise aussi l'incorruptibilité et l'esprit libre de toute contrainte.

Dans certains rêves apparaissent des diamants diversement *colorés*. Il faut alors juxtaposer un symbolisme de la couleur.

Voici un exemple :

— *Noël (30 ans) rêve d'un diamant bleu-clair, très limpide ; ce diamant se trouve loin du rêveur, comme immobile dans l'espace. Noël se réveille en pleurant.*

Demeuré célibataire, Noël avait l'« âme » mangée par les femmes qui l'avaient élevé. Il rêvait, bien entendu, d'un amour idéal, mais impossible pour lui étant donné sa faiblesse intérieure. Son « Anima » était restée indifférenciée, vague, sans puissance. A partir de ces données, le rêve devient clair pour chacun. Et espérons que Noël cessera un jour de contempler platoniquement ce diamant-femme, aussi lointain que la couleur bleue qui symbolise les infinis inaccessibles.

L'émeraude

Les gens superstitieux croient que cette pierre donne des promesses de fécondation et de fertilité. Pour d'autres, il est dangereux de la porter. Les alchimistes — n'est-ce pas merveilleux ? — l'appelaient « rosée de mai ». Et la tradition ne dit-elle pas qu'une émeraude tomba du front de Lucifer durant sa chute princière ?

Elle est couleur de verdure, et d'eau. Elle est translucide et printanière. C'est sans doute pourquoi elle est souvent ressentie comme « bénéfique » dans les rêves. Son symbolisme est lié à celui de l'eau et de la couleur verte. Mais elle semble mystérieuse par sa teinte glauque. Dans certains rêves, elle prend alors le symbolisme des eaux dormantes, dangereuses, mystérieuses.

On comprend qu'elle puisse également symboliser la femme, sous des aspects aussi bien positifs que négatifs.

La pierre de lune

De faible valeur marchande, elle est cependant aimée de beaucoup de femmes pour sa simplicité « rêveuse ». Par sa coloration, cette pierre évoque la douceur des nuits lunaires. Ce n'est pas la pierre du « paraître », mais des profondeurs d'âme. Elle est éminemment féminine, « Yin », et symbolise ainsi la vie intérieure pacifiée, l'introversion.

Le rubis

La pierre de l'amour et des amants. Elle rougeoie. Et faut-il rappeler que les premiers « Lasers » furent à rubis, lançant leur fameux jet de lumière rouge ?

C'est la couleur chaudement rayonnante du rubis qui enclenche le symbolisme de cette pierre. Jusque dans les supersititions, elle est un porte-bonheur, et possède des vertus médicinales. Dans les rêves, elle symbolise souvent un changement d'état intérieur; « quelque chose » est en train de se passer. Ce symbolisme est dû au rayonnement caché de cette pierre, à sa couleur sobrement ardente qui semble émaner d'un centre pour rayonner dans toutes les directions.

L'améthyste

Son symbolisme est lié à celui de la couleur violette, celle de la sagesse, de la tempérance. C'est la pierre de la véritable humilité et de la responsabilité spirituelle.

La turquoise

Couleur de ciel bleu ou d'eaux bleues-vertes, son symbolisme dans les rêves est souvent lié à ces deux teintes. La turquoise peut également représenter l'évolution spirituelle, le centre secret de la personnalité, la fécondité affective. Chez l'homme, elle peut symboliser l'Anima.

Le jade

Le jade est chargé d'un symbolisme universel. C'est une pierre de toute beauté. Elle représente les hautes vertus, la bonté, la transparence de l'âme. En Chine, elle était symbole de la fonction royale. Par sa couleur verte, elle est associée à la nature, à l'eau, à la végétation, à la fertilité. Il semble toutefois qu'elle apparaisse peu dans les rêves.

L'opale

C'est la pierre des superstitions ; elle est généralement chargée d'influences « maléfiques ». Il n'est pas étonnant, dans ce cas, qu'une femme rêvant d'opale attribue à son rêve un aspect négatif et menaçant. C'est dû, sans doute, aux couleurs changeantes et insaisissables de cette pierre, rayonnant les bleus, les jaunes, les rouges, les bruns...

Le saphir

Son symbolisme est lié à celui des couleurs bleues (bleu-bleuet et bleu nocturne).

□ *Une question se pose :* comment sait-on que l'on a rêvé de telle ou telle pierre, et non d'une autre (le diamant mis à part) ? Il n'y a pas de réponse précise possible. Dans ma documentation, il s'agit parfois d'une personne qui s'y connaît en pierres précieuses. D'autres personnes rêvent qu'une pierre leur est offerte, pierre dont le nom est cité par le donateur ou la donatrice. D'autres associent simplement une couleur à une pierre, notamment en ce qui concerne le rubis et le saphir (toujours dans ma seule documentation, ce qui limite évidemment la réponse).

Par exemple :

— *J'ai rêvé d'une sorte de pierre bleue...un véritable saphir.*

Ou bien :

— *Une pierre rouge était enchâssée ; sans doute un rubis...*

Ou bien :

— *J'ai rêvé que mon père passait une merveilleuse bague à mon doigt. La pierre était comme de l'eau... Je crois qu'il s'agissait d'une turquoise ? ou d'un diamant vert transparent ?...*

Etc.

La perle

Il est facile d'imaginer le symbolisme de la perle. Elle fait partie du monde des mers. Ne la dit-on pas née des eaux et de la lune ? A partir de là, la perle est symboliquement reliée à la femme, au Yin, à la vie intérieure et cachée, et à la sexualité. Elle représente le trésor enfoui dans les profondeurs marines, et qu'il faut ramener au jour.

Traditionnellement, la perle passe pour posséder des vertus aphrodisiaques et de régénérescence.

Emblème de l'amour, du don, elle prend une signification spirituelle. La perle est l'aboutissement parfait d'une évolution naturelle. Elle est sphérique. Elle est rare, pure, et sa conquête est dangereuse. C'est ainsi que la perle possède, dans le monde entier et de tous temps, une signification presqu'ésotérique.

Le rêve d'un homme (28 ans)

— *Il se voit offrir une « grappe » de perles à une jeune femme. La scène se passe dans la rue. Cet homme se retrouve ensuite chez lui ; les perles sont devenues une belle grappe de raisins, dans une coupe.*

Les associations de cet homme furent (en résumé) :
□ *richesse, combler de cadeaux, faire plaisir, séduire, la jeune femme acceptera peut-être de m'accompagner chez moi, peur des femmes, grappe de raisins juteuses, nourriture, maternel, enfance…*

Ce rêve va donc d'un point à un autre. La « grappe » de perles est un symbole sexuel ; la grappe de raisins un symbole maternel, image du « sein » qui nourrit, et de la fécondité de la terre. Dans ce rêve, le besoin de séduire dans la peur fait place au besoin d'une femme maternelle et compréhensive. Ce dernier besoin (d'une mère) est ici une régression.

Chez beaucoup de femmes, un rang de perles fait partie, non seulement du « paraître », mais de la séduction sexuelle. Dans les rêves, la perle peut prendre une des nombreuses significations décrites ci-dessus. Mais sa signification la plus haute — selon le contexte du rêve — est généralement spirituelle. La perle symbolise alors une démarche vers l'unité intérieure, et l'accord entre le conscient et l'inconscient.

Selon le contexte et l'évolution intérieure, elle peut également être considérée comme un *mandala* (page 111).

A côté de certains grands rêves, combien plate semble la réalité quotidienne ! Car voici que ces rêves dévoilent d'autres dimensions humaines, énergétiques et passionnantes, et dont on sait qu'elles se trouvent en nous. Ces rêves-là sont alors semblables à un œil qui pourrait voir à travers des objets opaques…

Il est d'ailleurs bien d'autres symboles de « mutation » intérieure. Des *tempêtes* soufflent, des *tornades* se déclenchent, des *orages* déferlent. On rêve que l'on *meurt*, ou qu'une personne à laquelle on était identifié *disparaît*. Des jardins se mettent à *fleurir*, des *brumes* s'élèvent, découvrant un paysage… On passe par des *couloirs* étroits, on grimpe des *escaliers* sans fin. Des *arbres* plient sous les

fruits. On *nage*, on *plane*. Il y a aussi des *figures géométriques* (page 233), des *couleurs*. Des *mandalas* (page 111)
tracent leurs dessins de *fleurs*, de *roues*, de *cercles*, de
carrefours, de *croix*... Les *soleils* et les *eaux* traversent les
rêves de leur grand symbolisme.

Et, pour couronner le tout, apparaissent chez des privilé-
giés les symboles de l'*Anima* et de l'*Animus*, ces entités de
l'âme, sans lesquelles aucune réalisation de soi, aucune joie
plénière ne sont possibles...

VII

L'Anima
puissance et créativité
intérieures

Les rêves d'Anima et d'Animus comptent parmi les plus importants que puissent faire les hommes et les femmes. Mais ces deux termes aux apparences de «jargon» psychologique doivent être définis, ce qui n'est pas facile. Disons déjà — en gros — que l'Anima appartient à l'homme, l'Animus à la femme (chapitre suivant).

Qu'est-ce que l'Anima?

Littéralement, ce terme signifie «âme». Mais encore? Dans la psychologie classique, l'Anima est définie comme étant la partie «féminine» de l'homme, ou bien comme étant «la femme en l'homme». C'est une mauvaise définition que beaucoup d'hommes rejetteraient à priori, parce qu'elle dégage un léger relent de «féminisation», chose qu'ils supportent mal comme chacun sait. Et cependant, ils auraient grand tort de rejeter la notion d'Anima à partir d'un malentendu; nous allons savoir pourquoi.

Disons plutôt que l'Anima est le «pôle féminin» de l'homme. Ce qui n'a rien à voir avec une faiblesse quelconque, bien au contraire! Le pôle féminin? Une bonne comparaison pourrait être faite au contraire! Le pôle féminin? Une bonne comparaison pourrait être faite avec une machine à vapeur. Le pôle féminin serait la chaudière et la vapeur sous pression qu'elle renferme. Le pôle «masculin» serait la turbine. On comprend que, sans la capacité de la chaudière et la puissance de son contenu, la turbine ne servirait strictement à rien, pas plus qu'une centrale hydro-électrique sans le lac qui l'alimente.*

De même, sans une anima *ordonnée*, sans le *potentiel exploité* de son Anima, l'intelligence et la raison de l'homme ne seraient que fruit sec. Un fruit sec très brillant parfois, mais fruit sec tout de même.

L'Anima? C'est la potentialité intérieure. Présente dès l'enfance, tout dépend de ce qu'elle devient en cours de route. L'Anima groupe le réseau des sensations. C'est le *radar* de l'homme. C'est par son Anima qu'un homme ressent la vie, positivement ou négativement (...il est d'ailleurs souvent inconscient de cette dernière attitude).

Mais il y a davantage. **C'est par son Anima qu'un homme se construit ou se détruit. Cependant, il n'en sait rien neuf fois sur dix. Ou plutôt il n'en connaît pas la raison.**

Je vous propose ici de manger le pain gris avant le pain blanc, et d'envisager d'abord l'homme à Anima négative.

---

* Voyez Marabout-Service n° 250, *Les femmes*, de P. Daco.

L'homme avec une Anima négative

Reprenons la comparaison avec la machine à vapeur. Imaginons que la chaudière soit percée. Ou que la pression de la vapeur soit insuffisante. Ou que cette pression varie sans cesse. Ou que la courroie de transmission patine.

Nous observerons que la turbine tourne par à-coups. Elle s'arrête et repart. Elle patine. Elle est « capricieuse ».

Voici un homme dont l'Anima est négative. Nous verrons pourquoi. Si nous observons cet homme, nous constaterons que l'égalité de son humeur est oubliée depuis longtemps. Sa « chaudière » intérieure est désordonnée. Nous voyons aussi que cet homme est capricieux, un peu comme un enfant rageur. Le tout est parfois recouvert d'un comportement durci, dont l'aspect hyper-viril le trompe et trompe les autres. Il est irritable, brutal, vindicatif… mais les larmes lui montent aux yeux pour un rien. Il est volontiers tyrannique envers sa femme et ses enfants. Mais très vite, il redevient d'une douceur suspecte. Il se méfie de tout et de tous. C'est souvent un excellent homme d'affaires, grâce à sa propension acquise de « rouler » autrui, propension qui n'est que la projection de sa propre peur d'être « roulé ». Il est charmeur; il n'est pas charmant. Il est efféminé dans le mauvais sens du terme, sous des aspects faussement virils ici également. Il est souvent de type paranoïaque. Il est l'ennemi juré des femmes, tant il en a peur; mais il les « charme » par des ronds-de-jambes et autres courtoisies. C'est l'homme qui recherchera les femmes faciles (dont il a moins peur), mais détalera devant une femme belle et accomplie.

En résumé, la chaudière est en panne. Cet homme a perdu le contact authentique avec les puissances de la vie et de l'amour.

Un rêve d'Anima négative (un homme de 40 ans)

> — *Je naviguais sur une eau glacée. Le chenal était étroit. Des icebergs flottaient à perte de vue. Le ciel était d'un bleu métallique. Je me trouvais seul à bord. Je dirigeais mon bateau droit devant, vers l'infini des glaces et du ciel...*

Ce rêve traduit la tragique situation intérieure du rêveur. Il le met en garde également. On constate la *désolation glaciale* de l'âme. Sa vie est *canalisée* de façon dramatique (le chenal). La *couleur bleue* (page 202) est ici une couleur de *mort*, de perte de soi. Le bateau va *droit devant* (voyez le symbolisme des Directions, page 242), de façon irréversible. C'est un rêve *suicidaire*. Et ce monde effrayant présente la même fascination «neurasthénique» que l'appel des sirènes attirant les navigateurs vers la mort.

Qui était cet homme ? Il correspondait à la description faite plus haut. Il avait fondé une petite entreprise, très florissante. Il était riche, marié. Mais il se montrait tyrannique (ou plutôt tyranneau) envers sa femme et ses trois enfants. Ses rares élans traduisaient une profonde tristesse. Il s'oubliait à travers des voyages d'affaires, des réceptions, un travail acharné. Mais au fond, il vivait dans une solitude intérieure absolue.

Il est vrai qu'une Anima négative sépare un homme de la plus essentielle de ses fonctions intérieures : l'espérance...

L'Anima est donc, au départ, une pure potentialité intérieure. C'est une cire à peu près vierge. Face à cette potentialité — à ce radar — vont intervenir des personnages et des choses : celles de la vie. La première «pétrisseuse» de l'Anima est la mère; elle est la première femme qui «colore» le pôle féminin du garçon. La mère est, évidemment, l'image féminine primordiale. Et l'attitude profonde de la mère envers la vie sera captée par l'enfant.

Inversément, l'Anima sera fortement influencée par l'attitude du garçon envers sa mère. Cette dernière est-elle ressentie comme une puissance bénéfique? absolue? positive? maléfique? négative?

Ainsi se déforme rapidement l'Anima du garçon dont l'âme est imbriquée dans celle de sa mère. La vie se passe. D'autres visages féminins apparaissent, souvent nombreux. Visages proches, mais aussi femmes de passage : fascinantes actrices de cinéma ou de théâtre par exemple. Il y a aussi les fillettes des amours enfantines que l'on n'oublie jamais. Et les visages d'institutrices aimées ou désirées, de sœurs, de parentes, cousines... Ainsi l'Anima devient une entité chatoyante aux innombrables résonances. Mais l'influence principale demeure toujours celle de la mère.

Il faut répéter ici que de la bonne (ou mauvaise) formation de son Anima dépend le comportement d'un homme envers la vie, les femmes, l'amour. Parfois, l'Anima et l'Ombre sont mélangées; nous le verrons plus loin.

Non seulement l'Anima *règle l'attitude profonde*, mais elle est *projetée* à l'extérieur de soi : sur des femmes, des choses, des lieux... Et, bien entendu, elle apparaît dans les rêves sous des formes diverses.

Qu'est-ce qu'une projection?

Il est important de la comprendre avant d'examiner les rêves d'Anima. Voici le rêve accompli par un homme de 50 ans.

> *— Je grimpais. C'était le long de l'Everest. Blancheur, mais surtout silence. La menace était partout. Le ciel était fantastique, immense, d'un bleu profond, presque noir. La neige était si calme que je m'attendais à être*

> *englouti d'un instant à l'autre. Puis je me collais à la neige et ne bougeai plus. J'attendais le pire…*

C'est un rêve d'Anima. Cette dernière est *projetée* sur l'Everest, sur la neige, et sur sa menace d'engloutissement. Or, nous savons pour l'avoir vu, que la neige et la montagne sont (ici) des symboles de la femme et de la mère dangereuses. On peut donc croire que l'Anima de ce rêveur est fortement influencée par sa mère. Ce qui était le cas. Il est intéressant d'ailleurs de constater, une fois de plus, le travail symbolique du rêve. Après tout, cet homme aurait pu rêver que sa propre mère le menaçait d'anéantissement, qu'il se tenait coi devant sa propre mère, etc. Mais le rêve prend un chemin plus large. Il étend la situation. C'est tout un climat intérieur qui est décrit par ce rêve. C'est une attitude envers soi-même et l'existence. Voyons donc cela d'un peu plus près.

Le rêveur *grimpe*. Il « monte ». Il veut aller *plus haut*. Vers quoi ? Il cherche à *s'élever*, à se transformer. Il accomplit une montée *verticale*, c'est-à-dire une montée mâle, phallique, aventureuse. Il cherche à se réaliser en tant qu'homme. Et cela, *malgré la neige* et sa menace d'engloutissement. Le ciel (à nouveau !) est *bleu-noir*. La neige est *trop calme* ; le rêveur ne peut prévoir ce qui va se passer. Enfin, il se colle à la neige et *cesse de grimper, et de lutter*.

Qui était cet homme ? La victime d'une mère « engloutissante », despotique, envahissante, étouffante. Tout cela est ici *projeté* sur la neige. Le rêveur veut se libérer en grimpant ; mais il n'y a rien à faire ; sa peur et son angoisse sont les plus fortes. *Son Anima est engloutie dans l'image de sa mère*. Et la vie, pour lui, n'était qu'une menace. Sa peur des autres était énorme. Il *projetait* ainsi sa mère sur autrui, envers qui il se conduisait comme un enfant coupable…

Revenons à la projection... Le mieux est d'imaginer un phare dans lequel on placerait des ampoules diversement colorées. Si l'on allume ce phare, la couleur de l'objet sur lequel on projette le faisceau sera influencée par la couleur de l'ampoule. Si l'on n'en est pas averti, on verra donc l'objet éclairé sous une couleur qui n'est nullement la sienne, mais on jurera sans doute que sa couleur est réelle.

Il en va de même pour les projections humaines. *Projeter signifie :* attribuer à des gens ou à des choses des caractéristiques qu'ils n'ont pas, mais qui ne sont que la projection de ses propres sensations inconscientes. *Par exemple :* voici un fils qui n'a jamais pu «liquider» sa peur envers son père. Mais il l'ignore ; il a tout refoulé. Il croit être un homme à part entière ; en fait, il est demeuré un fils. Il va donc «projeter» autour de lui. Tous les hommes seront ressentis comme des «pères» dangereux, menaçants, castrateurs. Sans le savoir, il aura envers les hommes des attitudes de fils. Il attribuera ainsi a priori aux hommes des caractéristiques qu'ils ne possèdent pas. Donc, il ne pourra *jamais* établir une communication authentique avec un homme, qui lui apparaîtra *toujours* à travers la projection de son propre comportement inconscient.

C'est assez hallucinant si l'on y pense ; car la plupart des relations humaines se font à travers un énorme réseau de projections. Le premier projette sur le second qui, à son tour, projette sur le premier. *Ils ne se connaissent donc jamais*. Mais ils sont en relations «fantomatiques», tout en croyant à la vérité de leur comportement mutuel. Imaginons alors une assemblée de vingt personnes, où chacun projette des tas de choses sur chacun. Faites le calcul : la somme des projections mutuelles devient vertigineuse. Chacun parle, discourt, discute, aime, adore, méprise, hait, critique. Mais dans cent de ces comportements, quatre-vingt-dix sont régis par des projections ! Ainsi, chacun devient la marionnette de ses projections, en même temps qu'il reçoit à jets continus les projections des autres.

On peut projeter tout sur tout : on peut projeter la mère sur les femmes, sur des lieux, des choses, mais aussi sur les hommes. On peut projeter le père sur les hommes, les femmes, des lieux, etc.

De même, on peut projeter l'Anima sur... n'importe quoi. Dans les rêves, l'Anima se projette souvent sur des femmes, ou des objets, ou des lieux. Dans l'existence diurne, elle se projette sur tout, puisqu'elle est le principal moteur de la vie intérieure ! Et il faut répéter ici que : *on ne connaît jamais la vie, les gens et les choses qu'à travers la sensation qu'on en a*. On voit donc à quel point il est nécessaire de purger son «âme» des projections qu'elle fait. Et l'on comprend que le «retrait des projections» soit si important en psychanalyse, étant donné l'authenticité et l'intense liberté que cela procure.

L'Anima (négative) dans les rêves

■ **Etudions tout d'abord les projections oniriques sur des femmes.**
On constatera encore que les images d'Anima négative se confondent parfois avec celles qui symbolisent négativement la mère ; c'est logique, ainsi que nous le savons. Nous retrouverons certains de ces symboles plus loin sous une apparence positive.

Voici quelques extraits de rêves masculins, puisés dans ma documentation. Je ne ferais que peu ou pas de commentaires, ces rêves étant assez clairs.

■ *Robert rêve qu'une prostituée lui fait signe. La rue est obscure, à peine éclairée par des torches archaïques. Il suit la prostituée.*
Nous remarquons :
□ *la prostituée :* c'est une image classique de l'Anima

négative, destructrice. C'est celle qui dégrade l'homme, qui le pousse vers la déchéance. Elle accueille et «permet tout» à condition d'être payée;

□ *la rue* : elle représente l'obscurité de l'inconscient de Robert. Seules quelques faibles lumières proviennent du passé (torches archaïques).

■ *Maurice rêve qu'une femme semble l'attendre. Il ne sait où. Mais la femme est immobile. Maurice se sent figé, comme paralysé. Il observe cette «apparition»; elle porte une très longue cape noire. La femme s'assied. Maurice se dirige vers elle.*

Nous remarquons :

□ cette femme «*fascine*» le rêveur par son immobilité. Elle rappelle ainsi les Lorelei et autres Antinéas qui attirent le voyageur vers la mort;

□ elle porte une *cape noire* qui renforce son mystère et l'attraction qu'elle exerce.

■ *Jacques rêve d'une sorcière, très belle, très jeune. Elle lui prédit l'avenir. Brusquement, Jacques se sent en voiture, roulant «à tombeau ouvert» sur une route sinueuse bordant un précipice.*

C'est le même symbolisme.

■ *Dominique rêve d'une femme échevelée qui lui vole de l'argent.*

Même symbolisme. L'Anima négative se retourne contre le rêveur et détourne son énergie de ses buts normaux.

■ *Simon rêve d'une ivrognesse avec laquelle il danse.*

Même symbolisme de l'Anima négative, qui dégrade l'homme.

■ *Jacques rêve d'une femme aux cheveux noirs. Elle se*

promène seule dans un parc. Il la regarde de loin, comme « fasciné » (ici encore !).

C'est le symbolisme des sirènes, des Lorelei, attirantes et mortelles.

■ *Paul rêve de scènes pornographiques, d'orgies de bas étage. Il ressent un « bonheur triste ».*

Il s'agit d'Anima négative, mais également du symbolisme de l'orgie (page 83).

Ainsi donc, ces visages de femmes négatives sont souvent présents dans les rêves. Ce sont aussi des *statues* (Anima figée), des *sorcières fort laides et sales*, des *chanteuses de cabaret*, des *entraîneuses*, des *strip-teaseuses*, des *femmes-sphinx*, toute la gamme des *femmes mystérieuses et fatales*, des *femmes-objets...*

Quand l'Anima négative est projetée sur des lieux ou objets...

Nous en avons déjà rencontrés dans le courant de ce livre. On trouve fréquemment :

☐ des *vallées*; elles sont généralement «féminines» par leur douceur, leurs harmonieuses ondulations. Comme Animas négatives, elles apparaissent désolées, ou calcinées ou enneigées. Elles se montrent sans espoir. Aucune nourriture ne peut s'y trouver. Ce sont des vallées de solitude. Le voyageur s'y égare. L'espérance y est morte;

☐ des *plaines*; elles sont alors nues et arides. Elles sont parfois mystérieusement éclairées par la lune. Les points de repère manquent. Comme les vallées, elles sont des lieux de solitude et de perte de soi;

☐ des *bateaux*; ils peuvent (négativement) symboliser le « ventre maternel » où l'on se réfugie pour échapper à la vie. Dans certains rêves, ils sont en mauvais état. Ils sont mal gréés. L'intérieur est misérable. La peinture tombe en lambeaux. La coque est trouée. Les voiles sont déchirées. Ce sont également les *bateaux-fantômes* errant au large.

Ou des bateaux indéfiniment ancrés au port, sans espoir de départ. A moins qu'ils ne partent vers des lieux sans retour, comme dans le rêve du début de ce chapitre...

☐ des *maisons* ; c'est un important symbole ; les différents niveaux de la maison représentent les niveaux de la personnalité (voyez le dictionnaire). La maison est le domaine de la femme et de la mère, mais aussi de l'intériorité. Comme Anima négative, la maison se présente évidemment sous des aspects maléfiques. Elle peut être figée dans le passé. Ou bien archaïquement bourgeoise, stratifiée, morte. A moins qu'elle ne soit entourée d'un jardin défleuri, abandonné. Elle est vide, désolée. Le grenier et la cave sont angoissants. Les escaliers sont sales, délabrés, à moins qu'ils ne mènent nulle part...

Un rêve de maison (un homme, 28 ans)

> — *Je venais d'acheter une maison. On me la montre de loin. Elle se trouve dans une sorte de paysage en tôle ondulée. Je vois mes enfants planter des sapins en plastique...*

Le plus étrange, dans ce rêve, est la « tôle ondulée ». Elle rappelle la *vallée* citée plus haut, mais vidée de toute substance vitale, de tout charme, de toute attirance. Il semble donc que le « Moi » du rêveur (= la maison) soit placé au centre d'une Anima quasi-morte (ou refoulée). Pour couronner le tout, ses enfants, images de la vie, plantent des sapins artificiels... alors que le sapin est un symbole d'éternité. Ici encore, comme l'espérance est lointaine !

Cela ne fait-il pas songer à Apollinaire ?

> Comme la vie est lente,
> Et comme l'espérance est violente !

☐ des *villes*. Elles sont généralement des symboles maternels, ou d'Anima. Répétons qu'une ville contient en elle les habitants (les enfants) comme une mère en son ventre. En tant qu'Anima négative, la ville est ressentie comme étant hostile, corrompue, fascinante. Dans des rêves de ma documentation, *Las Vegas*, ville corrompue par le jeu, apparaît assez souvent.

Un rêve de ville (un homme de 50 ans)

— Il rêve qu'il erre dans une ville inconnue. Il cherche une maison amie. Il demande son chemin à des femmes-policiers. Elles lui désignent un endroit lointain où le rêveur entrevoit les constructions de Brasilia, qu'il avait vue dans un film.

Ce n'est pas Las Vegas, mais Brasilia qui apparaît ici : ville brûlée par le soleil, située au milieu du désert, ville non-achevée et figée dans une sorte d'éternité futuriste et sans espoir. Et cependant, le rêveur recherche le centre sécurisant de sa propre personnalité (la maison amie). Les femmes-policiers représentent une Anima «en uniforme», sans souplesse, figée dans le Sur-Moi (page 88)

☐ des *jardins*. Lieu secret où l'on médite, où l'on participe à sa vie intérieure, le jardin se présente en Anima négative comme glacé, abandonné, hivernal, embrumé... Il rappelle alors les fameux vers :

> Dans le grand parc solitaire et glacé
> Deux ombres ont tout à l'heure passé...

☐ des *statues*. Symboles d'Animas figées, non-évoluées, bloquées au temps de l'enfance, les statues peuvent présenter des aspects de sirènes, de gargouilles, de sorcières, etc.

☐ des *eaux*, symbole de l'engloutissement possible (du moins comme Anima négative !). L'eau peut, ici encore, se présenter sous forme de marécage, de lac, de neiges, de brouillards, avec les dérivés : barques, nénuphars, cascades gelées, ou polluées, vasques asséchées, poissons malades ou morts, chants de femmes sur les eaux dangereuses ou dans les brumes...

L'Anima en cours de remontée...

On note généralement deux stades : a) l'Anima positive, mais non intégrée à la personnalité ; b) l'Anima positive « se coulant » dans la personnalité et s'y intégrant. Jc sais qu'il est fort difficile de comprendre rationnellement tout ceci, mais l'Anima fait suffisamment de dégâts et provoque suffisamment de drames (coups de foudre qui s'écroulent dans l'amertume, ménages à trois, hommes qui se perdent dans un « amour » absurde, amours insensées et destructrices, etc.) pour qu'on s'y attarde longuement.

Le premier stade de l'Anima positive

L'image de la femme n'est plus menaçante ni obscure. Elle s'illumine. Elle devient nostalgique, douce, cachée, mystérieuse, romantique. Mais l'Anima de l'homme demeure encore inconsciente, comme un bloc enfoui dans la personnalité. Comme elle est inconsciente, elle est *projetée*. Des rêves peuvent apparaître :

☐ *J'ai rêvé d'une jeune fille ; elle me regardait doucement ; j'éprouvais une sensation d'infini...*

☐ *J'ai rêvé que je lisais à voix basse un poème où il était question d'une jeune femme qui m'attendait...*

☐ *J'ai rêvé d'une femme en blanc, dans un parc...*

☐ *J'ai rêvé que j'attendais un paquebot ; il y avait sur le pont une passagère belle et triste ; je ne voyais qu'elle...*

☐ *J'ai rêvé d'un jardin ; c'était l'automne ; deux femmes*

s'y promenaient lentement ; l'une d'elles me regardait ; j'éprouvais l'impression d'un amour intense au fond de moi…

☐ *J'ai rêvé d'une châtelaine…*

☐ *J'ai rêvé d'une jeune infirme que je prenais en charge ; je l'aimais éperdûment…* (songeons ici aux innombrables « Animas » nostalgiques et souvent misérabilistes qui peuplent les films de Charlie Chaplin)…

☐ *J'ai rêvé que je tenais dans mes bras une femme inconnue ; j'étais émerveillé…*

Et ainsi de suite. Ces types de rêves sont aussi fréquents que l'appétit de bonheur des hommes… C'est le stade de l'attente, de la recherche inconsciente de soi. L'homme *se* cherche… et risque de se trouver, non pas en lui, mais à l'extérieur de lui. Et le danger apparaît en même temps.

■ Lorsque la projection a lieu sur une femme…

— *Je sais qu'il y a quelque part dans le monde mon grand amour…* me disait un homme. En fait, tous les hommes de la terre ne pourraient-ils le dire puisque tous le ressentent au fond de leur nostalgie ?

Lorsque l'Anima remonte, le « grand amour » rôde. Ils sont liés comme une planète et son satellite. Et ici, l'on ne peut plus ajouter grand-chose. Où est la frontière ? Où se trouve l'authentique ? S'il y a projection, quand correspond-elle ou non à une réalité ? A quel moment telle ou telle femme ressemble-t-elle tellement à l'Anima de l'homme qu'elle se confond avec elle ? Si un homme épouse la projection de son Anima, que se passe-t-il ? Car il existe de merveilleux couples Homme + Femme + Anima, mais il en est de terriblement catastrophiques. Essayons donc de mettre un peu d'ordre dans ces difficultés.

De toutes façons, l'Anima idéalise la femme sur laquelle elle est projetée. C'est un premier point. Si cette femme « colle » à cet idéal, elle devient vraiment celle « que l'homme attendait depuis toujours » ; elle est vraiment celle dont il savait « qu'elle existait quelque part dans le monde ». Mais c'est aussi rare que la neige en juin.

Si la femme ne correspond pas à la projection, c'est l'écroulement rapide du « grand amour », avec les tourments intérieurs que cela suppose.

Mais, de toutes les façons, la remontée de l'Anima donne à l'homme une optique des choses et de la vie totalement différente de celle qu'il connaissait. L'homme devient un véritable « radar ». La « chance » apparaît ; tout simplement parce que, ressentant mille fois plus les choses, il se trouve mille fois plus souvent sur le « trajet » des circonstances. Il acquiert une sensation « panoramique ». Son énergie augmente dans de considérables proportions. Et il peut alors aboutir à ce que cette Anima remonte totalement.

Le second stade de l'Anima positive

Ici encore, il est très difficile d'expliquer le processus au moyen de mots. Voici d'ailleurs un rêve fait par un homme. Vous verrez combien il est d'apparence banale. Et pourtant, c'est un rêve d'Anima de haut-vol...

> — *Je me trouvais dans un jardin. J'étais allongé sur l'herbe. Une très petite fille (dix ans ?...) était assise à califourchon sur moi. Elle me disait chaque fois, trois fois et de façon rythmée comme une musique : « je t'aime, je t'aime, je t'aime » ; et je lui répondais, à la même cadence et sur le même rythme : « je t'aime, je t'aime, je t'aime »... C'était divin, merveilleux, inoubliable, comme universel... Et il me suffit de me rappeler ce rêve accompli*

il y a un an pour qu'apparaissent la même énergie et la même joie qu'en ce moment du rêve!

Ici, l'Anima est « projetée », non sur une femme, mais sur une fillette. Le rêveur renoue avec les valeurs essentielles de la vie, avec ses potentialités et ses promesses. Il lance un pont vers les sensations de l'enfance. Notons également le rythme en trois temps (voyez la signification du nombre 3 plus loin), qui rappelle les « trois temps » et les « trois avions » du rêve cité au début de ce livre. C'est un rêve qui plonge — sans aucune sentimentalité — dans l'Amour.

D'autres symboles de l'Anima recouvrée...

Il est logique que nous retrouvions des symboles d'Anima négative ; mais ils sont « retournés ». Autant ils étaient à l'envers, autant ils se présentent ici à l'endroit...

Ce sont, dans les rêves :

☐ des *vallées*. Elles sont enchanteresses, fertiles, gorgées de promesses. Véritables paradis terrestres, elles sont l'image de la féminité dans sa puissance et son appartenance à l'universel ;

☐ des *villes*. Harmonieuses, printanières, elles symbolisent la douceur de vivre.

☐ des *plaines*. Elles se montrent infinies, sans obstacles, souvent doucement ensoleillées.

Et ce sont également :

☐ des *eaux* irisées ou bondissantes, des *fleuves* au travail où passent les péniches, des *jets d'eaux* multicolores, des *sources* vives...

☐ des *maisons* bénéfiques et merveilleuses, des *oiseaux* ou *poissons* mordorés, des *paysages* calmes, des *neiges* et des *montagnes* lumineuses et vivantes.

Parfois aussi :

☐ des *épées* brillantes telle la Durandal de Roland, des *statues* qui s'animent et dansent...

Ce sont, en somme, tous les jaillissements d'une âme rénovée.

Pour terminer...

... et pour en revenir à l'Anima non-résolue, je cite deux vers qui la traduisent :

> La force du miroir trompa plus d'un amant
> Qui crut aimer sa belle et n'aima qu'un mirage...

> (Apollinaire : « Il y a »)

... mais je cite également un rêve d'Anima résolue ; et que chacun pourra aisément comprendre :

> — *Je me trouvais dans une foire, ou une fête ? Une jeune femme était assise dans un coin, sur une chaise ; je me dirigeai vers elle. Je ne l'avais jamais rencontrée, mais je la connaissais. Elle se leva, m'attendit, et me dit : « Je suis en toi depuis longtemps... ». Puis elle s'en alla ; et je savais que plus jamais je ne la reverrais...*

VIII

L'Animus extériorisation créative chez la femme

L'Animus est le pôle masculin de la femme. C'est la partie extravertie, créative et structurée socialement; c'est le pôle de la raison et de la pensée. C'est, en elle, la dimension de l'avenir. Tout dépend, ici également, de l'authenticité de cet « Animus ».

Comment se forme l'Animus?

Sa formation (ou sa déformation) dépend du père où, du moins, de la *sensation* qu'éprouve la fille envers son père.

Pour la jeune fille, le père est le premier grand mâle symbolique se trouvant sur sa route. *Il est un symbole avant d'être un personnage* en chair et os. Symbole de puissance, d'infaillibilité, de connaissance, d'avenir, symbole du social et de l'art de « s'imposer ».

La vie « extériorisée » de la fille dépend ainsi de ce qu'est réellement le père, ou de la façon dont elle le ressent et surtout, de la connaissance profonde qu'elle a de lui. Si la jeune fille manque le coche, son Animus se cristallisera, restera une pure potentialité tournant en rond, sans « exploitation » possible.*

La femme à Animus négatif

Elle présente généralement deux aspects possibles.

▧ Un homme à l'envers

Tout se passe comme si la féminité avait disparu. La sensibilité et l'intuition semblent mortes. La chaleur de l'âme féminine paraît évanouie. En la femme dévorée par son Animus, règne un démon autoritaire, quasi sadique.

Cette femme est apparemment froide, agressive, têtue, obstinée, impitoyable, ratiocinante, hargneuse, agitée. Elle peut ainsi devenir une meneuse de débats faussement idéale, réduisant à néant toute l'argumentation nuancée.

Il est important de savoir que, pour cette femme, la dimension « avenir » n'existe pas. Malgré les apparences, car elle est souvent en pleine action, voire en pleine revendication.

Rappelons-nous que si l'Animus est formé par le père, il contient une dimension sociale et, par conséquent, des idées et des opinions sociales. Ces idées et ces opinions doivent être tournées vers l'avenir; cela va de soi. Or, nantie d'un Animus négatif, une femme émet des opinions

---

* Notons ici qu'elle peut diriger un bureau ou une entreprise, avec la certitude que c'est elle qui agit... alors qu'elle est conduite de bout à bout par un Animus stéréotypé provenant d'une mauvaise relation d'avec son père. Ce genre de femme *fait* des choses: elle n'en *crée* pas.

arrêtées. Et si le mot « avenir » n'évoque en elle rien de profond, elle bloque ses opinions dans le présent.

C'est alors qu'elle émet des avis qu'elle a lus ou entendus quelque part. Ce sont d'ailleurs pratiquement toujours des opinions d'hommes. La formule la plus couramment utilisée est : « mon mari dit toujours que... ». Ou bien : « j'ai lu dans un journal que... ». Mais souvent, elle donne ces opinions comme étant les siennes propres, avec une force qui défie toute contradiction.

■ La créativité velléitaire

Chez cet autre genre de femme, la féminité demeure visible, avec ses qualités. Mais la créativité reste impuissante, larvaire, velléitaire. Cette femme « stagne ». Elle erre dans la vie. Elle est hors du temps. Pour reprendre la comparaison avec une machine à vapeur : la chaudière est relativement bonne, la vapeur possède suffisamment de pression, mais la courroie de transmission vers la turbine fait défaut. Neuf fois sur dix, cette femme « émane » d'une mère difficile et d'un père absent...

L'Animus négatif dans les rêves

Il se traduit par des images de « castration », c'est-à-dire d'impuissance dans l'action dirigée vers l'avenir :

☐ ce sont les rêves classiques de *trains* sans locomotives, de *voitures* sans direction, ou sans conducteur, de *bateaux* sans compas ou sans gouvernail, etc ;

☐ ce sont des rêves où l'action est brisée : *voyages* qui ne s'accomplissent pas, *travail* qui se détruit ou s'effrite, *rues* qui aboutissent à un cul-de-sac, *recherches* qui ne débouchent sur rien, etc ;

☐ ce sont aussi des rêves d'impuissance générale dans la vie : des balles de *revolver* retombent mollement, des *fusées* manquent le départ, etc. (On trouve ces mêmes types de rêves chez les hommes).

On trouve également des symboles représentant le *vertical*, le *linéaire*, le *créatif*, la *brillance*, la *puissance*. Mais... les *colonnes* sont fêlées, les *échelles* sont brisées, le *soleil* est obscurci, des *mâts* sont arrachés de leur support, etc.

Notons toutefois que le père n'est jamais seul en jeu mais que la mère joue souvent un rôle capital dans les cas d'Animus négatif... voire dans TOUS les cas!

Quelques rêves d'Animus négatif

Le premier grand symbole de l'Animus est l'homme. Mais il est un fait assez curieux : si l'Animus (formé par le père) contient une dimension *sociale*, il contient, par là même, une dimension *collective*.

C'est ainsi que, dans beaucoup de rêves, l'Animus négatif se présente sous forme de *groupes d'hommes*, ressentis comme menaçants ou dangereux :

☐ des *bandits* attaquent en groupe ;
☐ des bandes de *hors-la-loi* défilent à l'horizon ;
☐ des *Gitans*, des *gens de voyage* menacent ;
    Egalement :
☐ des hommes *sadiques* ou *démoniaques* (*vampires* par exemple ;) des *tueurs* (soit sous une forme moderne, soit sous des visages de Landrus); des *pirates*, des *corsaires*, des *pilleurs d'épaves* ; des *militaires-dictateurs*, des *exécuteurs de « hautes-œuvres »*, etc.

Tout cela étant donc la projection de l'Animus destructeur de la femme, bien entendu : ces rêves possèdent toujours une importante signification.

Des rêves d'Animus négatif, mais plus « normal »

Ici, l'Animus ne se traduit plus par un danger, une menace ou un sadisme, mais par des figures d'hommes élémentaires, instinctifs, frustes, mais généralement bienveillants.
Ce sont :

☐ les *Tarzans* et autres êtres primitifs ;
☐ les *grands singes* ;
☐ les *hommes des bois*, les *franc-tireurs*, les *hors-la-loi au grand cœur* (Robin des Bois, par exemple);
☐ des *acteurs de cinéma* d'apparence peu intelligents, mais pleins de bonté ;
☐ des *Tziganes* protecteurs, etc.

Ce genre de rêves correspond généralement à «la créativité velléitaire» évoquée ci-dessus.

La femme à Animus positif

C'est la femme autonome, créative, calmement active, capable de raisonner de façon indépendante. Chaudière, vapeur, courroie de transmission et turbine sont en bon état ! Son insertion sociale est solide mais sans revendication agressive. C'est une femme à haut esprit, très réceptive aux grandes idées. Son Animus a cessé d'être une copie de l'homme, mais est devenu une objectivité personnelle. Faut-il ajouter qu'il s'agit alors d'une femme profondément compréhensive ?

L'Animus positif dans les rêves

Comme pour l'Anima de l'homme, ils peuvent présenter plusieurs stades, allant de la «remontée» positive de l'Animus jusqu'à la réalisation totale et bien intégrée dans la personnalité.

Les rêves ne présentent plus d'hommes dangereux ; cela va de soi ! Les groupes masculins disparaissent ; un homme individuel fait son apparition.

Ce sont le plus souvent :

☐ des *chevaliers*, des *aristocrates*, des *princes* et des *rois* ;

☐ des *acteurs de cinéma*, connus pour leur intelligence et leur bonté ;

☐ des *héros*, tantôt romantiques, tantôt contemporains ;

☐ des *cosmonautes*, des *pilotes* ; etc.

Mais la femme à Animus positif *se voit elle-même* en rêve.

☐ elle *pilote* un avion, un bateau, etc. ;

☐ elle pratique des *métiers* traditionnellement masculins, etc.

Il importe ici d'examiner s'il s'agit bien d'un Animus en cours de réalisation harmonieuse, ou d'un besoin « phallique » et revendicateur.

Le rêve de Paule (35 ans)

> — *J'étais actrice de théâtre. Je me trouvais sur la scène. Il y avait beaucoup de lumières. J'improvisais de façon parfaite, et je parlais avec beaucoup d'aisance. Mon mari était dans la salle ; nous nous regardions en souriant. J'ai remarqué que la salle était, elle aussi, en pleine lumière. Je me sentais très heureuse, très calme...*

Remarquons que Paule n'est plus « spectatrice » dans la vie, mais *actrice*. De plus, elle est « *sociale* » : le théâtre représente ici la société. Elle improvise : elle dit ainsi *ses propres paroles*, et non le texte d'un (ou d'une) autre. Notons également son aisance. Son mari, lui, est spectateur ; mais *personne n'est dans l'ombre de* l'autre : la lumière est partout.

Dans l'évolution de la vie intérieure de Paule, il s'agissait ici d'un beau rêve d'Animus en voie de réalisation.

Dans d'autres rêves...

L'Animus positif engendre des rêves où apparaissent de «hauts personnages» tels que des *chefs d'Etat*, des *savants*, des *écrivains*, ou des personnalités masculines connues pour leur spiritualité.

Mais il va de soi que l'homme peut disparaître des rêves; l'Animus est alors représenté par des symboles masculins : le *vent*, le *souffle*, par exemple, ou par des objets *linéaires* ou *verticaux* : *routes, tours, épées, arbres, etc.*

Le rêve de Lucienne (40 ans)

— Je voyais une grande étendue, très plate. Assez loin, mais très proche de moi, de mon Moi, se dressait une tour blanche. Ce qui m'étonnait était le nombre des fenêtres percées dans cette tour. Beaucoup de gens allaient et venaient, vers et de la tour. Des drapeaux flottaient à des fenêtres, très colorés.

Notons, pour commencer, l'atmosphère de *fête* : les *drapeaux* aux fenêtres. Le deuxième élément est évidemment la *tour*. C'est un objet *vertical, dressé, phallique*. Mais cette tour n'est pas agressive; elle est *blanche*, signe de spiritualité et de calme. Elle se dresse comme un signe de ralliement, comme une «gardienne», comme un «centre». C'est un point de repère dans l'étendue. Elle est également une sécurité vers laquelle et de laquelle vont et viennent les gens (élément *social*). De plus, elle est percée de fenêtres qui regardent le monde et laissent entrer la lumière.

Dans le cas de Lucienne, et à ce stade de son évolution, il s'agit d'un très beau rêve, réunissant le pôle masculin (Animus) et la féminité (l'étendue horizontale). Et Lucienne ne dit-elle pas ressentir cette tour comme étant proche de son «Moi»?...

Si une femme épouse son Animus?

Surgissent les mêmes difficultés que pour un homme rencontrant son Anima. Si une femme épouse la *projection* de son Animus, elle épouse son propre pôle masculin. Elle épouse donc un homme enrobé d'une projection. Le danger est grand, ici également. Car si cette femme résoud son Animus, la projection se brise. Le tout est de savoir ce qui restera...

Mais si l'Animus reste inconscient, et qu'une femme épouse la projection de cet Animus? Sans couper les cheveux en quatre, on peut croire à un couple passionné et idéal (à condition que la projection ne cesse pas). Mais la femme tombe alors sous la dépendance affective totale de l'homme, puisque l'Animus (créativité, buts, projets, réalisations, extraversion, rôle social, etc.) dépend uniquement de lui. Cette femme restera une petite fille passionnée, mais une petite fille tout de même. Mais, comme me le disait une femme dans ce cas (et combien y en a-t-il?...) : «Après tout, n'est-ce pas le bonheur qui importe »?

IX

Les différences d'interprétation

Vaut-il la peine de se donner tant de mal?

Oui, vaut-il la peine de tant peiner parfois, pour interpréter un rêve dont beaucoup pensent encore qu'il n'est qu'une sorte de pensée travestie?

Comme en toutes choses, rien ne sert d'exagérer. Il faut éviter de considérer le rêve comme la seule clé de connaissance de soi, et comme l'unique moyen d'exploiter ses possibilités cachées. Car l'interprétation des rêves a pris une importance considérable; et l'on pourrait être tenté d'attribuer une valeur exagérée au rêve en ce qui concerne son action sur la vie diurne.

Conservons donc l'église au milieu du village. Comme je l'ai déjà expliqué, la condition première est qu'un rêve soit *ressenti* comme important, ou comme ayant un sens. Le rêve doit être considéré comme une impression privilégiée, d'autant plus qu'il n'y a jamais de «responsabilité morale» dans un rêve. Etre soi face à soi, tout étant détaché de soi, n'est-ce pas là le privilège accordé par le rêve?

Les rêves comportent des images aux intrications multpiles. Certains forcent des barrages qui auraient empêché toute prise de conscience durant la vie diurne. Le rêve marque également un « jeu de forces » entre les tendances les plus « basses » et les plus « nobles » de l'être humain. Il présente ainsi un champ de recherches fertiles pour qui désire devenir ce qu'il est profondément : libre, capable d'aimer et d'être aimé, donnant et recevant, avec le moins de peurs possible.

Ceci est d'autant plus vrai que certains rêves mettent en jeu l'Anima, l'Animus et l'Ombre, qui peuvent être le point de départ d'énormes coulées d'énergie et de liberté sans angoisse.

Et si les rêves, opiniâtrement interprétés et « digérés », nous donnent un maximum d'informations, ne vaut-il pas la peine de se donner du mal ?

La valeur d'une interprétation

Comme chacun sait, une œuvre musicale peut être interprétée de plusieurs façons. Faisant l'objet d'exécutions sous diverses directions, elle reçoit des colorations, des rapidités et des puissances diverses, selon la sensation personnelle de l'interprète.

Dans l'idéal, ne pourrait-on pas dire qu'il n'existe qu'une seule interprétation possible : celle du compositeur ? Mais, dans la pratique et à talents égaux, l'on peut évidemment retirer beaucoup de chacune.

Dans les rêves, il existe pareillement différentes interprétations. Alors, telle interprétation serait-elle exacte et telle autre plus ou moins fausse ?

Un travail d'équipe

Je reprends l'exemple déjà donné : un psychanalyste auquel serait envoyé un rêve fait par une personne inconnue, ne pourrait en aucun cas «tirer» une interprétation complète et correcte de ce rêve. Ce dernier, en effet, fait partie du contexte général d'une personnalité et ne peut *jamais* en être séparé.

Ainsi, la pratique moderne d'interprétation ne peut atteindre toute sa mesure qu'avec l'aide du rêveur. Comme nous le savons, le sens d'un symbole varie selon la personne dont il émane. Et c'est ici que les interprétations peuvent diverger, selon — entre autres — les optiques de deux géants de la psychanalyse : *Freud* et *Jung*.

■ Voici un rêve court, fait par un homme de 30 ans, et qui se prête bien à recevoir deux interprétations *apparemment différentes, mais très complémentaires*. La première approche sera faite selon FREUD, la seconde selon JUNG (chaque fois avec la collaboration du rêveur).

> — *J'avais des rapports sexuels avec une jeune femme très belle et d'une inimaginable luxure. J'atteignais des extases qu'on ne peut certainement pas connaître dans la vie courante. Mais j'apprenais peu à peu qu'elle était prostituée.*

Première approche (optique freudienne)
Ce rêve semble traduire l'extériorisation de *refoulements* sexuels et affectifs. De plus, il y a *compensation* de l'impossibilité, pour le rêveur, d'atteindre de pareils échanges dans la vie courante. Echanges «sexuels», ou affectifs ? Mais le plus important est que ce rêve symbolisait *la réalisation* d'un complexe d'Oedipe (voyez le Dictionnaire). Et le symbole de la *prostituée* ? Voyez également le Diction-

naire : la prostituée est ici un symbole maternel. Elle représente *la mère du rêveur*. Il dit : « *Ma mère, dont je veux l'amour total, absolu et sans partage, et avec qui je voudrais des fusions quasi cosmiques, ma mère n'est qu'une prostituée, puisqu'elle me «trompe» avec mon père, et «se donne» à mon rival…* ». Ce rêve marque, au fond, l'intense nostalgie de tous les complexes d'Oedipe non résolus.

C'est, ainsi, un rêve de «désir refoulé» durant la vie diurne, mais remontant en surface dans un face-à-face nocturne…

Deuxième approche (optique jungienne)

L'optique freudienne *réduisait* le rêve à son point ici essentiel : le complexe d'Oedipe.

L'optique jungienne, elle, sera *extensive*. Cela n'empêche pas, au contraire, que l'approche précédente soit parfaitement valable. Il s'agit même de commencer par elle ! La seconde en sera simplement la prolongation vers d'autres horizons.

D'ailleurs, remarquons que le rêveur lui-même parle de *fusions quasi cosmiques*, ce qui déborde le cadre strict de l'optique freudienne. Il faut donc laisser de côté l'aspect «génital» de ce rêve, et envisager son aspect affectif.

Et ce rêve traduit — en plus du refoulement — un intense désir de «fusion» avec la mère. C'est-à-dire ? Le complexe d'Oedipe est, au fond, un complexe «religieux»*. Se fondre «dans» la mère signifierait disparaître à soi-même pour faire partie de la Vie (symbolisée par la mère), et de l'univers. Dans ce sens, aucun complexe d'Oedipe n'est jamais résolu. Il reste une nostalgie : celle du Paradis Perdu…

Toujours en ce qui concerne les différences apparentes d'interprétation, en voici, rapidement, les fondements.

---

* Dans le sens de *religare* : se relier.

Selon Sigmund Freud...

Les destinées sont ce qu'elles sont; et Freud eut une existence inversément proportionnelle à son génie. Les souffrances physiques et morales s'abattirent sur lui; les calomnies le poursuivirent. La guerre de 1914 lui prit deux fils. Un cancer de la gorge fut son lot; mais il continua son travail, soutenu par sa soif de connaissances, par son dévouement à ses patients et par la somme d'amour qu'il portait en lui. Il subit des attaques venimeuses, sans doute durant toute sa vie. Car cet homme, pour la première fois dans l'histoire, put et osa mettre à jour les moteurs secrets de l'être humain, tout en s'appliquant à lui-même ses découvertes. Il ouvrit les sépulcres blanchis. Il parla nettement et scientifiquement des refoulements, des tabous sexuels tant infantiles qu'adultes. Il osa — imaginons cela en nous reportant à l'époque! — hisser sur le pavois le fameux «Complexe d'Oedipe», ce ressort permanent des vies humaines...

Et aujourd'hui, nombreux sont encore ceux qui considèrent Freud comme un «matérialiste» pur, ou comme un être «hanté» par une sexualité qui serait la seule motivation des humains.

Cependant, la façon dont il a universalisé l'instinct fait de lui un quasi-métaphysicien. Et l'on oublie trop souvent que cette fameuse «sexualité» n'est que l'expression immédiate de phénomènes affectifs... dont le but premier est *toujours* de tenter de se «relier» à autrui, voire à l'univers. Ce qui nous conduit fort loin du «matérialisme pur» de Freud...

■ Freud et le rêve

Freud envisage généralement le tréfonds *personnel* et *infantile-sexuel* de l'individu. Pour Freud, un rêve révèle des conflits non (ou mal) résolus de l'enfance. Le rêve fait remonter des refoulements de diverses sortes. Il dénonce les désirs inavoués et souvent inconscients.

■ Un rêve courant à titre d'exemple

Il est fréquent que l'on rêve de la *mort de personnes proches*. En gros, cela signifie que, enfant, le rêveur a souhaité la mort de ces personnes, mais a refoulé son désir, incompatible avec la morale. Ce rêve peut signifier aussi que l'on souhaite actuellement que cette personne « meure ».

Mais il faut comprendre que *l'enfant* ignore ce qu'est la mort. Elle signifie pour lui : « élimination de ce qui le gêne ». Freud croit qu'un rêve de mort a souvent pour objet le parent de même sexe : le *fils* rêve de la mort de son *père*, la *fille* de la mort de sa *mère*. Ce qui est normal si l'on pense au complexe d'Oedipe : le *fils* veut sa *mère* pour lui seul ; la *fille* désire l'amour exclusif de son *père*. Et le rêve élimine le parent gêneur, tout simplement. C'est d'une logique irréfutable !

Mais lorsqu'un *adulte* rêve de la mort d'une personne chère, il faut y voir le plus souvent : *a)* qu'il désire que cette personne disparaisse de son chemin, pour telle ou telle raison ; *b)* que le rêveur est en train de « faire mourir en lui » cette personne, de se détacher d'elle.

■ L'interprétation « réductive »

Généralement, Freud s'en tient à l'individu et s'y arrête. Il demeure dans le « personnel ». Il n'envisage pas le supra-individuel ou l'universel. L'interprétation freudienne est ainsi « réductive ». Elle fait *converger* les circonstances du rêve vers un point unique : les fonds infantiles du rêveur (alors que Jung, comme nous le verrons, fait *diverger* l'interprétation).

Pour Freud, un rêve est souvent un rêve de désirs. Il est la réalisation, via le laisser-aller du sommeil, de désirs refoulés*. Je rappelle ici que le refoulement est totalement inconscient. On peut avoir refoulé, durant sa vie, des milliers de sensations ou de sentiments; on l'ignore totalement. On refoule parce que telle sensation, tel désir, tel souvenir, seraient insupportables et risqueraient de perturber dangereusement notre équilibre. Le refoulement est donc un mécanisme de défense. Mais n'empêche que les refoulements, chargés d'énergie, «tournent» dans les caves obscures de l'inconscient, et déterminent une grande partie des actions humaines. Mais, durant le rêve, l'état de défense est quasi nul, l'alerte est suspendue. La trappe de l'inconscient se soulève, les refoulements font surface, mais toujours sous la forme déguisée des symboles.

■ **Mais une interprétation peut-elle n'être que réductive?** Si un être humain, en effet, devait être «réduit» à ses seules composantes de l'enfance, il perdrait toute dimension pour devenir un point *séparé dans un univers où rien, justement, n'est séparable!* Et si certains analystes réduisent encore l'être humain de cette façon, l'on peut croire que ce n'est nullement la faute de Freud.

Selon Carl Gustav Jung

Avec Jung, la méthode d'interprétation des rêves s'est largement modifiée. Alors que, selon Freud, le rêveur «associe» librement, il collabore ici, très largement, avec le psychologue. L'analyste interroge. Le nombre des associations se limite à l'essentiel. Ces associations sont «amplifiées». Si une image du rêve semble importante, on revient sur elle, puis sur une autre. L'analyste se dit, au départ, qu'il n'en sait pas plus sur le rêve que le rêveur. Il

---

* Voyez MS 15, *Les prodigieuses victoires de la psychologie moderne*, de P. Daco.

s'agit donc de dénicher l'interprétation par un travail commun. Chez Freud, on dirait : « Laissez aller librement vos idées sur telle ou telle partie du rêve ». Chez Jung, on dit : « A quoi vous fait penser ceci ou cela ? Que vous rappelle ceci ?

Ainsi, le symbole du rêve devient un point de départ, et non un point d'arrivée.

Voici un rêve sous deux inteprétations

Le rêveur est un homme de 35 ans, ingénieur chimiste. Il a une sœur, plus âgée de trois ans. Il m'a montré une photographie datant de l'enfance : c'était une merveilleuse enfant de quinze ans, digne de Boticelli...

Voici le rêve :

> — *Je me promenais doucement dans un jardin. Un insecte, une espèce d'énorme mante religieuse, se trouvait immobile dans un arbre. C'était horrible et fascinant. Je me suis réveillé avec des soubresauts angoissés.*

C'est tout. Que va-t-on pouvoir extraire de ce rêve, ressenti si profondément par cet homme ?

Une première interprétation

Elle fut faite sans que l'analyste intervienne, ou presque. Le rêveur fut simplement invité à « associer » librement. Il n'était évidemment pas difficile pour le rêveur de trouver les images principales. Quant à la suite, nous l'allons voir. Voici donc les associations. Je passe les silences... sous silence, afin de mieux synthétiser.

■ JARDIN

— ... jardin. J'avais un jardin lorsque j'étais âgé de douze ans, l'époque de la photographie. Il y avait des *arbres. Arbres… peur, quand la nuit tombe… mais que ma sœur était jolie! bien plus… comment décrire?… terrible, cet insecte; qu'est-ce qu'il avait à faire, à foutre nom d'un chien, dans mon jardin? mante religieuse… la mort, l'immobilité, le cauchemar… je vais lui consacrer quelques associations, elle le vaut bien!*

■ MANTE RELIGIEUSE

— *… horrible bête. Menace. Une sorte de crocodile en tout petit. Ca ne bouge pas, c'est comme mort, et puis crac. Elles sont de forme quasi-humaine, de là sans doute leur mystère. Elle tue son mâle après l'amour. Une salope, non? Je continue?*

— Analyste : *… hé oui!*

— *… bon. qu'est-ce qui reste? On ne va pas loin jusqu'ici. Il reste mon jardin.*

■ JARDIN

— *… ah, mon jardin! Giroflées, phlox, œillets de poète… parfums d'amour et de rêve. Recueillement. Infini. Vous savez? j'ai infiniment aimé ma sœur. Elle se trouve aux Etats-Unis depuis son mariage. Je ne l'ai plus revue depuis. A quoi bon?… mon jardin était mon lieu secret. Celui des rêves d'amour de mon enfance. Mon jardin était comme une femme. Je… j'y attendais ma sœur durant des heures. J'aurais voulu ne pas être un garçon pour pouvoir dormir dans les bras de ma sœur.*

Qu'avons-nous «récolté» jusqu'à présent? Peu de chose. A douze ans, le garçon était «amoureux» de sa sœur. C'est normal. Mettons-nous à sa place. Douze ans, c'est, en effet, l'époque des amours infinies, dont le souvenir dure toute la vie. Mais il s'agissait d'une sœur; donc, la notion d'«inceste» rôdait, avec la culpabilité que cela supposait; d'autant plus que le jeune garçon était élevé dans les principes d'une religion puritaine. D'une part donc, le désir éperdu (ce furent les mots de cet homme) de pouvoir aimer charnellement sa sœur; d'autre part, le tabou de l'inceste, et la vision d'une « monstruosité » sans pareille. Qui aurait pu lui dire, à son âge, que son désir était absolument normal *en soi* ? Et à qui aurait-il osé se confier ?

Au fond, c'était une sorte de complexe d'Oedipe ; la mère était remplacée par la sœur aînée, suffisamment jeune pour demeurer proche du garçon, et suffisamment âgée pour être, déjà, « la femme ».

En résumé, ce rêve traduit :

a) un amour incestueux ;

b) un désir de « castration » et de punition (la mante religieuse, attendant dans le jardin des désirs, et prête à le réduire à néant). Je signale que ces deux « conclusions » furent données par le rêveur lui-même.

Bien ; *mais pourquoi ce rêve maintenant, à 35 ans ?* Il faut reconnaître qu'il ne conduit pas à grand-chose jusqu'à présent. Et cependant, cet ingénieur ne s'était pas marié. Ceci expliquerait-il cela ? Et pourquoi cet homme cherchait-il sans cesse la femme idéale, sans jamais la trouver ?

Essayons donc d'aller plus loin. Ne croyez pas, surtout, que l'on « chipote » n'importe comment pour interpréter un rêve. Mais étant donné l'impact que celui-ci eut sur le rêveur qui insista lui-même pour qu'on y revînt sans trêve...

Une seconde interprétation

Ici, les associations furent faites à travers les interventions de l'analyste.

— Revenons au jardin de votre rêve. A quoi vous fait-il penser encore ?

— *A MON jardin. A MON enfance. A MON refuge. A MA douceur. A ma douce-sœur ; tiens, bizarre ! A l'immobilité de mon âme. J'y étais comme un alchimiste : j'attendais que des choses arrivent... Je m'imbibais du non-temps. Je participais.*

— *A quoi ?*

— *Au monde, à l'univers. Déjà, je rêvais de devenir chimiste, pour trouver les secrets des choses...*

— *... vous insistez beaucoup sur la possession : MON jardin, etc...?*

— *... en effet, je ne m'en étais pas rendu compte. Mais oui ; je crois que quelque chose est bloqué en moi appartenant à mon enfance. Ma sœur est au centre, certainement. Elle se confond avec MON jardin. Je reste profondément ému lorsque je respire le parfum des phlox et des œillets de poète. Toute mon âme est là... C'était mon paradis, mon amour, ma sœur était mon amour...*

Essayons de comprendre l'essentiel. Et reprenons le symbolisme des éléments principaux du rêve :

■ LE JARDIN. C'est un symbole universel de Paradis Terrestre, de l'Eden. Il est le centre du Cosmos. Il est également l'image universelle du Paradis Céleste et des états spirituels. Ne songeons qu'à la Perse, où le jardin est un thème essentiel, métaphysique, et où des musiques sont dédiées aux jardins. Finalement, le jardin était, pour notre rêveur, la béatitude fraternelle, où se promène l'élu ; ici, l'élu est le préféré de la sœur, dont le jardin était l'image.

Le rêveur ne me cita-t-il pas lui-même les vers merveilleux du Cantique des Cantiques ?

> Elle est un jardin bien clos,
> ma sœur, ma fiancée,
> un jardin bien clos,
> une source scellée...

Et nous voici bien loin de l'«inceste» ! Nous sommes même aux antipodes. Bien sûr, le jeune garçon est «amoureux» de sa sœur. Mais que signifie cela ? Et quel est le symbolisme de la sœur ?

■ LA SŒUR. C'est le «double» du garçon (en général). C'est le miroir. La sœur représente souvent l'âme de l'homme ; son «Anima» (page 143). C'est le côté «envers». Un frère et une sœur dont l'entente est parfaite forment une unité indissoluble, une totalité. C'est le Yang et le Yin réunis, l'horizontalité et la verticalité réconciliés. C'est l'union des contraires; et deux êtres alors ne font qu'un. Il est, entre frères et sœurs, des amours immenses. Mais la notion d'inceste est moins forte; une sœur n'est pas une mère. C'est pourquoi les relations sexuelles (affectives!) entre frère et sœur sont si fréquentes. Dans le cas de notre rêveur, la sœur est l'Anima de sa jeunesse, avec toute la nostalgie de l'avoir perdue sans avoir pu l'intégrer dans sa personnalité. Et cela, jusqu'à l'impossibilité de se marier…

■ LA MANTE RELIGIEUSE. A un certain moment, le rêveur me dit :

— *c'est curieux… je pense* à l'Amante religieuse…

Est-ce tiré par les cheveux? Nullement. Il y a ici mélange de culpabilité (la mante qui dévore) et de «religiosité» (la sœur-amante qui relie à l'univers, pour les raisons dites plus haut).

Et le rêveur me dit encore :

— *… je ressentais, dans ce rêve, que cette mante était un animal quasi sacré, menaçant, sans doute, mais hiératique, comme éternellement figé…*

Quelle fut l'utilité de ce rêve?

Elle fut grande. Cet homme se rendit compte de ce qu'il ignorait totalement : que sa recherche permanente de «la femme idéale» était due à une «Anima» enfouie dans un passé nostalgique. Que la femme réelle ne l'intéressait pas du tout. Que sa sœur, faisant tellement partie de lui, l'avait littéralement coupé en deux par son mariage. Et que, dévoré par cette Anima, il avait négligé son côté masculin, pour devenir un être typiquement «Anima» (page 143) : capricieux, féminisé, irritable, tyrannique, sous des aspects d'extrême douceur. Et que, au fond, il aurait pu verser dans l'homosexualité.

Pour synthétiser...

Pour Freud, l'inconscient est généralement une sorte de « poubelle » où l'on entasse les refoulements et les désirs inavoués. C'est vrai dans de nombreux cas ; on oublie très vite ce qui fait souffrir : du moins, on croit l'avoir oublié. Mais le risque est qu'un jour, tout remonte à la surface à la suite de diverses circonstances. Et cela fait penser à une réflexion connue : *ce qui, en nous, est enfoui loin derrière, nous attendra un jour loin devant.*

Pour Freud encore, l'inconscient semble être le réservoir des résidus de la vie éveillée. Le rêve serait un « sous-produit » de la vie *personnelle*. Tandis que pour Jung, l'homme (donc ses rêves) s'envole vers des dimensions supplémentaires dont l'importance est parfois démesurée.*

* Voyez MS 15, *Les prodigieuses victoires de la psychologie*, de P. Daco

X

Mon ombre est ma lumière

Je crois que ce chapitre est le plus important de ce livre, parce qu'il touche à l'essentiel des vies humaines. Parce que l'« Ombre » recèle des énergies incalculables de liberté et d'épanouissement de soi, après découverte du « Moi » dans son essence plénière.

Généralement, l'être humain n'est que nostalgies, angoisses, refoulements, dépressions, mal de vivre; panoplie à l'envers d'un être qui devrait se trouver à l'endroit. Car ces angoisses, ces dépressions et autres énergies noires ne sont pas l'être humain. Il n'est pas fait pour cela. Alors, où est-il? Où se cache-t-il en nous? Où est-il en attente? Et comment, et pourquoi se cache-t-il?

Mais si la partie de nous-mêmes la plus enfouie, la plus oubliée, la plus honnie parfois, si cette partie était notre lumière et notre liberté? Au lieu de nous trouver coincés dans des systèmes où nous chipotons parmi des critères imposés par d'autres, eux-mêmes engoncés dans d'autres critères ne venant pas d'eux, et ainsi de suite jusqu'au début des temps?

Ecoutons ceci :

> Du temps où j'étais écolier
> Je restais le soir à veiller
> Dans notre salle solitaire
> Devant ma table vint s'asseoir
> Un pauvre enfant vêtu de noir
> Qui me ressemblait comme un frère.
> ......
> Au coin de mon feu vint s'asseoir
> Un étranger vêtu de noir
> Qui me ressemblait comme un frère.
> ......
> Je m'en suis si bien souvenu
> Que je l'ai toujours reconnu
> A tous les instants de ma vie
> C'est une étrange vision
> Et cependant, ange ou démon,
> J'ai vu partout cette ombre amie.

> Musset, *La Nuit de Décembre*

Ombres noires ?

Ombre : ce mot évoque l'obscur, le noir, le potentiel, l'invisible, la peur, la menace, le dissimulé.

L'ombre de soi-même ? Voici les associations d'un homme sur cette expression :

— *Honte. Le côté noir de soi-même qu'on ne veut pas connaître. Ombre ? Qu'est-ce qu'on traîne avec soi ! Bagages oubliés dans l'ombre. Faux-bagages que l'on porte. Ombre... sous-bois, se connaître en totalité...*

Voilà. Ombre semble bien associé avec « honte de soi ». Notre Ombre contiendrait donc les refoulements, les complexes, les besoins inavoués, les facettes de personnalité oubliées parce que «indignes de soi». Est-ce vrai?

Voici un homme, qui pleure en écoutant une mélodie. L'homme traditionnel le regarde et hausse les épaules. Sentimentalisme d'enfant? Voire. Pourquoi pleure-t-il? Regrets? Nostalgies, encore? Sans doute. Mais nostalgies de quoi? Et si cet homme, par le truchement de cette mélodie, se sentait «relié» à autre chose qu'à son «Je» racorni par la vie? Ne serait-il pas, dans ce cas, mille fois plus «normal» que l'homme qui hausse les épaules en le regardant, et qui a même perdu «cela» en cours de route?

Essayons donc d'examiner cette question de plus près; elle en vaut la peine.

L'homme stéréotypé et le hippie

— Que pensez-vous des hippies?

— Quelle horreur!

— Mais encore?

— Ils sont sales.

— Mais que pensez-vous du vrai hippie, qui est parfaitement propre?

— Sans foi ni loi.

— Qu'en savez-vous? Vous en connaissez?

— Non... mais... ils n'ont pas de structures, ils sont tous pareils, ils partagent tout, ils ne sont pas différenciés, ils ne méritent pas de vivre, ils n'ont pas d'idéal, pas de but précis. Ils ne sont rien.

J'aurais pu demander à cet homme : «Et vous, QUI êtes-vous?». Il m'aurait répondu : «Je suis...» et il m'aurait cité sa profession. Il se serait identifié à sa profession. Mais lui? Et si je lui avais demandé : «QUOI êtes-vous?» Il n'aurait certainement pas pu répondre.

Gageons que le hippie représente l'Ombre de cet homme. Comment?

Quelques exemples

— *Je ne peux pas supporter cet homme ; il représente trop ce que je voudrais être, et que je n'ai pu devenir…*

Cette phrase pourrait être dite par quatre-vingt-dix personnes sur cent. Mais elles ignorent qu'elles le pensent.

Et ceci est déjà un excellent moyen de départ pour détecter notre Ombre. Un moyen élémentaire ; mais il faut bien commencer par le petit bout.

Et puisque nous parlions de hippies, voici un rêve, fait par un homme de quarante ans, et qui va nous aider à appliquer ce moyen de recherche.

> — *Je marchais dans une rue élégante, genre Champs-Elysées. Une sorte de jeune clochard chantait à côté de moi ; il me provoquait. Je voulais le chasser ; il chantait plus fort. Puis il se mit à marcher à mes côtés, me suivant comme mon ombre…*

Comme une ombre ? On ne le lui fait pas dire. Et voici d'ailleurs quelques vers d'Apollinaire auxquels ce rêve fait immanquablement penser :

> Un soir de demi-brume à Londres
> Un voyou qui ressemblait
> A mon amour vint à ma rencontre
> Et le regard qu'il me jeta
> Me fit baisser les yeux de honte…

> Apollinaire, *La Chanson du Mal-Aimé*.

Qui était le rêveur ? Un homme sec, (trop) tiré à quatre épingles, habillé à la dernière mode, ayant fait des études très spécialisées.

Mais alors, ce jeune clochard braillard et provocant, n'était-ce pas une partie de lui ? *En fait, c'était sa partie principale !* La partie visible de sa personnalité n'était qu'une *apparence* de lui-même. Il vivait ainsi sur l'envers de lui-même. Le jeune clochard représentait la partie libre, joyeuse, insouciante. Il ne pouvait pas chasser ce clochard ; il était en lui depuis l'enfance, mais refoulé au nom de principes sociaux inculqués par l'éducation. *Ainsi donc, le « clochard » libre était l'Ombre de notre rêveur.* Ou plutôt, l'aspect « clochard » avait été maintenu soigneusement dans l'Ombre, parce que risquant de tout remettre en question...

Les hostilités révélatrices

Revenons-en au moyen de détecter l'Ombre. Notre rêveur haïssait les clochards et autres « bons-à-rien ». Mais en même temps *et sans le savoir*, il aurait donné sa vie pour vivre parmi eux, retrouvant ainsi l'essentiel participant de l'enfance.

De même, cet « homme » honnissait les aventuriers, les play-boys, les désinvoltes. Il m'a d'ailleurs communiqué une liste d'acteurs de cinéma qu'il ne pouvait voir en peinture : les acteurs incarnant les James Bond se trouvaient en premier rang !

Et comme nous le savons maintenant, il était hanté par la partie libre de lui-même qu'il avait dû maintenir dans l'Ombre, partie qu'il projetait sur les « aventuriers » et autres « clochards » de la vie. En fait, il se haïssait lui-même, pour s'être laissé coincer dans un système sans issue pour lui.

Mais vint le rêve...

Ainsi donc, il est fort intéressant de rechercher ce que l'on n'aime pas chez autrui, ce que l'on hait, ce à quoi on est hostile ; de rechercher les gens qui nous irritent, ceux dont on dit « je l'étranglerais volontiers » ou « je ne peux pas le voir ». Intéressant également de trouver les critiques sur soi que l'on ne supporte pas, émanant de gens dont on dit « il ne vaut tout de même pas mieux que moi ; alors de quel droit me critique-t-il ? ». Car il y a de fortes chances, en procédant de la sorte, que vous mettiez le doigt sur une partie de votre Ombre… Mais en même temps, cette Ombre-là deviendra déjà du clair-obscur. Et ce sera un premier grand pas.

Quelques extraits de rêves d'Ombre

■ *Lucien rêve qu'il se voit jouer au football. Il est spectateur dans les gradins. Sur son veston est épinglée une décoration.*

Il faut dire deux mots de ce rêve : notons que Lucien est spectateur de lui-même. Le *joueur de football* (jeu jamais pratiqué par Lucien qui était fonctionnaire) représente *l'extraversion* que le rêveur n'avait jamais réalisée. Dès l'enfance, il s'était enfoncé dans la solitude et le sédentarisme ; ou plutôt « on » l'avait obligé de s'enfoncer… Il était devenu fonctionnaire — et fonctionnaire de la vie. Mais il se voyait décoré ; n'avait-il pas suivi, bien docilement, les chemins qu'on lui avait imposés ?

Lucien, *apparemment* très replié sur lui-même, était devenu un *faux-introverti*. Mais il aurait pu avoir une excellente expressivité de lui-même et une très bonne extraversion sociale, comportements qu'il avait soigneusement refoulés et maintenus dans l'ombre. Nous voyons ainsi que le joueur de football représente l'ombre de Lucien, une ombre qui aurait pu être sa lumière… Et notons également que Lucien éprouvait de violentes hostilités envers tous les sportifs en général, qu'il taxait volontiers de « Messieurs et Mesdames Muscles… ». Ce qui nous renvoie au paragraphe précédent.

■ *Hélène-Marie rêve que, mêlée à la foule, elle poursuit une femme médisante, qui lui a fait beaucoup de mal. Elle ressent en elle une rage de tuer.*

Notons que Hélène-Marie fit ce rêve après avoir vu le film de Clouzot : « le Corbeau », où il est précisément question d'une femme accusée d'avoir écrit des lettres anonymes.

Dans ce rêve, Hélène *se poursuit elle-même*. Elle veut tuer une partie d'elle-même. Hélène, d'ailleurs, colportait volontiers les potins. Et elle ne supportait pas cette part d'elle-même qu'elle ne parvenait pas à extirper, mais sans savoir que les défauts qu'elle reprochait aux autres *étaient en réalité les siens !* Il s'agit ici d'une partie *négative* de l'ombre. Nous verrons cela plus loin. Mais je cite ici Marie-Louise von Franz : — *Plutôt que de regarder en face nos défauts révélés par l'ombre, nous les projetons sur d'autres — par exemple nos ennemis politiques. Les projections abondent aussi dans les commérages malveillants.*

■ *Virginia rêve d'un Noir ; elle danse avec lui ; elle éprouve à la fois un grand plaisir et une forte répulsion. Le Noir est très affable, courtois, attentionné. Il danse* (dit Virginia) *« comme une liane des forêts. »*

Qui est Virginia ? Une femme bloquée dans des comportements stéréotypés ; une femme ayant — ici aussi — refoulé son extraversion. Sa mère, en effet, n'admettait aucune expression de soi, aucune manifestation de sentiments quelconques. Or, Virginia, foncièrement extravertie, était réellement une femme très « instinctive », impulsive, et qui aurait pu déborder d'expression extériorisée. Mais las...

Et voici donc que le rêve exprime l'Ombre de Virginia. *Que représente ce Noir ?* La vie naturelle, instinctive, proche de la nature et des choses, et l'Ombre, évidemment (par sa couleur). De plus, l'Ombre de Virginia n'est pas aussi bloquée qu'elle le croit : elle est « proche » et courtoise. Virginia peut espérer la recouvrer sans trop de difficultés, pour peu qu'on l'y aide.

■ *Jean rêve qu'il marche dans la forêt, à la poursuite de grands singes qu'il veut apprivoiser.*

C'est le même type de rêve ; Jean recherche dans la forêt (*son inconscient*) une partie égarée de lui-même et symbolisée par les grands singes (instinct, vie libre). Un excellent signe : il veut les apprivoiser, donc les rendre proches de lui.

■ *Marie-Claude rêve de son fils. Elle l'accable de reproches pour sa tenue vestimentaire, ses cheveux longs, sa façon insouciante d'envisager la vie. En même temps, elle montre à son fils des photographies où on la voit enfant, et lui dit : « si tu crois que la vie m'était facile ! ».*

Traduisons tout de suite : Marie-Claude envie sourdement son fils. Parce que Marie-Claude est truffée de refoulements et de peurs de vivre qui l'ont poussée vers des comportements figés et sous-tendus par des principes rigides. Ainsi, le fils est l'Ombre de Marie-Claude ; avec de l'aide, elle arrivera à retrouver en elle ce côté « hippie » qui lui faisait horreur mais qui, au fond, représente le potentiel authentique de tout être humain.

La rivière souterraine

C'est C.G. Jung, je crois, qui propose la comparaison suivante : lorsqu'une rivière est obligée de s'enfoncer dans le sol, elle peut entraîner avec elle de la boue, mais également des pépites précieuses.

En ce qui concerne l'être humain, lorsqu'il est obligé de « refouler » des sensations ou des sentiments, ce refoulement entraîne avec lui aussi bien des comportements *négatifs* que des comportements *positifs*.

Un exemple : revenons au rêve cité en fin du chapitre 9 : le refoulement d'un désir sexuel envers la sœur (comportement négatif) a entraîné avec lui le refoulement de l'Anima, c'est-à-dire de l'âme entière de cet homme, contenant enthousiasmes, joies de vivre et autres énergies. Ici, le refoulement du positif avait dépassé largement le refoulement du négatif!

Et l'Ombre? En quoi peut-elle devenir la « lumière » d'une personne?

Du clair-obscur à la lumière

On comprend déjà que la découverte d'une partie de l'Ombre puisse être très bénéfique. En effet : elle dévoile des aspects ignorés (ou refusés) de soi-même. Cela permet de « récupérer » des pans entiers de personnalité qui travaillaient pour eux-mêmes, dans l'obscurité de l'inconscient; parties de personnalité qui ne servaient qu'à « l'envers » en entretenant des refoulements, *des hostilités envers soi et envers ceux sur qui on les projetait*, alors que ces derniers n'y pouvaient rien et n'avaient pas le comportement qu'on leur attribuait.

De plus, lorsque l'Ombre remonte, on s'aperçoit que, neuf fois sur dix, il n'y a pas de quoi fouetter un chat. Et que ce qu'on a maintenu dans l'ombre depuis l'enfance prend, dans l'actuel, la valeur d'une tête d'épingle.

Un exemple :
— Un homme trop calme s'aperçoit que son ombre contient de la violence. Ou qu'il est réellement un violent. Mais on lui avait présenté la violence (la violence normale et non-dangereuse d'un tempérament coléreux, par exemple) comme un défaut majeur, voire comme une tare. Il a donc maintenu cette part importante de lui-même dans l'ombre où elle tourne en rond en consommant de l'énergie. Il est évident que, chaque fois qu'un peu de colère

monte en lui, il se garde de la montrer; son perfectionnisme exige qu'il demeure calme. Or, être «soupe-au-lait» est son véritable caractère. Il doit donc «projeter» son ombre à l'extérieur... et haïr les coléreux et les violents, tout en se gardant bien de prendre conscience que sa haine s'adresse à lui-même... Or, cette «violence» qui lui fut dépeinte comme une tare, se représente à lui dans son actualité : il possède un caractère coléreux avec la violence bénigne que cela comporte. Cela ne valait donc pas la peine de faire d'une souris une montagne, pendant de longues années. Et recouvrer sa personnalité authentique — même si elle est mauvaise — n'est-ce pas préférable aux blocages inauthentiques avec les angoisses qu'ils provoquent? Et si une personnalité est mauvaise (cela existe-t-il?), ne peut-on la travailler? Car dans ce cas, on agit sur un comportement vrai, au lieu de vivre selon une personnalité fantomatique.

Vers l'ombre-lumière

> *... Qu'as-tu fait, toi que voilà,*
> *de ta jeunesse?*
>
> Paul Verlaine, *Sagesse*.

Il est une évidence : un enfant est toujours éduqué par autrui, et non par lui-même. Il est non moins évident que les éducateurs ne sont pas l'enfant. Par conséquent, l'éducation, aussi bonne soit-elle, ne correspond jamais à ce qu'est l'enfant.

L'éducation est donnée par des adultes. Neuf fois sur dix, ceux-ci ont perdu le contact avec l'Essentiel, qui est la marque de l'enfance. Les adultes sont fortement «différenciés », professionnellement, socialement, moralement. Ils sont ce qu'on appelle des « individualités », face à un enfant qui est indifférencié, et dont la sensation essentielle est de « faire partie de ». Car l'enfant est branché sur l'universel. Il se relie à toutes choses comme il respire.

Tout être humain a un bel avenir derrière lui

Ce n'est pas un paradoxe. L'éducation consiste à supprimer l'indifférenciation de l'enfant, pour le pousser à se différencier de plus en plus.

On pourrait lui dire :
— Tu es universel. Tu es « semblable » aux autres. Tes atomes sont ceux de l'univers. Ton essence profonde ne présente aucune différence d'avec celle des autres. Ton être essentiel est celui de ton voisin. Les différenciations entre les êtres sont certes nécessaires dans une vie socialement organisée. Mais ces différenciations sont accidentelles et simplement juxtaposées à l'être essentiel. Ces différenciations doivent être employées comme un outil dans la vie communautaire. Mais le marteau n'est pas le menuisier; et le menuisier n'est, lui aussi, qu'une différenciation nécessaire de son être essentiel.

Mais on dit :
— Tu es radicalement différent de ton voisin. Tu es unique. Tu es irremplaçable. Tu as beaucoup d'importance. Tu dois donc cultiver ta différence, qui doit devenir ta qualité la plus haute. Logiquement, puisqu'on te différencie, tu dois devenir le plus beau, le plus grand, le plus spécialisé, le plus intelligent. Tu dois devenir à tout prix autre que l'Autre.

Faisant cela, on « sépare » automatiquement l'enfant des autres, et du monde qui l'habite. En le différenciant ainsi, on commet un meurtre : celui de son essence universelle et participante. On découpe dans sa pâte une tranche minuscule, dont on lui dit qu'elle vaut l'univers à elle seule.

Automatiquement, dans cette course à la différenciation, l'Autre devient un ennemi. Cette éducation-là est de la paranoïa poussée à ses limites, la Tour de Babel à la portée de tous.

Il y a donc différenciation, et séparation, dans un univers où rien n'est jamais séparé. La séparation est donc une illusion que l'on entretient soigneusement. Mais de ce fait, il y a torsion permanente entre l'être essentiel et l'être séparé, par obligation de ne jamais « démériter » aux yeux des adultes séparés.

L'enfant, pour n'être pas honni ou abandonné, joue le jeu dans cette différenciation imposée.

A ce moment, son Essentiel descend dans l'Ombre. Il s'y met en hibernation et en attente, pour toute la vie souvent. Cet essentiel, ce potentiel, était son avenir, l'avenir de l'être. Et, dans l'Ombre, il laisse cet avenir derrière lui.

Il avance alors sur des superstructures édictées par d'autres, ayant laissé dans l'Ombre son essentiel, depuis longtemps. L'enfant commence à vivre — ou à essayer selon des critères établis par d'autres. Il existe en tant que petite cellule séparée, ennemie d'autres cellules séparées.

Donc, l'enfant fait descendre son Essentiel dans l'ombre. Et il commence de vivre sur un « Moi-je » séparé, solitaire, sans amour. Sauf des amours séparées, codifiées, cataloguées, autorisées, obligatoires.

De vaste qu'il était, il se rétrécit. On le pousse alors dans un étroit boyau : celui de l'éducation permanente. On l'y glisse, on l'y comprime. Son « Moi » authentique est déjà loin derrière, dans l'Ombre, mais est artificiellement remplacé par un « Moi-je » social, moral, bourgeois, ouvrier, riche, pauvre, méritant, démérirant, récompensé, puni, et de plus en plus séparé au fur et à mesure que le boyau s'étrangle.

Mais le pire est qu'un jour, ressortant du boyau à l'âge dit adulte, il ne puisse plus reprendre son essence première située dans l'Ombre, loin derrière. Et le jeune adulte ressort du boyau dont il a pris la forme. Il est devenu un boudin de la vie, ennemi farouche de millions d'autres boudins.

C'est cela, le meurtre de l'enfance.

Certains, cependant, se déploient un peu en ressortant du boyau : ce sont des poètes. Mais, comme ils redeviennent plus participants et moins séparés, ils se voient refuser l'accès des territoires séparés.

Ainsi, c'est dans l'Ombre de l'enfance que se trouvent, en attente, les hautes lumières de l'adulte. Mais ce dernier l'ignore. Il vit sur l'envers de lui-même. Il n'est qu'une apparence. Mais il ressent, au fond, l'appel sourd de cette Ombre qui est lui. C'est un appel profond, vague ; mais cela grince et crie, à travers des dépressions, des maladies, des angoisses, des nostalgies, des tristesses apparemment incompréhensibles.

Alors, beaucoup renforcent leur course à la différenciation et à la séparation. Ils ne supportent pas cet appel sourd. Ils ont une terrible peur de voir leur échec devant cet essentiel, qui fut le leur.

A moins que l'homme ne se soit trop pris à la gorge par la torsion entre son « Moi-je » séparé et apparent, et son essentiel en attente ; se présentent alors les dépressions et les appétits suicidaires. Non pour mourir ; mais afin de retrouver cet être participant et universel qu'il fut.

Ce bel avenir derrière lui, comment pourra-t-il le retrouver ? Par quel coup de pelle magique pourra-t-il rebêcher loin en arrière afin d'exhumer ce qu'il est ?

C'est peut-être sa tâche la plus dure, la plus impossible. Pensez ! Pour y arriver, il s'agit avant tout de faire table rase de tout l'appris, tout sans exception. Table rase, intérieurement, de toutes les conventions, tous les a priori, toutes les croyances, tous les idéaux, toutes les notions religieuses. Table rase intérieure ; en se disant que même si elles devaient être vraies, elles deviennent fausses dès le moment où elles se fondent sur des critères extérieurs à soi. Il faut alors retourner vers son Ombre, l'illuminer ; et alors seulement reprendre ou rejeter ce qui correspond à soi. Quant au reste, jouer le jeu si nécessaire, mais sans y croire. Les séparations et les différenciations deviennent alors des instruments d'adaptation, et rien de plus.

Comment recouvrer cette sensation première d'être relié à l'univers ? L'homme ne peut rien faire sans que son « Anima » ne soit libérée de sa coloration maternelle*, et sans que cette Anima ne remonte dans toute sa puissance originelle. La femme ne peut rien faire tant que son âme n'est pas libérée, elle aussi, de toute emprise maternelle.

Les rêves sont essentiels ; ils mesurent le chemin parcouru. Mais il faut surtout et avant tout que l'homme se rende compte qu'il n'est qu'apparence face à ce qu'il est réellement. Il faut qu'il sache qu'être privé de son Ombre, c'est être en deuil de soi-même. Il faut prendre conscience des canalisations subies, ainsi que des Sur-Moi* normaux et anormaux. Il faut prendre conscience de l'existence de cette Ombre dans laquelle on se trouve ; et cela doit éclater comme une évidence aveuglante.

De grands rêves peuvent alors se produire, parce que de nouveaux « câblages » ont lieu dans le cerveau. Des fiches se plantent dans des prises de courant inexploitées. Des comportements nouveaux apparaissent au fur et à mesure que des habitudes robotiques cessent, qui tombent alors de l'arbre humain comme des fruits desséchés.

Mais les grands rêves dirigent alors vers des essentiels : la poésie, la musique, l'astronomie, la physique, avec les métaphysiques qui leur sont reliées.

Ce sont de grands rêves de *mandalas**, de *nombres*, de *figures géométriques*, de *labyrinthes illuminés*, de *cos-*

---

* Voyez L'Anima, page 143.

* Voyez ce mot page 111.

mos, d'*étoiles*, de *soleils,* de *vieux sages*, de *traversées*, d'*horizons infinis*; de grands rêves, aussi, de *liberté éblouissante*, de *musiques*, de *dieux*...

Dans ma propre documentation, je possède un rêve, fait par un homme de quarante ans. Je retranscris un résumé de ce rêve :

— *Il voyait un soleil absolument circulaire, d'un or éclatant, qui tournoyait lentement et lançait des jets de lumière dans toutes les directions. Le ciel tout entier était empli d'autres soleils, tournant eux aussi. Traversant ces soleils, un immense plan horizontal, brillant comme du métal, et sur quoi le rêveur avançait lentement. Il sentait, dans ce rêve, qu'il était reparti de son enfance pour arriver à son âge actuel, qu'il était devenu une entité sans aucune séparation d'avec lui-même. Des femmes l'accompagnaient en riant. Il y avait des musiques dans l'air*...

Je ne puis évidemment reprendre ici l'historique de ce rêveur.

Il avait entrepris une analyse pour « se connaître » et développer ses potentialités. Il s'était rapidement rendu compte que l'analyse fait surtout connaître *ce que l'on n'est pas*, en débusquant les Sur-Moi et autres empêcheurs d'être ce que l'on est. On est donc « autre chose ». L'angoisse ? On est autre chose; mais pas cela. La peur ? On est autre chose, mais pas cela. Un être rabougri, conformiste, bourré de critères appris ? On est autre chose, mais certainement pas cela.

Et peu à peu, en élaguant toutes ces branches n'étant pas lui, était apparue l'Ombre négative, à élaguer elle aussi. Puis, lentement, l'Ombre positive s'était mise à remonter, jusqu'au moment où une énorme prise de conscience fit basculer les conceptions de vie de cet homme. D'homme truffé, comme chacun, de rétrécissements et de canalisations, il est devenu... un homme-participant, tout simplement, pour avoir retrouvé son Ombre essentielle. Et il a fondé une communauté, quelque part en France.

Je le répète : être privé de son Ombre, c'est être en deuil de soi-même.

XI

Les rêves en couleurs

Les rêves en couleurs ont-ils une importance plus grande que les autres ? Ils sont, en tous cas, plus rares. Mais leur importance n'en découle pas pour autant.

Tout rêve est une expérience de *perception* ; soit *auditive* (on entend parler), soit *visuelle* (on voit des choses), soit *tactile* (on éprouve la sensation de toucher).

On admet, après expériences, que les sensations visuelles sont presque toujours présentes. Les sensations auditives le sont beaucoup moins ; et moins encore les tactiles.

La question de la couleur dans les rêves est très intéressante. Beaucoup de recherches ont eu lieu à ce sujet. Des travaux et des expériences multiples ont tenté de dénombrer le pourcentage des rêves où intervient la couleur. Mais ce n'est guère facile.

Ainsi, une personne prétend avoir rêvé « en couleurs ». Interrogée à ce sujet, il arrive souvent qu'elle démente, ou déclare n'en être plus certaine. Il arrive également qu'une personne ayant fait un « grand rêve » confonde le grandiose du rêve et la couleur. Tout se passe comme si elle pensait : « Un pareil rêve ne peut qu'avoir été en couleurs. »

On comprend ainsi que les estimations concernant le nombre réel des rêves en couleurs varient fortement selon les estimateurs.

Certains biologistes (le Dr Hartmann par exemple) pensent que la couleur est probablement présente dans tous les rêves. Mais cette couleur n'est nullement un élément dominant ou spécifiquement important.

Comme déjà dit, les rêves produisant de grandes émotions sont souvent évoqués comme ayant été accomplis en couleurs. Puisque la question reste sujette à caution, il faut se demander : « Qu'il y ait eu couleur réelle ou non, quelle est la couleur dominante qui fut ressentie ou imaginée dans le rêve ? Et que signifie cette couleur ? »

Voici un rêve « en couleurs »

> — *Je marchais dans un chemin étroit. A gauche s'étendaient des champs cultivés, qui évoquaient pour moi les plantations tropicales. A ma droite, coulait une rivière d'eau rouge-vif. C'était après la guerre. La rivière allait lentement ; au loin, elle s'élargissait en une sorte de lac, rouge-sombre celui-là, et comme retenu par un barrage. Je savais que la guerre était finie...*

Ce rêve fut fait par une femme de quarante ans, *peintre*. Elle ne put d'ailleurs affirmer qu'elle vit réellement les couleurs. Il est probable que son métier de peintre l'ait poussée davantage à les imaginer.

Le rêve de cette personne présente beaucoup d'intérêt. Je résume ici les associations qu'elle fit, en y ajoutant quelques commentaires d'amplification.

■ CHAMPS CULTIVES. Ils sont situés *à gauche*, symbole du passé, du potentiel (voyez le symbolisme des Directions). Ils sont, non seulement florissants, mais luxuriants (cultures tropicales). La rêveuse peut ainsi compter sur ce qu'elle a acquis et ce qu'elle a « intégré ». Traduit autrement : son « intendance » répondra aux besoins.

■ GUERRE. Il s'agit de sa propre guerre à elle, guerre que se fit cette femme en entreprenant une analyse. Mais la guerre est finie : cette personne avait acquis une existence fort épanouie.

■ RIVIERE ROUGE-VIF. Notons d'abord qu'elle est située *à droite*, symbole de l'avenir et des réalisations créatrices. Quant à la couleur *rouge-vif*, elle représente le sang d'après la guerre. Mais notons que la rêveuse le ressentait comme *joyeux*. Le sang acquiert ainsi un symbolisme plus large. Il devient le véhicule de la vie. Il est un principe de régénération. Il symbolise la chaleur, la force, corporelles et mentales. Il symbolise aussi le cœur, la passion, l'émotion.

■ LAC ROUGE-SOMBRE. Il y a « élargissement » de la rivière, qui coule de *maintenant* vers *là-bas*, c'est-à-dire *l'avenir*. Mais la rivière s'accumule, devient lac, symbole ici de puissance en réserve. Notons que l'eau devient rouge-sombre, couleur plus « profonde », plus « sage », plus potentielle que le rouge-vif. Donc, réserves importantes à gauche, réserves droit devant; ne sont-ce pas là d'excellents gages?

Les couleurs et leur symbolisme

Toute couleur possède un symbolisme qui est propre à chacun de nous, même si les grandes lignes de ce symbolisme se recoupent. On sait que la couleur, dans la vie diurne, joue un rôle psycho-physiologique important. On ne se prive pas d'ailleurs d'appliquer cette théorie dans le choix des couleurs d'ambiance. Il est bien connu que la couleur rouge, par exemple, possède un pouvoir «excitant», et que la couleur bleue donne une impression de fraîcheur ou de froid. On peut constater également que des sentiments de froid ou de chaud peuvent exister grâce, uniquement, à la couleur du local, et indépendamment de toute modification thermique.

La lumière et la couleur font l'objet de recherches poussées dont on aperçoit de plus en plus l'intérêt dans le monde du travail; interviennent alors non seulement l'architecte, mais aussi le décorateur et le coloriste. Et faut-il parler des maîtresses de maison dont le premier souci est de mettre en jeu des couleurs psychologiquement satisfaisantes? Remarquons aussi que, chez beaucoup de personnes, telles ou telles couleurs sont associées spontanément à la sonorité, d'un instrument de musique.

Ceci dit, essayons de résumer les significations symboliques des couleurs.

Le bleu

C'est une couleur «froide» ou rafraîchissante. C'est, classiquement, la couleur du ciel. Le bleu évoque la mer, l'espace, l'air. Le bleu agrandit l'espace. C'est la couleur des horizons. Egalement celle de la spiritualité.

Dans le monde chrétien, le bleu est adopté pour les fêtes des anges. *Dans l'Eglise anglicane*, le bleu est la couleur de l'espérance, de l'amour envers Dieu, de la piété, de la conscience et de l'amour du Beau. *En héraldique*, le bleu (colbalt et non bleu-clair) représente la justice, la fidélité, la joie, la noblesse. En fait, il s'agit de la couleur «azur». Ce même azur symbolise également la félicité éternelle, la chasteté, la douceur, l'humilité du corps.

Dans les rêves, le bleu est, le plus souvent, la couleur de l'infini. Le regard se perd dans les lointains bleus. Cette couleur est immatérielle, transparente, se fondant dans le blanc resplendissant. C'est la couleur du vide. Dans ce sens, elle peut devenir le symbole de la mort (nous avons vu des rêves de ce genre). Le bleu est inaccessible, parfois glacé comme les neiges bleutées de l'hiver. On peut se demander si *la tristesse profonde des peuples méditerran-néens* (malgré leurs apparences volubiles) ne provient pas de cette immatérialité du bleu dans laquelle l'esprit et le corps s'évanouissent; car lorsque le ciel est parfaitement bleu, nul ne peut s'accrocher en rien; la vue vers le haut se perd et la Terre semble seule dans un espace sans fin. Les nuages ne sont pas là pour la « protéger », l'entourer, la sécuriser.

Toujours dans les rêves, le bleu peut être la couleur des vérités philosophiques ou des recherches métaphysiques.

C'est une couleur mariale : celle de la Vierge des Chré-tiens. Mais le bleu symbolise aussi la fidélité, non pas terrestre mais céleste, la paix de l'âme dans la mort, une sérénité hors du commun.

Ainsi donc, le bleu est à la fois une couleur d'espérance de l'âme et de mort du corps, fondu dans les infinis.

En musique, la couleur bleue pourrait être associée à la sonorité insaisissable de la *flûte*.

Le vert

Composé, comme chacun sait, de jaune et de bleu, le vert possède des nuances nombreuses. C'est une couleur d'équilibre, de repos; cette couleur n'équipe-t-elle pas les tables de billard... et des conseils d'administration, voire les buvards sous-main? On a d'ailleurs pu mesurer les pouvoirs du vert sur la tension sanguine.

Le vert est associé à l'espérance dans l'Egypte an-cienne. *Dans le monde chrétien*, il symbolise également l'espérance et le désir de vie éternelle. *Dans l'Eglise an-glicane*, c'est la couleur de la foi, de l'immortalité, du baptême, de la contemplation. *En héraldique*, le vert (sinople) est la couleur de l'honneur humain, de la courtoisie, de l'espérance, de la joie dans la vigueur. Egalement celle de l'amour et de l'abondance (le vert est la couleur dominante des végétations terrestres).

Dans les rêves, le vert est la couleur terrestre et printanière. C'est celle de la renaissance après l'hiver, et de la pérennité. C'est également la couleur de la patience, de l'attente, et de l'espoir immédiat (et non pas l'espoir métaphysique comme le bleu).

C'est une couleur nourricière (comme la végétation) et maternelle... mais aussi celle des amours enfantines et printanières.

Le vert possède aussi un climat maléfique. C'est la teinte des eaux profondes, menaçantes dans leur silence, engloutissantes.

« Vert j'espère » ? Sans doute, avec les amours terrestres et heureuses, les joies végétales et les prospérités agraires. Mais c'est aussi la teinte de la dégradation, de la folie, de la menace, comme la couleur traditionnelle des yeux de Satan, de la femme fatale... et du chat.

En musique, le vert peut être associé aux sonorités agrestes du *haitbois* et du cor *anglais*.

Le rouge

C'est le feu, la chaleur, la passion et l'amour. Cette couleur possède toutes les nuances, du brun sombre au rouge éclatant. C'est une couleur de sang, de plaies, mais aussi de santé vivifiante. Teinte chaude par excellence, elle est brutale, criante, dynamique, énervante. C'est une couleur de guerre, qui s'impose sans difficulté. Elle occupe un rang privilégié dans le choix de beaucoup. Les enfants aiment particulièrement le rouge, ainsi que les primitifs.

Dans le monde chrétien, le rouge évoque le sang divin;

on le porte pour les fêtes de l'Esprit-Saint allumant la flamme de l'amour divin. *Dans l'église anglicane*, c'est la couleur des martyrs pour la foi, et de la charité. *En héraldique*, le rouge (gueules) est l'amour, le courage, la colère, aussi la cruauté. Egalement la destruction et le jugement dernier (destruction par le feu).

Dans les rêves, il évoque surtout le feu et l'énergie. Il symbolise la vitalité des énergies et des passions — parfois dévorantes. C'est la couleur de la combativité, de l'extraversion. Le rouge-pourpre est impérial.

Renversement des choses : le rouge, couleur de sang, est alors le symbole de la violence, de la haine, du meurtre, du carnage.

C'est aussi une couleur «matricielle»; elle évoque le ventre maternel, avec le symbolisme angoissant qui y est relié*.

En musique, la couleur rouge pourrait être associée à la sonorité de la *trompette*.

Le jaune

C'est une couleur de soleil ou d'argile, selon sa nuance. *Dans le monde chrétien*, le jaune est une couleur d'humilité; c'est un rappel de ce que le corps n'est qu'argile et poussière future (Vie de St-Patrick, Vᵉ siècle). Dans l'*Eglise anglicane*, le jaune n'est pas une couleur fondamentale. *En héraldique*, le jaune est remplacé par l'or.

Dans les rêves, le jaune est avant tout une couleur solaire. Celle du rayonnement, de l'intelligence et des cœurs rayonnants. C'est la couleur du Père. Le jaune pur y apparaît comme aveuglant, strident, tendant vers un blanc éblouissant. Couleur des affectivités intenses, le jaune est alors plus «chaud», moins vif, tels les jaunes inimitables

---

* Voyez MS 250, *Les femmes*, de P. Daco.

du Greco. Pâle, il devient un signe de tristesse, de déception ; mais aussi, parfois, de déloyauté ; c'est la couleur de la traîtrise.

Le jaune est une couleur «mâle». Il «domine» par sa richesse. Comme l'or, il est une teinte d'éternité, de religiosité transcendante. Mais ses nuances infinies font zigzaguer cette couleur entre les bornes où on voudrait l'enfermer.

C'est aussi la couleur des fins d'été, des radieuses journées qui marquent l'apothéose avant l'hiver ; c'est la somptuosité avant la mort.

En musique, le jaune strident pourrait être associé à la *petite trompette* ; le jaune chaud à la sonorité du *cor*.

L'orange

C'est l'accueil chaud, moins brutal que le rouge ou le jaune, s'adoucissant mutuellement en se mélangeant. *En héraldique*, cette couleur (aurore) est négative ; elle signifie l'hypocrisie et la dissimulation.

Dans les rêves, l'orange est évidemment «solaire». C'est la chaleur du cœur et de l'accueil. C'est une teinte d'activité, un peu hybride, voire «androgyne». C'est aussi la couleur du confort de l'âme, de la tranquillité profonde ; du moins généralement.

En musique, la couleur orange pourrait être associée à la sonorité d'un *cor* jouant dans l'aigu, ou d'une *trompette bouchée*.

Le violet

C'est une couleur assez froide. Il est à remarquer qu'elle représente généralement la pénitence, aussi bien *dans le monde chrétien* que pour *l'Eglise anglicane*. *En héraldi-*

que, le violet (azur + gueules) signifie vérité et loyauté. Se rapprochant du pourpre, il signifie la tempérance.

Dans les rêves, le violet donne souvent des sensations de tristesse, de « pénitence » de l'âme, voire de deuil intérieur. C'est une couleur de passion (le rouge plus ou moins tempéré par le bleu, couleur de lucidité et de spiritualité).

En musique, le violet pourrait être associé à la sonorité de l'*alto*, ou des *violons avec sourdine*.

Le noir

Le noir absorbe les couleurs au lieu de les réfléchir. *Dans le monde chrétien*, le noir est couleur d'attente et de deuil. Il n'est pas pris en considération dans l'*Eglise anglicane*. *En héraldique*, la couleur noire (sable) représente la peine, le deuil, la durée de la tristesse; mais aussi l'attente par la sagesse et la prudence.

Dans les rêves, il représente bien entendu le deuil; mais surtout les ténèbres et la vie indifférenciée. Le noir est couleur de nuit, de sommeil; aussi d'inconscience.

Couleur de l'attente symbolique (les couleurs absorbées pouvant être restituées) le noir est potentiel. Dans ce sens, il est, dans certains rêves, un symbole d'espoir. Toujours dans ce sens, le noir devient signe de gestation, d'inconscient au travail, d'instinct primitif que l'on peut diriger vers des actions élevées. Car la couleur noire évoque également l'Ombre (chapitre précédent); et l'Ombre humaine n'est jamais la mort, mais l'espoir qui, un jour, peut se réaliser.

En musique, et puisque le noir est une « non-couleur », les tambours et timbales (voilés ou non), émettant des « non-sons », peuvent être associés. Ces instruments signifient souvent le deuil, les supplices, mais aussi l'attente de ce qui peut venir...

Le blanc

Synthèse de toutes les couleurs, le blanc peut évoquer le clair de lune aussi bien que les lointains éblouissants. Il est l'image de la lumière et de la pureté. *Dans le monde chrétien*, il exprime l'innocence, la joie, l'immortalité, la félicité. Il possède la même signification dans l'*Eglise anglicane*, aussi bien qu'*en héraldique* (argent).

Dans les rêves, il contient, bien entendu, un symbolisme de pureté, et d'espoir. Mais il peut signifier (comme le bleu) la mort de soi-même, les horizons infinis où l'on se perd. En ce sens, il devient une couleur de deuil. C'est également la couleur de la neige, avec son symbolisme de joie aussi bien que d'abandon et de mort.

En musique, on ne pourrait l'associer qu'avec la synthèse de tous les instruments à cordes.

☐ *A noter*

Le symbolisme des couleurs pourrait être considérablement étendu, en l'examinant à travers de nombreuses religions. Dans les rêves, la signification des couleurs est limitée; il faut se rappeler que peu de rêves ne présentent qu'une seule couleur spécifique (comme le rêve cité en début de ce chapitre). Si un rêve présente plusieurs couleurs, il devient fort difficile de rechercher la dominante. De toutes façons, il faut que cette couleur produise une émotion onirique, sans quoi le rêve n'aurait ni plus ni moins d'importance que s'il s'était accompli en « noir et blanc ».

XII

Lorsqu'on rêve d'animaux

Les animaux n'interviennent généralement que dans les rêves importants. Ils symbolisent entre autres les instincts et les forces vitales profondes — et parfois refoulées. Ils se montrent secourables ou menaçants. Ils sont des amis de paradis terrestres, ou des ennemis acharnés à nous détruire. Dans les rêves, *ils sont tels que nous les faisons*, puisqu'ils sont des projections de nous-mêmes. Ils représentent nos passions, nos angoisses, nos peurs. Mais ils sont parfois de merveilleux messagers, voire des « gardiens » de notre temple secret. Car entre le serpent rampant dans les broussailles (par exemple) et le Serpent Couronné se balançant dans le soleil, il y a un monde d'évolutions intérieures...

Il y a donc projection de soi-même : le Loup est typique à cet égard, et l'Ours. Mais les animaux oniriques sont souvent les symboles de personnages puissants, la mère et le père par exemple. C'est ainsi que la « mauvaise mère » peut apparaître sous les traits d'un cheval emballé et destructeur, d'un crocodile, etc. La « bonne mère », elle peut se transformer en lionne ou en ourse, entre autres.

Etant donné la présence fréquente de certains animaux dans les rêves, essayons de déterminer leurs symbolismes principaux.

L'aigle

C'est l'empereur du ciel. Il est censé regarder le soleil « face-à-face ». Il est le symbole de la puissance, de l'invincibilité. Oiseau solaire, il est parfois assimilé à la foudre. C'est aussi l'animal qui fonce sur sa proie, la troue, l'enlève.

L'aigle apparaît fréquemment dans les rêves. Il peut symboliser une spiritualité intérieure et un accomplissement de soi. Mais il représente parfois l'angoisse d'être « troué » ; c'est une angoisse de castration et de diminution de la personnalité.

Etre regardé par un aigle, être « épié » par lui, signifie souvent que des sentiments de culpabilité donnent la sensation d'être « vu » par les autres, d'être démasqué, d'être sous le regard des autres auxquels on attribue une supériorité par rapport à soi.

Certains rêvent qu'un aigle est abattu. Cette mort symbolise la destruction d'un idéal, la mort des illusions, voire la sensation d'avoir manqué sa vie.

L'araignée

Dans nos civilisations, elle n'évoque généralement que l'horreur. Chez d'autres peuples cependant, elle possède un symbolisme extrêmement positif. Eva Meyerovich signale qu'en Inde elle est un symbole cosmologique fort important. La forme de la toile d'araignée n'évoque-t-elle pas le soleil qu'elle irise, et qui « sécrète » ses rayons comme l'araignée ses fils? Chez certains peuples d'Afrique, l'Araignée (Anansé) a préparé la matière humaine et créé le soleil, la lune et les étoiles. Chez les Achantis, l'araignée est un dieu primordial qui a créé l'homme. Du fait qu'elle tisse sa toile en tirant d'elle-même la substance nécessaire, l'araignée prend une fonction positive; elle devient alors celle qui connaît les secrets de la vie, du passé et de l'avenir.

Chez nous, l'araignée est *généralement* ressentie comme négative dans les rêves, puisque nous sommes « imbibés » du climat de malfaisance attribué à cet animal. Mais nous verrons plus loin un « grand rêve » très positif dont le personnage central est une araignée blanche.

L'araignée négative

Deux éléments interviennent : la toile et l'animal. Elle « tisse » son *piège*. Elle *guette* sa proie. Elle *enlace* cette proie. Elle se trouve *immobile* au centre de sa toile; mais elle réagit avec une extrême *rapidité*.

Ainsi considérée, l'araignée est devenue le symbole de la « *mauvaise mère* », avec son côté accapareur et dévorant : mauvaise mère qui « englue » son enfant, l'étouffe et le reprend pour elle seule. L'araignée est alors un symbole de mort de la personnalité. Dans cette acception, elle apparaît souvent dans des rêves de personnes ressentant leur mère comme négative, régressive, néantisante. Ceci, surtout chez les femmes. C'est alors une transposition du symbole de la « méchante sorcière ».

Toujours négativement, l'araignée est le symbole de la « *femme fatale* », de la femme fascinante et mortelle, ensorcelante et destructrice. Elle apparaît dans des rêves d'hommes, dont l'*Anima négative* (chapitre 7) est demeurée une puissance néfaste. Chez l'homme également, elle peut symboliser la mère : cela va de soi.

L'araignée peut aussi être un symbole de soi-même; elle représente alors le côté *hyper-narcissique* et trop introverti d'une personnalité demeurant immobile et repliée au centre de soi... comme l'araignée dans sa toile.

L'araignée positive

Voici un rêve, fait par une femme de trente-neuf ans, et qui présente un aspect rare de l'araignée dans les pensées oniriques.

> — J'ai rêvé d'une araignée. Elle était très grande, lisse comme du velours. Le plus étrange est qu'elle était d'une blancheur d'albâtre. Elle était d'une grande beauté... pour moi qui m'enfuis devant une araignée!... Je ne sais pas où elle se trouvait, d'ailleurs. Elle marchait. Sa toile était plus loin, très vaste, emplie de gouttes d'eau qui resplendissaient, de toutes les couleurs. Puis j'ai perdu l'araignée de vue.

Les éléments principaux de ce rêve sont : araignée *blanche*; *gouttes d'eau* dans la toile.

Nous allons voir comme les animaux oniriques rejoignent parfois les grands mythes et les légendes.

Araignée blanche. La couleur blanche «désamorce» ici la teinte habituellement sombre de l'araignée. Mais il est remarquable de noter que, dans la *tradition islamique*, une araignée blanche a sauvé la vie du Prophète. Dans ce rêve, le blanc de pureté et de non-menace, blanc d'albâtre en plus!

Gouttes d'eau. Ces gouttes multicolores resplendissantes sont comme des *joyaux* parsemant la toile. Revoyez les pages traitant des pierres précieuses. Les gouttes d'eau font penser ici à des *perles* irisées, symboles d'élévation de l'esprit et de perfection. De plus, et toujours dans ce rêve, la toile de l'araignée fait songer à un *mandala* (page 111) dont elle a la forme concentrique. Et reconnaissons qu'un mandala portant des joyaux n'est pas à la portée du premier rêve venu!

La biche

Son symbolisme élémentaire est facile à imaginer à partir d'expressions courantes telles que : «des yeux de biche — légère et farouche comme une biche — biche aux abois — sensible et gracieuse comme une biche, etc., etc.», sans compter les attendrissants surnoms tels que «ma biche!»...

La biche est ainsi un symbole féminin avant tout. Elle apparaît fréquemment dans des rêves de femmes. La biche représente alors une partie d'elle-mêmes; mais la féminité est encore sous-développée, identifiée à la mère. La biche représente une féminité trop «gracieuse», trop «fuyante»; cette féminité n'a pas encore acquis la puissance que donne l'autonomie et le détachement d'avec la mère.

Voici deux résumés de rêves faits par des jeunes femmes :

■ *Simone rêve d'une biche poursuivie par des chasseurs masqués. Elle crie : «Mais laissez-la donc tranquille!».*

La biche «aux abois» représente ici la jeune femme elle-même. Les chasseurs symbolisent l'homme phallique, le mâle (un chasseur est généralement armé d'un fusil ou d'un couteau). Les chasseurs sont masqués. Il faut nous reporter au chapitre 8 (l'Animus de la femme). Remarquons qu'il y a *plusieurs* chasseurs; or, l'Animus négatif se présente souvent sous forme de groupes d'hommes dangereux. Ce rêve signifie que Simone se ressent encore comme une «biche» devant l'homme. Elle craint le «viol» (de sa personnalité). Elle n'ose pas s'extravertir, ni se manifester. Son Animus (masqué) est ressenti comme menaçant. Elle le projette sur les hommes qui, de ce fait, sont des éléments redoutables pour elle. Et son cri du rêve pourrait signifier : «Vous, les hommes, laissez-moi donc auprès de ma mère! Je ne veux pas me lancer dans la vie. Quant à mon Animus, cette partie masculine de moi-même, je la refoule, je ne veux pas l'écouter, puisqu'elle veut m'obliger à m'extravertir... Or, dans toute manifestation de moi-même, je me ressens comme aux abois...».

■ *Micheline rêve d'un troupeau de biches s'égaillant dans toutes les directions; le ciel est couvert, le tonnerre gronde. Immédiatement après, elle voit une troupe de bisons déferler dans une plaine.*

La féminité de Micheline est indifférenciée, anarchique, désordonnée (les biches s'égaillent). Elle sent une menace angoissante (tonnerre). Mais le plus important ici est le troupeau de bisons. C'est un déferlement aveugle, à l'état brut, dévastant tout. C'est le même symbolisme que celui du cheval qui piétine; les bisons représentent ici la mère de Micheline, femme «écrasante», qui n'a pu donner à sa fille qu'une féminité larvaire et apeurée. Pour synthétiser ce rêve : «Ma féminité profonde se craquèle et se morcèle dès que je suis devant ma mère, qui me «piétine» et m'empêche d'avancer dans la plaine (de la vie)».

Le chat

Le symbolisme du chat est très «pendulaire». Tantôt haï, tantôt déifié, cet animal — avec le serpent — a de tous temps provoqué les passions humaines. Ne sont pas rares, par exemple, les personnes qui seraient incapables de toucher ce félin. D'autres par contre, vivent entourées d'une véritable colonie de chats. Pourquoi des sentiments aussi opposés?

Sans doute ces symbolismes sont-ils dûs au caractère apparent de l'animal. On le dit indépendant, fier, indifférent; d'autre part, il passe pour être attaché, doux. On le gratifie de sournoiserie, de mystère, mais aussi de sagesse. Au Cambodge, on le croit capable de produire la pluie.

Chacun sait combien l'Egypte ancienne le vénérait pour son agilité, sa puissance musculaire, sa rapidité.

Dans les superstitions populaires, le chat joue un rôle. C'est un « mauvais présage » d'apercevoir un chat noir traversant la rue ; ou bien la chance apparaîtra si un chat miaule à l'aube, etc. Dans beaucoup de traditions, le chat noir symbolise la mort.

Les rêves où interviennent le chat peuvent ainsi revêtir diverses significations, selon ce que telle ou telle personne « projette » sur cet animal.

Par son mystère, ses yeux « verts qui guettent », sa souplesse, sa détente brutale et « capricieuse », ce félin symbolise fréquemment la femme ou la féminité, généralement de façon péjorative dans les rêves.

Quelques exemples

■ *Une jeune femme rêve qu'elle traverse la rue. Sur un rebord de fenêtre se trouve un chat siamois qui la fixe de ses yeux mi-clos. La rêveuse trébuche ; des gens se retournent sur elle.*

D'après les associations, le chat siamois représentait le monde des femmes hautaines, élégantes, sûres d'elles, femmes devant lesquelles la rêveuse « trébuchait » et perdait pied dans la vie. Et ce, à la suite de diverses circonstances qu'il serait trop long de raconter ici.

■ *Une femme rêve que sa chatte approche. La rêveuse palpe le félin, et se réveille avec des sensations sexuelles.*

Les associations principales de la rêveuse furent :
— *fourrure, douceur, corps mou, s'enfoncer dans le chaud, femme, impudeur, attente, répulsion, attraction...*

Toutes ces associations évoquent la femme ; elles sont teintées de sexualité. Y a-t-il homosexualité latente ?

■ *Un homme rêve qu'une nuée de chats enragés l'entourent, le griffent, poussant d'épouvantables cris rauques.*

Ses associations :

— *enfer, sang, colère, démence, lacération, dépeçage, mort, carnage...*

Il s'agit d'un rêve assez « infernal » et assez pathologique. En fait, cet homme sentait se dégrader sa vie intérieure ; il craignait la folie à la suite d'une dépression nerveuse. Mais paradoxalement, ce rêve lui permit de reprendre la bonne route. Cet homme se rendit compte combien il était l'artisan de son propre malheur, et à quel point il cherchait inconsciemment à se détruire (alcool, riques énormes pris en voiture, etc.). Ce rêve lui permit de donner un « coup de reins » très positif pour lui.

Voilà donc pour le symbolisme du chat. Mais n'oublions pas que par son attitude hiératique il symbolise également la Sagesse !

Dans les rêves, il s'agit donc d'examiner avant tout ses propres sensations courantes envers cet animal, ses propres superstitions éventuelles, ainsi que le contexte général du rêve, bien entendu.

La chauve-souris

Citons ici Bachelard : « ... quelque chose de sombre et de lourd, s'accumulera autour des oiseaux de la nuit ». Ainsi, pour beaucoup d'imaginations, la chauve-souris est la réalisation d'un mauvais vol...

Et Michelet : « En elle, on voit que la nature cherche l'aile et ne trouve qu'une membrane velue, hideuse, qui toutefois en fait déjà la fonction. »

C'est un oiseau « raté », hésitant en apparence (n'oublions pas le stupéfiant « radar » dont la chauve-souris est équipée) ; mais cet oiseau au vol noir et silencieux peut symboliser oniriquement les forces obscures qui sont en nous. Il peut représenter l'angoisse, la difficulté de se libérer d'un inconscient perturbé ; également le grouillement «noir» d'une âme entravée par la peur et incapable de s'élever spirituellement.

Le cheval

Cet animal intervient très souvent dans les rêves. Le cheval est un important symbole; essayons d'en cerner les significations oniriques les plus courantes.

Le cheval surgit, galope, martèle, fonce, écrase. Chez de nombreux peuples, le cheval est fils de la Nuit; il porte à la fois la vie et la mort. Mais il est aussi l'animal solaire. Il est la monture des guerriers et des dieux. Il est le «cheval de l'Apocalypse»; lié au feu purificateur mais destructeur, il triomphe et annonce des temps nouveaux. C'est la monture des guerriers-justiciers aussi bien que des hordes dévastatrices.

Ainsi, il est souvent — dans les rêves — messager de mort ou de l'«écrasement» de la personnalité, aussi bien que de sa renaissance possible.

Il est l'image onirique de l'instinct, sauvage ou harmonisé. Le cheval, en effet, est peureux, capricieux, imprévisible, sauvage, souvent stupide. C'est l'animal que l'on «dompte» et que l'on conquiert.

Dans certains rêves, l'homme et le cheval ne font qu'un; c'est une image de l'accord entre l'inconscient et le conscient. C'est un rêve d'harmonisation de la personnalité.

Oniriquement parlant, la couleur de la robe est importante; cheval noir ou blanc, messager des enfers et de l'angoisse, ou monture qui conduit à sa propre renaissance?

Quant au poney, il peut représenter la force vitale montante, l'énergie potentielle à extravertir, et la joie de vivre.

Des résumés de rêves

■ *Anne rêve que son cheval, devenu indomptable, prend*

irrésistiblement une direction différente de celle choisie par la cavalière.

La traduction de ce rêve est simple ; il existe un désaccord entre les pulsions inconscientes et la volonté consciente d'Anne. Il y a « scission » dans sa personnalité. Il s'agit, dans ce cas, d'un rêve d'avertissement. Il signifierait : il est urgent que je remette en accord mon Sur-Moi et mon Moi, mes désirs inconscients et ma vie de tous les jours ; sinon , je risque l'angoisse qui résulte de tout désaccord profond dans la personnalité…

■ *Marc rêve que, monté sur un cheval blanc, il avance lentement (avec des pas de haute école !) vers une forêt. Il se réveille dans un véritable enchantement.*

La couleur du cheval et les pas de haute école sont évidemment des signes positifs. La haute école signifie un accord total entre le cavalier et le cheval : donc une harmonisation importante dans la personnalité de Marc. Quant à la forêt, elle représente sans doute l'inconscient du rêveur. Il y part en exploration de lui-même. Mais on sent déjà qu'il peut y trouver une grande spiritualité et le silence calme de l'âme.

■ *Jacqueline rêve qu'elle suit son cheval. Elle ne sait pas où il se dirige. Mais elle lui fait confiance.*

Nous trouvons ici le « cheval-guide », qui ramène chez lui le cavalier aveugle ou blessé. Jacqueline sent ici qu'elle doit faire confiance à son instinct, « aveuglée » qu'elle est par les comportements contradictoires de sa vie quotidienne. C'est un rêve très court, mais fort important.

■ *Marguerite rêve de chevaux depuis des années. Le scénario est toujours le même. Les chevaux sont furieux, et la rêveuse tente de se réfugier dans un endroit quelconque. Chacun de ces rêves engendre de la panique.*

C'est un type de rêve fort courant, et l'on peut se demander combien de personnes le font chaque nuit à la surface de la terre! Il y a donc dans ces rêves la sensation d'une force aveugle et destructrice, mais d'impuissance devant cette force écrasante.

Dans ce cas, chaque rêveur doit se demander : *qui* est ce cheval? *Que* représente cette puissance imparable? Et *par qui* le rêveur se sent-il menacé inconsciemment? Quel est le personnage qui rôde en permanence dans cet inconscient? Il y a de fortes chances que le cheval symbolise « la mauvaise mère », plus rarement « le mauvais père ». De toutes façons, ces rêves doivent toujours être pris en considération, étant donné leur impact, surtout s'ils se représentent de façon régulière.

Le chien

Habituellement, c'est le compagnon attentif. Il est la fidélité à n'importe quel prix. Il est l'instinct. Mais aussi celui qui « piste » et ressent des choses inaccessibles à nos sens limités.

Mais son symbolisme est beaucoup plus vaste que ces représentations élémentaires. Le chien est gardien : gardien de l'homme et des enfers. Il conduit l'homme dans la nuit de la mort, comme il guide l'aveugle. Nombre de mythologies l'associent aux mondes souterrains, au compagnonnage dans l'au-delà. Il garde les portes des lieux sacrés. Chez certaines peuplades (Gold) un mort est toujours enseveli avec son chien, qui le conduira vers les royaumes célestes.

Il peut être un symbole solaire; ou bien un symbole maternel. Mais voici un rêve intéressant, fait par un homme de vingt-sept ans :

■ *Il rêve qu'il avance vers une vaste maison. La porte principale se trouve au-dessus d'une sorte de perron*

« étrange, très surréaliste » (dit le rêveur). *L'homme est suivi par deux chiens, un blanc et un noir, de taille moyenne. Soudain, les deux chiens le dépassent et vont se poster en haut du perron, faisant face au rêveur qui hésite. Mais les chiens ne semblent pas menaçants, sinon « sévères et très calmes »* (dit encore le rêveur).

D'après les associations de cet homme, nous trouvons :

☐ *la maison :* il s'agissait d'une habitation qu'il avait achetée récemment et à laquelle il n'était pas encore habitué. Cette maison représentait son «Moi». Ce jeune homme, en effet, avait entrepris une analyse et commençait à découvrir ses potentialités aussi bien que ses anciens blocages. On comprend que cette maison symbolisait ce «Moi» auquel il n'était pas encore habitué.

☐ *le perron :* il s'agit évidemment d'escaliers. Ceux-ci symbolisent *le seuil* qu'il faut franchir. Le seuil marque ici un «passage» vers un changement d'état intérieur; (voyez «les rêves de changement d'état»).

☐ *deux chiens :* blanc et noir, lumière et ombre. Ce sont deux opposés. Le nombre *deux* symbolise ici les «contraires» dans une personnalité (le bien et le mal par exemple, voyez le symbolisme des Nombres).

☐ *les chiens prennent place en haut des marches :* ils deviennent ainsi les gardiens de la maison. Symboliquement, ils sont les «gardiens du seuil», seuil qu'il faut franchir pour accéder à soi-même. Les chiens sont sévères et calmes : on peut croire qu'il suffira au rêveur de montrer «patte blanche», c'est-à-dire de se rendre compte qu'il devient de plus en plus « en règle » envers lui-même.

C'est un excellent rêve !

Le corbeau

Il est populairement considéré comme un oiseau de «mauvais augure», son cri et sa couleur marquant facilement les âmes frustes ou angoissées.

C'est un animal très social, organisé et structuré.

Il peut être un messager d'excellent augure; il peut même se présenter comme un ambassadeur divin (Japon). Et n'était-ce pas un corbeau qui, dans la Genèse, vérifia si la terre réapparaissait après le déluge?

Le corbeau est un oiseau perspicace. Symboliquement, il connaît les secrets de la vie et de la mort. C'est l'oiseau des «sorcières»; il remplit des fonctions prophétiques. Dans certaines peuplades (Indiens Tligit), le corbeau est un magicien organisant le monde.

Le corbeau est nanti d'un vaste symbolisme. *Dans les rêves*, il peut symboliser la solitude volontaire, la retraite spirituelle, l'espérance. Ou, au contraire, il peut y prendre des aspects maléfiques, en tant qu'annonciateur de troubles intérieurs; à moins qu'il n'annonce d'importants changements au sein de la personnalité.

■ *Une femme de trente ans rêve d'un grand corbeau; elle est épouvantée en voyant le bec anormalement crochu de l'oiseau. Elle rêve ensuite qu'on la poursuit.*

Je ne peux m'étendre sur l'analyse en profondeur de ce rêve; il faudrait reprendre tout l'historique de cette jeune femme. Mais nous remarquons le *grand* corbeau et, surtout, *le bec* qui fait penser au nez classique de la «méchante sorcière». La rêveuse associa :

— *bec : qui fouille les ventres, qui arrache les entrailles, Tante Pauline...*

Le bec est ici une sorte de symbole «phallique», une arme qui éventre. Pourquoi Tante Pauline? Parce qu'elle «éleva» la jeune femme, mais en lui interdisant la moindre liberté et le moindre amour. Et la rêveuse acquit la quasi-certitude de n'être pas une femme, de n'avoir pas de ventre. Le bec est ici un symbole de «castration» assez pathologique, associé à une Tante Pauline phallique, dominatrice, masculine à outrance. C'est, toutefois, un rêve assez pathologique. Quant à la poursuite, on pense au film de Clouzot : *le Corbeau* (déjà cité). La rêveuse se sent traquée par le monde entier à la suite des sentiments d'angoisse et de culpabilité déclenchés par la grâce de Tante Pauline...

Le coucou

Il semble qu'il apparaisse très rarement dans les rêves. Il peut y symboliser la sensation de parasitisme, l'impression d'être « en trop », de prendre la place des autres, etc. Il est dans ces cas, le signe de sentiments de culpabilité et d'infériorité. Il peut être également un symbole de l'instinct possessif, avec la jalousie tenaillante qui en découle.

Le crocodile

Il semble apparaître assez souvent dans les rêves. Il est un symbole archaïque par excellence, celui des tréfonds de nos inconscients. Il remonte dans la nuit des temps ; il est d'aspect antédiluvien ; il n'est pas étonnant, dès lors, qu'il représente également la sagesse ancestrale... C'est pourquoi il possède des qualités de « lumière », dans certaines traditions.

Mais le crocodile est avant tout le monstre du silence et de l'immobilité, de l'attaque brutale et rapide comme l'éclair (on l'associe parfois à la foudre). Il est celui qui entraîne au fond des eaux, sans aucun recours ni salut. Il symbolise le « mauvais œil », le « destin » ; dans certains jardins zoologiques, ne jette-t-on pas des pièces d'argent dans la fosse où il semble dormir et afin de conjurer le sort ?

Le crocodile est celui qui guette, invisible dans le monde des eaux. Il s'apparente au dragon, au varan, autres animaux arrivant du fond des âges. Capable de submerger et de détruire — car c'est un tueur —, il symbolise parfois le Grand Maître de la vie et de la mort.

Les rêves où apparaissent le crocodile n'évoquent pratiquement jamais de sensations agréables chez l'Occidental. Il faut toujours rechercher les grands fonds inconscients, et les personnages y ressentis comme maléfiques et destructeurs de la personnalité.

■ *Une femme rêve qu'un crocodile pénètre dans sa chambre conjugale. Elle se bat avec lui, mais le crocodile semble indestructible* (ce sont ses propres termes). *La gueule de l'animal s'approche de la rêveuse, qui se réveille en hurlant...*

... et comme on la comprend! La question qui se pose est : *qui* ou *quoi* représente ce crocodile? Quelle est cette puissance «indestructible» qui habite l'inconscient de la rêveuse, et qui, de plus, pénètre dans la chambre conjugale? Et voici à nouveau (décidément...) le personnage de la mère «dévorante» symbolisée par le crocodile. Une mère qui accabla sa fille de reproches «d'abandon» lorsqu'elle se maria, reproches qui n'étaient d'ailleurs que l'aboutissement de vingt-huit ans de main mise sur la personnalité de la rêveuse. Et — ce qui montre la culpabilité de la rêveuse — la mère entra dans la chambre pour happer à nouveau sa fille et l'entraîner dans le châtiment et l'angoisse.

Telle fut, du moins, la version de la rêveuse...

Le hibou

Oiseau des nuits, le hibou a pris un symbolisme de solitude et de mélancolie. La superstition s'en est emparé, et en a fait un oiseau de mauvais augure. Mais il peut être également un symbole de haute connaissance : dans certains rêves, il « annonce » parfois d'importants changements au sein de la personnalité, parce qu'il « connaît » les obscurités de l'inconscient.

Dans d'autres rêves, le voici protecteur et guide (toujours dans la nuit de l'inconscient).

Il symbolise aussi le Sage en nous, ce « Vieux hibou » que chacun porte en soi... Et ce n'est pas pour rien que de multiples hibous, en céramique et autres matières peuplent nombre de maisons contemporaines. Symbole de sagesse ? Juste retour des choses pour cet animal absurdement honni malgré qu'il soit d'une irremplaçable utilité.

Le loup

A la fois Frère-Loup et Loup-Maudit, il suffit qu'un seul rôde quelque part pour que les hommes ferment les volets en tremblant. Et ce ne sont pas tellement les tueries dont il est capable qui provoquent cette peur ; c'est une angoisse quasi sacrée ; c'est un vieux rêve qui remonte avec l'attente du loup.

Ce rêve est sans doute celui de l'entente avec le loup dans un paradis perdu depuis longtemps. Le loup est chargé d'un vaste symbolisme ; les rêves où il apparaît sont toujours ressentis comme puissants.

Le loup est-il simplement « la Bête » ?, celle qui surgit, rapide et mystérieuse, pour disparaître sans traces après son carnage ? Dans les mythologies, le voici tantôt bénéfique, tantôt satanique. Le loup voit dans l'obscurité ; il est ainsi symbole du lumineux, symbole solaire. Le loup est le héros solitaire, qui défie ceux qui le pourchassent. Il est symbole d'intelligence et de courage. Mais il est aussi dévorateur d'enfants, grand-méchant loup, loup-garou, et divinité des enfers.

Dans nos rêves, il revêt l'importance qu'on lui attribue. Il est parfois une partie de nous-mêmes : bénéfique ou négative. Il peut représenter le repli sur soi, le retrait par rapport aux autres. Mais il peut symboliser l'instinct que certains ne peuvent extérioriser. Il peut représenter aussi un personnage «dévorant» que l'on porte en soi : un père, une mère... Voire aussi un personnage social; car si l'homme est un loup pour l'homme, le loup l'est rarement pour le loup.

L'oiseau

Puisque l'oiseau appartient au domaine du ciel, il symbolise souvent la vie spirituelle; notamment les alouettes, les hirondelles, les oiseaux chanteurs et colorés. L'oiseau peut représenter le conscient supérieur, mais être également un symbole sexuel, ou celui de l'Anima (chapitre 7).

Dans les rêves, est-il coloré, vif, terne, solitaire? Est-il blessé? Il est évident qu'un corbeau et un colibri sont nantis d'un symbolisme différent (voyez *corbeau* dans les pages précédentes). Ne s'agit-il pas d'un oiseau bleu, symbole d'espérance et de renouveau? D'un oiseau blanc, annonciateur de simplification et d'harmonie intérieures?

Tout dépend ainsi du contexte du rêve; mais le symbolisme de l'oiseau est généralement assez simple.

■ *Une jeune femme rêve qu'elle pleure en regardant une cage dans laquelle s'agitent désespérément de petits oiseaux. Elle appelle son père.*

Les associations furent simples :
— *cette cage et ces oiseaux me représentent. Je suis en cage. Mon intelligence, mon esprit, ma liberté, sont enfermés en moi. Mes instincts sont freinés par la peur. J'appelle mon père pour qu'il ouvre la cage et me montre la route...*

■ *Un homme rêve qu'une nuée d'oiseaux, de toutes couleurs, s'élève verticalement.*

Ses associations furent :
— *joie, et affectivité rénovée. C'est moi qui vais jaillir hors de ma vie étriquée. Participation... Ces oiseaux étaient comme un grand jet d'eau colorée, vivante, chantante...*

C'est un rêve marquant une importante transformation intérieure; certainement un rêve d'Anima (chapitre 7).

L'ours

C'est un animal qui fascine les enfants, par sa bonhomie apparente, son aspect paternel et calme. Il est un symbole important, assez rare dans les rêves nocturnes il est vrai. Certaines peuplades (Soïotes) disent de lui qu'il est le Maître de la forêt, le vieillard noir. D'autres l'invoquent comme possédant la sagesse. Il symbolise avant tout la force élémentaire, la puissance de l'inconscient, mais aussi l'imprévisible, la sauvagerie capricieuse et la violence qui forment souvent notre ombre négative (chapitre 10). Dans les rêves d'enfants, il symbolise fréquemment l'autorité paternelle (ou maternelle s'il s'agit d'une Ourse).

Le poisson

Il appartient aux domaines liquides, comme l'oiseau fait partie du ciel. Et si l'oiseau symbolise l'esprit et le conscient, le poisson représente souvent l'inconscient, la vie intérieure et profonde. Mais il peut symboliser ce qu'il faut « pêcher en soi » afin de l'amener à la lumière du conscient et désencombrer ainsi l'inconscient.

Il est tantôt irisé de la lumière colorée des rivières, mais il glisse également dans l'obscurité silencieuse des océans.

▨ *Un homme rêve d'un grand nombre de poissons mordorés, très vifs, nageant dans une eau claire.*

C'est un beau rêve, réplique parfaite du rêve des oiseaux (page 225). C'est la beauté intérieure, la vie inconsciente en train de s'illuminer.

▨ *Une femme rêve de poissons morts, flottant à la surface de l'eau.*

Est-il besoin de traduire? Ce rêve représente la façon dont cette personne se ressent : déprimée, désespérée, vivant dans un noir silence de l'âme.

▨ *Un homme rêve que des poissons s'agitent sur la berge d'une rivière.*

Ses associations furent :
— *ils vont mourir; plus d'oxygène; je les regarde mais ne pense pas à les remettre dans l'eau; je suis paralysé en moi; je n'ai plus de vitalité.*

En fait, cet homme semblait en très bonne santé; ce rêve traduisait ce qu'il ressentait inconsciemment. Le rêveur a quitté son chemin essentiel (comme le poisson a quitté l'eau). Il est urgent qu'il fasse un retour sur lui-même.

Le serpent

Et voici encore un animal chargé d'un vaste symbolisme. Dans les rêves, ce vertébré représente ce qui est obscur en nous. Le serpent appartient au monde souterrain, invisible ; il fait partie des crevasses, des trous d'ombre. Mais il jaillit avec la vitesse de la foudre. Le serpent étouffe sa proie, la digère, la déglutit. Ainsi (écrit Bachelard)» le serpent est l'un des plus importants archétypes de l'âme humaine. Déifié ou maudit, cent mille fois représenté dans les arts, gardien des secrets et des temples, il est le tentateur, représente aussi la Connaissance, la Sagesse. Il est le symbole de la médecine occidentale; il est un symbole sexuel universel, image dressée et phallique. Le serpent, n'en doutons pas, conservera longtemps encore ses symbolismes contradictoires, exercera sa fascination et provoquera des cris d'horreur. »

■ *Une femme rêve qu'un serpent bleu la précède sur un chemin. Ils arrivent devant un fleuve. Le serpent y pénètre, et traverse; la jeune femme le suit à la nage.*

Personne ne pourra ressentir ce rêve comme négatif! Les associations principales de la rêveuse furent :
— *étonnamment bleu; sachant où il allait; pas de crainte; je le suivais en confiance; il semblait vouloir me montrer quelque chose; ma traversée n'a pas abouti, je me suis réveillée.*

Il s'agit, dans ce rêve, d'un Serpent-Guide, d'un Serpent-Connaissance. Il veut sans doute conduire la jeune femme vers une meilleure connaissance d'elle-même, en découvrant un lieu encore ignoré d'elle. Il y a également cette « traversée » qui symbolise le passage d'un état intérieur à un autre. Où le serpent et la rêveuse auraient-ils abouti? A un temple? Une clairière? Un lieu où se trouvait un coffret? Nul ne le saura; cependant, ce rêve libéra de l'énergie.

■ *Une femme rêve qu'un serpent pénètre dans la pièce où elle se trouve. Elle hurle et se réfugie dans une armoire.*

C'est un rêve « phallique », dans un sens très large. Il y a peur du viol (de la personnalité). Cette personne, d'ailleurs, ressentait le ragard d'autrui comme « la pénétrant » jusqu'à l'âme. Elle se réfugie dans une armoire, qui est ici un symbole maternel (être enfermé, être dans un endroit protégé). Traduit simplement : la vie sociale angoisse cette personne, qui demande sans cesse la protection du giron maternel.

Au fond, tous les rêves de serpents tournent autour des mêmes thèmes : sexualité, aspect phallique, menace dans l'inconscient, parties « rampantes » et cachées de nous-mêmes ; mais aussi : sagesse, connaissance des choses, gardiennat des secrets et des temples intérieurs ; nous retrouverons d'ailleurs ici le thème du Chien.

Le taureau

Ce fauve jouit parfois d'un véritable culte. Le taureau est intimement lié à la vie et à la mort. Dans la plupart des rêves, il apparaît comme une bête déchaînée, furieuse, indomptable. C'est alors un fauve dévastateur ; le tout est de savoir ce qu'il symbolise dans tel ou tel rêve.

Le taureau représente également la nature animale chez l'homme, instinctive, liée à la terre et au soleil, ressentant toutes choses avec puissance. D'autre part, je cite JUNG : *le sacrifice du taureau représente le désir d'une vie de l'esprit ; celle-ci permettrait à l'homme de triompher de ses passions animales primitives qui, après une cérémonie d'initiation, lui donnerait la paix.* N'est-ce pas là tout le symbolisme des « courses de taureaux », aimées ou haïes, mais toujours fascinantes, avec les toréadors aux habits « de lumière » (= d'esprit) ? Dans les rêves, tuer le taureau peut ainsi représenter le besoin d'éliminer sa « bête intérieure ».

Dans d'autres rêves, un taureau peut symboliser le père furieux ; nous retrouvons le complexe d'Oedipe (voyez le dictionnaire). Si le taureau est mis à mort, cela signifie alors que le fils « tue » (= élimine) son père pour jouir de l'amour exclusif de sa mère.

A moins que le taureau, animal d'instincts, de force mais aussi de jouissance de la vie et de la nature, ne symbolise l'« Ombre ». Reportez-vous au chapitre 10 ; car dans ce cas, il y a de fortes chances pour que le taureau, ombre du rêveur, soit en même temps sa lumière… parce que sa vie instinctuelle est refoulée.

XIII

Les nombres, les formes, les directions

Parfois, mais rarement, un nombre apparaît en rêve sous sa forme spécifique ; par exemple, on lit un texte dans lequel se trouve un nombre. Mais le plus souvent, le nombre se présente sous une forme déguisée. On peut rêver d'un *triangle* qui est évidemment composé du nombre 3. On peut rêver également du nombre 1 sous la forme d'*une* colonne solitaire ; ou d'une « dualité » quelconque qui symbolise le nombre 2, etc. A moins que le nombre ne se présente sous un assemblage ou une forme déterminés.

Ils sont importants les rêves qui comportent des nombres dont le symbolisme est fort ancien. Dans les rêves, les nombres évoquent généralement des idées, des sensations, des « lignes de force » de la personnalité. L'interprétation des nombres compte parmi les plus anciennes. Platon ne faisait-il pas des nombres le plus haut degré de la connaissance ? Et n'est-ce pas par les nombres et par les lois d'action régissant la « matière » qu'on aboutit à la physique atomique ?

De ce fait, les études des nombres et de leur symbolisme sont fort nombreuses. Je ne puis les examiner ici, mais synthétiser simplement quelques significations oniriques des nombres de *1* à *9*, tels qu'ils se présentent le plus souvent dans les rêves de chacun.

1

Le nombre 1 est un point de départ, un *fondement*. 1 est l'*unique*. Dans les légendes, il représente le Dieu unique, précisément. C'est un symbole onirique d'*unification*. C'est pourquoi il apparaît rarement dans les rêves sous sa forme spécifique.

Le nombre 1 est vertical, dressé. Il est ainsi un symbole *phallique ;* il représente alors la puissance.

On peut rêver de ce nombre sous différentes formes se présentant isolées : *un* dolmen, *une* tour, *un* bâton vertical, *un* mât dressé, etc. Je connais un homme qui, en fin de psychanalyse, a rêvé d'un serpent d'émeraude (voyez ces deux termes); ce serpent reproduisait fidèlement le graphisme du nombre 1. C'était un pur symbole d'unification de la personnalité de cet homme.

Le nombre 1 est également le signe d'un *commencement*, d'un élément *essentiel* en soi, d'une *promesse de continuité*, d'une *spiritualité agissante* et positive. C'est le signe du *principe masculin*, parfois de l'*Animus* (chap. 8) s'il apparaît dans un rêve de femme. C'est le symbole du « Yang » et du père.

2

C'est un très beau nombre symbolique. Il est fréquent — et important — dans les rêves, où il peut se présenter sous de nombreux aspects, spécifiques ou cachés.

Le 2 représente la *dualité* se trouvant en chaque être humain. Dualité, et souvent opposition : le positif et le négatif, le « bien » et le « mal », le Moi et le Sur-Moi, l'ombre et la lumière...

Ou bien l'accord se fait entre les éléments de cette dualité, ou bien le conflit et l'angoisse s'installent. C'est aussi le symbole de la *réciprocité*, des contraires, de l'amour et de la haine, du masculin et du féminin.

Le 2 est donc le symbole de l'ambivalence à rechercher en nous si elle nous est révélée par un rêve.

■ *Un homme (40 ans) rêve qu'il se promène avec son frère; ce dernier lui ressemble physiquement de façon parfaite. Le rêveur est à la fois radieux et fort angoissé. Il dit à son frère : je suis né en 1922.*

Notons que le rêveur n'a pas de frère. Dans ce rêve, il y a donc, *soit* division de lui-même en deux parties, *soit* dualité entre lui et son « double », *soit* unification entre ces deux parties se trouvant en lui. Mais le rêveur est radieux et angoissé en même temps. Cette *dualité* semble montrer que le « frère » représente l'Ombre du rêveur (chapitre 10); ce qui tenderait à prouver que cet homme est « divisé », et séparé de lui-même. Quant à l'année de naissance, 1922, elle était en réalité 1927. Alors, pourquoi 22? Sans doute pour marquer davantage le nombre 2, répété deux fois dans cette date. C'est comme si le rêveur renforçait, face à lui-même, la conscience de sa propre dualité et de sa scission intérieure. Et sa sensation d'être radieux montre que le rêveur sait que sa paix intérieure dépend de l'unification de cette dualité se trouvant en lui.

3 et **triangle**

Ce sont des symboles universels parmi les plus fondamentaux. $3 = 2 + 1$; c'est l'union du binaire et de l'unité.

C'est la tri-unité. C'est l'*ordre* et l'*harmonie*, le «*parfait*». 3 symbolise ce qui est achevé, ce qui a abouti.

Ici encore, le nombre 3 apparaît rarement sous sa forme spécifique, mais plutôt selon des dispositions d'objets; on rêve de trois choses, de trois personnes; ou bien d'un objet comportant trois parties. A moins que les objets ne soient disposés en triangle.

On peut rêver que l'on accomplit des actes se divisant en trois parties. La troisième partie marque alors l'accomplissement de l'action.

Les exemples symboliques sont nombreux. Entre autres : on frappe les 3 coups au théâtre, on «compte jusqu'à 3», on tourne 3 fois sur soi-même avant de choisir une direction, on s'embrasse traditionnellement 3 fois, on dit «jamais 2 sans 3», etc. Les héros poussent 3 cris : le premier en voyant le démon; le second en luttant avec lui; le troisième pour annoncer la victoire, accomplissement parfait de l'action.

Le nombre 3 peut symboliser aussi les étapes de la vie : l'existence matérielle, la vie intelligente, et le divin, qui est l'accomplissement final.

Quant au *triangle* outre son appartenance au chiffre 3, il doit être envisagé également selon sa forme géométrique.

Le triangle équilatéral symbolise l'*harmonie*, la *proportion* et la *divinité*. C'est le symbole du *feu*, de la *virilité*, du *principe mâle*. Le triangle maçonnique est bien connu; à sa base se situe la durée; ses deux côtés représentent les ténèbres et la lumière (dualité du nombre 2), et la *perfection* s'accomplit au sommet.

Le nombre 3 et le triangle n'apparaissent que dans des rêves importants. Notons qu'il est fréquent que la troisième action ou la troisième partie du rêve ne s'accomplissent pas... Voici un exemple.

Un rêve comportant les nombres 2 et 3

■ *Un homme (38 ans) rêve qu'il se trouve immobile sur*

un plan horizontal. Deux chemins obliques partent de ce plan, mais sans se rejoindre.

Voici une interprétation, d'après les propres associations du rêveur :

— *à gauche, c'est ma tristesse, mon être sombre ; à droite, c'est ce que je suis réellement. Les deux chemins de rejoindront-ils un jour ? Pourrai-je un jour intégrer en moi ce passé, et ne faire qu'une totalité, au lieu d'être sans cesse tiraillé entre mon Sur-Moi et ma personnalité libre ?*

Nous observons dans ce rêve :

a) les nombres 2 et 3. Il y a deux chemins partant d'une base commune, et allant obliquement comme s'ils devaient se rejoindre pour former un triangle (3). Mais ce triangle reste « en suspens ». Il aurait (symbolique du nombre 3) cependant marqué un aboutissement, une perfection, une convergence. Le rêveur reste donc devant ces deux chemins. C'est toujours la dualité, l'opposition, en lui, de forces contradictoires. Mais il y a promesse. C'est la symphonie inachevée, en quelque sorte.

b) voyez un peu plus loin la symbolique de la *gauche* (passé, obscurité) et de la *droite* (avenir, lumière), dont le rêveur parle dans ses associations. Et rappelons-nous le « triangle maçonnique », cité plus haut : la gauche (l'om-

bre) et la droite (la lumière) se rejoignent au point d'unification et de perfection, selon le symbolisme du triangle,
et, par conséquent, du nombre 3.

4 et carré

Le nombre 4 symbolise la plénitude, la solidité, la totalité,
l'universalité. Son symbolisme est directememnt rattaché
au *carré*, à la *croix* (et au symbole du *carrefour* qui en
dérive). Ce sont ces dernières figures qui apparaissent généralement dans les rêves.

Le carré

Il est parfaitement *fermé, équilibré, solide, bien campé*. Il
est un symbole de *stabilité* et de santé intérieure. Mais… il
est pointu aux quatre coins; le carré est l'antithèse des
mondes courbes. Il symbolise la *masculinité* ayant «les
pieds sur terre». Cependant, il est fermé; il est impossible
de s'en échapper. Il peut ainsi, dans les rêves, représenter
une *stabilité médiocre* devenant une véritable prison affective. Le carré ne s'ouvre sur rien; il est le symbole d'un
monde intérieur *stéréotypé*. Il traduit une *vie intérieure
limitée* à ses quatre coins : c'est le cas de le dire. Il représente aussi un *manque* de souplesse et d'envergure; ne
dit-on pas d'un homme limité qu'il est «carré» en sentiments ou en affaires?… de même que l'on dit : «Je n'irai
pas par quatre chemins mais vous le dirai «carrément»?
Pourquoi pas «triangulairement»?

La croix

C'est l'un des plus anciens symboles. La croix marque
quatre directions, (4 points cardinaux). Elle est ainsi un
symbole d'*orientation intérieure*. Comme on le sait, la
Chrétienté a «condensé» dans ce symbole l'historique du
Salut. Les représentations de la croix revêtent d'innom-

brables formes à travers l'histoire. Elle représente la *totalisation spatiale* (Guénon), aussi *l'union des contraires*. Dans les rêves, il s'agit de distinguer le stade « intérieur » du rêveur; car la croix, si elle peut symboliser la *souffrance*, peut également marquer un *aboutissement spirituel*, *l'unification de nos dualités*; elle peut aussi symboliser le *carrefour*..

Le carrefour

On comprend facilement l'importance du carrefour dans la symbolique, comme dans les rêves. Des mots banaux le définissent : «*Je me trouve à une croisée de chemins*»; ou : «*Je suis à un carrefour de ma vie*»; ou : «*Je me sens bloqué devant un choix à faire*»; ou : «*Le carrefour du destin*»; etc.

Le carrefour, en effet, marque une *confrontation avec son destin*. Il indique un *choix à faire*. Le carrefour est chargé d'*interrogations :* vers l'avant? l'arrière? à gauche? à droite?

Tout carrefour possède un *centre* d'où rayonnent les *directions* (voyez plus loin). Dans les rêves, il marque une situation *cruciale*, adjectif qui définit bien le carrefour en forme de croix.

Le carrefour peut également symboliser le *Mandala*, avec son centre et le rayonnement des directions. Revoyez en page 111. Le carrefour est toujours fort important dans le rêve, et quelle qu'en soit la signification.

5

Rare dans les rêves, ce nombre est formé de 2 et 3, premier nombre pair et premier impair. Il symbolise généralement la *volonté active*, la *personnalité profonde et créatrice*. Géométriquement, nous avons affaire au pentagramme.

6

Rare également dans l'activité onirique. Egal à 2 × 3, il symbolise deux triangles. Il représente les situations contradictoires, les *difficultés*, la *lutte*, l'*épreuve*. Les deux triangles réunis pointent dans quatre directions opposées. C'est la *difficulté du choix*, l'*oppression*, voire l'*angoisse*. C'est souvent le symbole de l'homme tiré «à hue et à dia». C'est une sorte de *carrefour* fermé...

7

C'est le nombre «sacré», le chiffre «magique». Il correspond aux 7 jours de la semaine, aux 7 degrés de la perfection, aux 7 degrés célestes, aux 7 pétales de la rose, aux 7 branches de l'arbre cosmique, etc. (P. Grison).

Le 7e jour est le jour «saint», celui du repos qui suit l'achèvement du monde. C'est un nombre sacré de l'ancienne Chine, des traditions grecques, de l'Islam, de la tradition hindoue... et de l'Apocalypse (on y trouve 7 rois, 7 tonnerres, 7 fléaux, 7 trompettes, 7 églises, 7 étoiles, 7 esprits de Dieu...). Faut-il citer aussi les chandeliers à 7 branches, les 7 années qui furent nécessaires à Salomon pour construire le Temple? Et les 7 vaches maigres, et les 7 vaches grasses? Dans les rêves, il marque un *aboutissement*, une *perfection*, une *totalité*, une *unification*. Il peut également symboliser l'*anxiété* devant l'inconnu que représente le renouvellement d'un cycle affectif.

C'est un symbole de *dynamisme*; 7, en effet, représente le travail organisé devant aboutir à la perfection; c'est également un symbole d'«*initiation*» *à la vie profonde*.

Ici encore, il est rarissime que le nombre 7 apparaisse en rêve sous sa forme graphique, bien que cela arrive parfois! Voici quelques exemples de «déguisement» de ce nombre:

■ *Lucien rêve que des jeunes femmes se promènent en sa compagnie ; la conversation est fort douce, calme ; le temps est printanier. Lucien se sent apaisé et heureux.*

Lucien dit ensuite :

— *Dans ce rêve, je pensais aux 7 péchés capitaux et, en même temps, aux 7 piliers de la sagesse… Et c'est vrai qu'il y avait à la fois une atmosphère sensuelle mais, surtout, une sorte de perfection de l'amour, quelque chose d'épanoui en moi, de façon stable, comme si j'avais trouvé quelque chose d'important…*

■ *Paul rêve qu'il achète 6 poteaux destinés à clôturer son champ ; une terre très vaste, genre « Western »* (dit-il). *Le négociant lui dit : « c'est peu, pour une aussi grande propriété. Je vous en ajoute un ? Cela fera 7… ».* Paul acquiesce.

Un fort beau rêve ! Nous y trouvons 1, 6 et 7. On pourrait traduire ce rêve comme ceci (en se fondant sur les associations faites par Paul) :

— *vous atteignez de grandes étendues affectives. Vous devenez maître* (propriétaire) *de vous-même. Mais vous luttez encore ; vous êtes encore en difficulté* (le nombre 6). *Vous devez aller plus loin encore si vous voulez vous gérer parfaitement vous-même. Vous devez vous ajouter quelque chose qui marquera votre épanouissement. Ajoutez en vous une unification* (le nombre 1) *et vous atteindrez votre propre plénitude* (le nombre 7).

Voici un rêve curieux et fort intéressant :

■ *Jeanne rêve qu'elle se trouve à l'Etat-Civil. Un employé cherche sa date de naissance afin de lui délivrer un passeport pour l'Amérique. Il dit : « c'est bon, le voici ; vous êtes née en 1717 ».*

Nous pouvons traduire ce rêve comme suit (et grâce aux associations faites par Jeanne) :

— *vous désirez la liberté intérieure* (l'Amérique). *Mais*

vous devez être en règle face à vous-même (le passeport).
Votre date de naissance montre que vous pouvez partir
(dans la vie libre). *Vous êtes, en effet, suffisamment uni-*
fiée (le nombre 1 répété deux fois) *en même temps que*
vous êtes assez épanouie après avoir travaillé sur vous
même (le nombre 7 répété deux fois.)

Nous avons lu un rêve de ce genre au sujet du nombre 2.
Ici aussi, il y a insistance, « martèlement » : les nombres 1
et 7 sont répétés. Notons en passant que la date réelle de
naissance de Jeanne était 1927; ce 7 final a sans doute
servi de base à ce rêve « amplificateur ».

8

Il est fort rare dans les rêves. C'est le nombre de la Rose
des Vents; *son graphique* est une croix, plus les 4 directions intermédiaires. Cette figure a également une forme
de rayons de roue. C'est aussi une croix (donc un carrefour) avec quatre directions supplémentaires.

Comme il possède un centre et huit directions, il peut
symboliser le *Mandala* (page 111). Il est alors un symbole
de sagesse et d'équilibre affectif, en même temps que de
lucidité envers soi. Par son équilibre, cette figuration du
nombre 8 signifie la *justice*, *l'équité*, la *tolérance*, la
loyauté.

9

Comme le nombre 7, le nombre 9 joue un rôle universel
important. Mais il est surtout intéressant par le fait qu'il
est le dernier de la série des chiffres. Il est ainsi à la fois
une fin et une promesse de continuation et de renouveau.
Dans les rêves, il peut signifier qu'un cycle intérieur se
termine, et qu'il faut aller plus loin. Espérons alors, s'il
apparaît en rêve, que les 9 muses nous aident à prolonger

l'extension active de nous-mêmes… Car 9 est le nombre de la plénitude s'ouvrant sur de nouveaux territoires.

Le cercle

Contrairement au carré, le cercle représente les mondes courbes. Aucun angle ne le hérisse. Le cercle participe de la perfection. Il est le développement de son point central. Il est un *Mandala*. Il est la représentation courante des cycles célestes, et la concrétisation de ce que tout, dans l'Univers, tourne, des électrons aux planètes, des galaxies aux étoiles.

Le cercle possède ainsi une valeur magique. Est inattaquable, celui qui se trouve à l'intérieur de la circonférence (cercle magique, cercle de feu, etc.) Sa circonférence n'a ni commencement ni fin.

Mais dans les rêves, outre les acceptions ci-dessus, se trouver *à l'intérieur* d'une circonférence peut représenter la *prison intérieure* ; à moins que cela ne signifie *l'angoisse de sortir du cercle* dans lequel on se trouve affectivement.

Il peut également symboliser le « giron maternel » dans lequel on reste bloqué par angoisse de la vie. Le cercle devient alors semblable au centre d'un carrefour où l'on resterait arrêté. Il s'agit donc, ici comme ailleurs, d'examiner le contexte du rêve et l'état intérieur dans lequel on se trouve.

■ Voici un très beau rêve, accompli par un homme ayant fait une psychanalyse :
— *il rêve qu'il tient une pomme bien ronde. Il donne dans cette pomme un coupe de bêche. Un oiseau sort de la pomme et s'envole…*

Etait-ce l'Oiseau bleu ? Je ne sais pas. La pomme est

une sphère (cercle) fermée, dont on ne peut sortir. Elle est l'image d'un Sur-Moi qui tient prisonnier le Moi. Le rêveur accomplit un geste viril; il prend une décision «mâle» (la bêche qui tranche et coupe est un symbole phallique). Il décide de «trancher» son Sur-Moi. Une image de liberté apparaît; c'est l'image de son Moi, de son affectivité et de sa sexualité authentiques.

Lorsqu'on choisit une direction...

Rêver d'un *carrefour* signifie logiquement qu'une direction doit être choisie. Le carrefour est — revoyez les pages précédentes — une confrontation avec un «destin». Ou bien le rêveur reste bloqué au *centre* du carrefour, sans pouvoir avancer ni reculer. Ou bien il s'avance dans l'une des directions qui se présentent à lui : *avant — arrière — gauche — droite*. A moins qu'il ne choisisse une des directions intermédiaires.

Dans les rêves, existent deux espèces de «carrefour» :

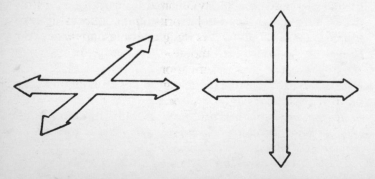

— le carrefour horizontal;
— le carrefour vertical; c'est alors une croix dressée (monter, descendre, gauche, droite).

Leurs symbolismes se confondent et je vous propose de les examiner succinctement.

Vers l'avant ou vers le haut

1) La signification avant est claire. Le rêveur choisit d'aller «droit devant», d'aller plus loin. Ce genre de carrefour se présente souvent sous la forme de quatre routes. Parfois apparaît un panneau indicateur. Vers l'avant signifie: avancer vers *l'avenir*, vers un *but*. Le rêveur s'en va vers l'horizon, mais dans lequel il risque parfois de se perdre. Nous avons vu un rêve de ce genre. En allant «droit devant», il se coupe de ses arrières. Il ne regarde plus vers le passé : seul son but l'intéresse. Parfois, le rêveur aperçoit un point lumineux, ou un personnage. Cette direction est généralement positive, encore qu'elle soit trop tranchée. Elle est parfois la direction choisie par des personnes souffrant de *sentiments d'infériorité* ou d'*angoisse*, qui «foncent» pour échapper à leurs peurs, sans examiner lucidement leurs capacités du moment.

2) **Vers le haut** signifie évidemment «monter». C'est la direction de l'élévation de l'esprit, ou de l'ascension matérielle. On «monte» vers la *gloire*, les *honneurs*, la *beauté*, la *lumière*. On «monte» vers plus haut que soi. C'est la direction de la purification progressive, de la sérénité, du dynamisme. Mais on «grimpe» parfois trop vite ou trop haut; on risque de se perdre dans des *compensations de sentiments négatifs*, avec tous les risques de *chutes*, si fréquentes dans les rêves.

Vers l'arrière ou vers le bas

1) Le rêveur recule. Il retourne vers son *passé*. A moins qu'il ne reparte vers des *sécurités névrotiques* dont il ne peut se passer. Il peut donc s'agir d'une régression, mais aussi d'un retour en arrière *afin de puiser des matériaux* permettant de mieux avancer.

Parmi les rêves très fréquents : on recule (à pied mais le plus souvent en voiture) vers un précipice. Tout dépend ici du contexte du rêve ; souvent les freins de la voiture fonctionnent mal, ou pas du tout. C'est un rêve d'angoisse ; le rêveur craint de « reculer » vers son inconscient, et de retomber dans le néant maternel.

2) Vers le bas. C'est la direction de la *descente en soi*, positive ou négative. Ce peut être une descente dans ses propres enfers, une *régression*, une dégringolade affective ou mentale. C'est la direction des *chutes* brutales. Mais ce peut être également l'introspection, la *recherche de son propre centre*. Ce peut être aussi le retour à une Enfance vivifiante, ou une réconciliation profonde avec la Mère.

Le *bas* est, en outre, la direction du déshonneur (« baisse » dans sa propre estime), de la déchéance, de l'obscurité, de la tristesse, de la dépression, et de toutes les caves obscures de l'inconscient. Et ne dit-on pas de quelqu'un qu'il « est bien bas » ?

Vers la droite ou vers la gauche

1) La droite est symboliquement la direction qui *monte*. C'est le *travail actif*, l'*ordre*, la *fidélité* à soi-même, l'*honneur*, l'*estime* (presque le même symbolisme que « vers l'avant »).

2) La gauche a, en plus souple, le même symbolisme que vers l'arrière. C'est la direction du *passé*, de l'*enfance*, de l'*obscurité*, des *profondeurs de l'inconscient*. Dans certains rêves, c'est la direction de la honte, du déshonneur.

XIV

La grande lignée

On pourrait croire qu'un rêve apparaît comme par hasard, comme « posé » là tout seul dans une tranche de temps. On pourrait le croire également sans rapport étroit avec la vie diurne. Bref, on oublie souvent le lien existant entre toutes choses.

C'est une grave erreur. Rien n'est posé là par hasard, rien n'est indépendant, rien n'est séparé d'un contexte général.

On ne peut jamais, en aucun cas, considérer un phénomène, quel qu'il soit, comme existant « en soi », et sans liaison avec le restant.

De même que chaque fraction d'instant de notre vie est intimement reliée à chaque autre fraction d'instant, nous faisant *tendre* vers un état pleinement humain inscrit en nous dès le début, de même, tout rêve fait partie de la lignée de tous les autres rêves allant de notre naissance à notre mort, et accrochés les uns aux autres comme les maillons d'une chaîne, comme sont mutuellement accrochés tous les évènements de notre existence.

A travers les zigzags apparents s'inscrit toujours une linéarité, d'une cohérence absolue dans chaque instant.

L'« individuation »

Jung a constaté un fait qui, après coup, semble d'une évidence presque banale. Si nous savons que chaque micro-instant, dans l'intégrale* des moments de notre existence, fait partie d'un seul « tissu » qui se déploie au fur et à mesure de notre temps, il devient évident que les rêves — eux aussi — sont les mailles d'un même tissu psychologique.

Jung constata que l'entièreté des rêves d'un individu paraissent obéir à une disposition générale. Il appela ce processus : **individuation**.

Il est d'ailleurs facile à chacun d'observer que de nombreux éléments de rêves reviennent (sous des symboles identiques ou non) après plusieurs années parfois. On dirait une sinusoïde ; chaque partie supérieure de la courbe repart vers l'oubli, pour resurgir plus loin. Mais nos errements et nos zigzags ne sont qu'apparents. Parce que nous avons le nez dessus, nous ne nous rendons pas assez compte de la continuité absolue et irréversible des circonstances de notre vie. Ainsi, l'arbre cache la forêt, la goutte d'eau dissimule le fleuve.

Chacun de nous va « quelque part ». Le but est imprimé en nous dès notre naissance, et probablement depuis le début de l'univers. Il existe une tendance directrice, une « ligne de conduite », programmées dans nos ordinateurs inconscients ; cette tendance se manifeste par un processus de maturation permanente et progressive, qui suit un plan déterminé.

Mais cette maturation, que l'on veut « personnelle », fait évidemment partie d'un contexte infiniment vaste. Le temps de l'anthropocentrisme et de l'anthropomorphisme est fini. La physique et l'astrophysique remettent l'homme

* Dans le sens mathématique du terme.

à sa juste place. Mais s'il a perdu son importance, il a acquis un sens; celui de s'inscrire à temps plein dans la démarche de l'univers et — qui sait? — d'un univers dont chaque atome baignerait dans une Conscience-Energie.

Un journal de bord nocturne?

Il semble indispensable, si l'on veut observer sa propre «croissance» psychologique. Nombreuses sont les personnes qui, quotidiennement, écrivent leur journal intime; pourquoi ne pas tenir un «journal» onirique?

Car l'angoisse de beaucoup est de rester bloqué à un «Moi» coincé dans des «Sur-Moi», tout en ressentant quelque part un centre inaccessible, mais dont la chaîne des rêves montrent cependant la direction en même temps que les obstacles. Faut-il rappeler les nombreux rêves d'aspect négatif ou angoissant, qui surgissent suivant des fréquences déterminées, toujours semblables, et qui semblent insister, et insister encore, sur une difficulté véritablement «accrochée» dans une personnalité?

Le processus d'*individuation* ne peut avoir lieu que si nous avons conscience de ce qui précède. Il faut bien se dire que ce qu'on appelle l'inconscient est une sorte de gigantesque machinerie dont la fonction est de nous équilibrer à chaque instant, et de réaliser la totalité de notre être. Et il est dommage que beaucoup opposent un barrage à cette action de l'inconscient à la suite de critères éducatifs souvent absurdes.

Voici encore un «grand» rêve. Il fait partie du processus d'individuation. Le sens de ce rêve n'est donc valable que pour la personne en cause. Mais je crois que ce rêve peut concerner tous ceux qui sont intéressés par leur propre vie profonde, et qui désirent aboutir à ce qu'ils sont, malgré les dédales, les labyrinthes, et des incohérences souvent plus apparentes que réelles.

Le rêve d'un homme de 47 ans

> — *Cela se passait dans une maison. Dans mon rêve, je l'appelais « la Grande Maison ». Les meubles étaient en bois blanc vernis. Il faisait chaud, doucement chaud, dans la grande maison. Tous les murs étaient blancs et très lisses. Comme des miroirs, ils reflétaient — ils doublaient — la scène. Nous nous trouvions dans la cuisine : ma femme, ma fille, et moi. Je n'ai pas de fille, mais réellement un fils, vous le savez. Et dans ce rêve, c'était bien ma femme, mais je n'étais pas marié ; je vivais avec elle ; elle était ma compagne. La table de cuisine était simple ; une planche circulaire posée sur un trépied. Chacun de nous mangeait en silence, dans des sortes de bols assez évasés, en terre rougeâtre. Une fumée odorante montait du fourneau. Dans ce rêve même, je me disais que cette scène pourrait être peinte par Vermeer. Maintenant que je revois ce rêve, on aurait pu tracer un triangle dont les sommets auraient été les trois bols. Nous mangions avec les doigts, lentement. Un fait qui, dans mon rêve, était merveilleux : des gens allaient et venaient dans la grande maison, mais sans pénétrer dans la cuisine…*

Cet homme — un ingénieur — fit ce rêve en fin d'analyse, après avoir passé par les stades de l'Anima (chapitre 7) et de l'Ombre (chapitre 10), qui sont des « passages » indispensables. Et on comprend que ce rêve était l'aboutissement d'une grande lignée d'autres rêves qui, réexaminés après coup, s'« emboîtaient » admirablement pour former un tout.

Je crois intéressant de reproduire quelques-unes des associations que fit cet homme :

■ GRANDE MAISON. *Mais c'est moi! Ou plutôt moi dans elle ; elle m'enveloppe mais il n'y a aucune sensation d'un monde clos, au contraire... C'est une maison-univers ; elle pourrait s'étendre à l'infini...*

Revenons à ce qui fut dit plus haut, en lisant la suite des associations de cet ingénieur sur le même élément de son rêve :

■ *Depuis deux ans, vous le savez, j'ai cessé d'être un ingénieur-ingénieur! Mais j'ai employé mes connaissances pour étudier les découvertes de la physique actuelle : jamais la physique n'a eu autant d'implications métaphysiques. Je crois que l'homme de demain sera un être religieux. La « gnose de Princeton » fut pour moi le révélateur de ce que je ressentais depuis longtemps. Vous voyez?... l'idée d'un « Dieu-Champ » me séduit de façon extraordinaire... J'ai relu Bergson aussi...*

Arrêtons-nous à ces premières associations.

— *La gnose de Princeton** est un ouvrage touffu, enthousiasmant, écrit par Raymond Ruyer, philosophe ayant consacré des années d'études à la physique, aux mathématiques, à la cosmologie et à l'informatique. Cette « gnose de Princeton » est une forme de pensée émanant d'astronomes, de physiciens et de biologistes américains, tous à la pointe de l'intelligence ; elle tente de rétablir la primauté d'une conscience aux dimensions du cosmos. C'est une vision se détachant du matérialisme, et qui respecte totalement la science et ses découvertes.

— *Le « Dieu-Champ »* est une idée envisagée par R. Ruyer, dans ce livre. Il est assez hasardeux d'extraire des lignes de l'énorme contexte de son ouvrage, mais en voici tout de même quelques-unes « ... si l'univers était réduit à un serpent ou à une mouche, au lieu d'être réduit à un homme, faudrait-il donc admettre un Dieu-serpent ou un Dieu-mouche ? Un Dieu anthropomorphe est aussi absurde qu'un homme déifié. Nous n'échappons à l'une de ces

---

* *La gnose de Princeton*, par Raymond Ruyer; éditions Fayard.

absurdités que pour tomber dans l'autre. La seule solution si c'en est une, est d'admettre un Dieu-champ, incompréhensible et incommensurable. En ce Dieu, toute vie est plongée, comme dans un champ de gravitation. Mais c'est un champ de gravitation hyper-physique, dans lequel nous éprouvons non des impressions de poids, mais des attractions « idéelles » (que les gnostiques américains appellent *Semantic gravity*). »

Il s'agirait ainsi d'étendre le domaine de la conscience à celui de la « matière » tout entière. J'ai placé entre guillemets le mot matière, car la notion de « corpuscules » matériels est de moins en moins admissible en physique contemporaine*.

En poursuivant les associations du rêveur ci-dessus, on constate que la forme « réductive » de certaines psychanalyses doit être rejetée, et qu'il se passe infiniment plus de choses en l'homme que la réduction à son existence « en soi », séparée, et « posée » là par hasard comme dit plus haut.

Revenons au rêve :

■ MEUBLES. *Mais la vie est simple : Comment l'expliquer ? C'est une pure sensation ! C'est une respiration à l'échelle cosmique ! C'est curieux d'ailleurs ; c'est grâce à la physique moderne que je suis arrivé à la notion d'amour... c'est comme une évidence. Je ne puis plus imaginer que tout, absolument tout, ne se tienne pas dans l'univers, depuis le début, depuis l'hélium initial... J'ai lu une réflexion de Louis Pauwels, disant que le projet de l'univers est peut-être la transformation de cet hélium initial en un esprit emplissant l'univers tout entier, signifiant par là que, à travers nous comme à travers toute chose, circule le projet de l'univers... Voilà, vous voyez ? les*

---

* Il faut lire également *l'Esprit, cet inconnu* de Jean Charon, physicien et philosophe français.
Il est remarquable que le langage de certains physiciens modernes (d'Einstein à Heisenberg entre-autres) et de certains mystiques se ressemble profondément.

meubles de mon rêve sont simples, comme ils le sont d'ailleurs dans ma maison réelle.

■ MIROIR. *Les murs blancs doublaient, je l'ai dit, le repas de nous trois. C'était peut-être un miroir de divination? Parce que l'avenir de ma famille et de moi-même sera d'une très grande simplicité participante.*

■ CUISINE. *Centre pour le repas. Rituel du repas. Des bols, et non de la porcelaine! De la terre, surtout! Les hommes aspirent à la terre; ils sont de même race. Les potiers se multiplient, et c'est bien. Mais pourquoi les gens s'acharnent-ils à éliminer ce goût profond en conservant leurs lamentables apparences, leur lamentable paraître? Vraiment, cette cuisine de mon rêve était un centre ritualiste; le rituel d'une nouvelle sensation de vie, que quotidiennement ma femme et mon fils-mathématicien ont éprouvée progressivement en même temps que moi.*

J'ajoute ici que la cuisine d'une maison (voyez dictionnaire) symbolise «le lieu où ont lieu les transformations». C'est la version onirique du local des alchimistes à la recherche de la pierre philosophale, mais pour qui l'essentiel n'était pas la transformation des métaux, mais bien la mutation intérieure de l'expérimentateur lui-même. Ce symbole de la cuisine est important dans le rêve qui nous occupe. De plus, une fumée monte du fourneau; cela n'évoque-t-il pas le creuset des alchimistes d'où montaient les vapeurs de mercure?

Et est-il utile d'ajouter à ce beau rêve que le nombre 3 s'y retrouve 3 fois? 3 pieds de la table, 3 bols, 3 personnes...

Voilà pour ce rêve qui est à méditer, en tant qu'aboutissement d'un être, avec toutes les implications rayonnantes qui en dérivent. Cet homme, jadis «ingénieur-ingénieur», devenait un homme «religieux», relié, inscrivant sa vie dans une simplicité quotidienne faisant partie — sans sentimentalité aucune — du cosmos. Nous avons déjà rencontré un homme de ce genre. Et l'on peut se poser la question suivante...

L'homme de demain sera-t-il religieux?

André Malraux disait que la prochaine civilisation serait « religieuse », ou ne serait pas.

C'est net comme une épée, et prolonge directement ce qui fut dit dans ce chapitre. C'est un lieu commun de dire que l'espèce humaine est en pleine « mutation » dans ses conceptions intimes, et dans la façon dont elle se situe au sein du monde. Même l'être le plus fruste est « imbibé » par les retombées des recherches scientifiques actuelles. Jamais on n'a autant parlé de sondes spatiales, d'OVNI, d'extra-terrestres, etc. Tout homme est sensibilisé par le fait — entre autres — que l'Amérique ait envoyé une sonde cosmique, chargée de messages destinés à d'éventuelles intelligences habitant d'autres mondes. L'homme de la rue commence à savoir — sans savoir qu'il le sait — un certain nombre de choses concernant l'univers. Sa sensation des choses change. Il se doute de ce que l'univers exploré par les grands télescopes soit peuplé de millions ou de milliards de planètes habitées par des êtres plus intelligents ou moins intelligents que lui. Du même fait, le champ de conscience humain s'étend. La dimension du « petit homme isolé », placé « par hasard » sur la terre, commence à s'agrandir lentement, avec les soubresauts affectifs que cela suppose. Dans le monde scientifique se font jour de nouvelles réflexions sur la « matière », qui se révèle de plus en plus comme une immensité dont on ne connaît que la surface. La génération scientifique moderne repose en termes précis les questions dites de « parapsychologie » qui, n'en doutons pas, versera un jour dans le domaine de la physique. Et c'est sûrement de cette dernière que viendra la renaissance. Peut-être alors saura-t-on de quoi nous sommes faits, où nous allons, d'où nous venons, dans quel «champ» nous sommes plongés; peut-être saura-t-on également comment fonctionnent l'intuition, la sensation, la pensée qui, aujourd'hui encore, ne sont que des mots tentant péniblement d'expliquer des faits inconnus. Ainsi, probablement, un grand pont sera-il jeté entre la science, la métaphysique et les religions, tout cela aboutissant, qui sait? — à la connaissance d'un univers totalement et absolument «interconnecté»...

L'individuation est-elle un privilège réservé?

En d'autres mots : faut-il absolument faire une analyse pour atteindre le climat d'individuation et de réalisation totale de soi? Certainement pas. Voici ce qu'en dit *Marie-Louise von Franz* :

«En fait, chaque fois que l'être humain se tourne sincèrement vers son monde intérieur et essaie de se connaître, non pas en ruminant ses pensées et ses sentiments subjectifs, mais en suivant les manifestations de sa propre nature objective, tels que les rêves et les fantasmes authentiques, alors, tôt ou tard, le Soi émerge. Le Moi découvre alors une force intérieure qui contient toutes les possibilités de renouvellement.»

Il faut cependant bien se dire que rien ne peut être accompli dans ce domaine, sans que les grandes étapes essentielles aient été dépassées :

a) **L'Anima** (chez l'homme) et **l'Animus** (chez la femme) doivent *absolument* avoir été «purgés» des influences négatives qui les rendaient destructeurs (*voyez les chapitres 7 et 8*). C'est probablement le travail le plus long et le plus difficile, encore que les rêves aident considérablement à le réaliser. La condition est, bien entendu, d'être très attentif aux rêves où apparaissent l'Anima et l'Animus, ainsi qu'à leur continuité et à leur convergence. Le meilleur moyen est, évidemment, de les noter, et d'associer au mieux comme il a été dit au chapitre 2. L'Anima et l'Animus sont d'autant plus difficiles à « retourner à l'endroit » qu'ils forment souvent des pièges dans lesquels l'homme ou la femme tombent facilement : le coup de foudre, l'amour platonique, les rêveries amoureuses, les fantasmes érotiques, le don-juanisme, la séduction charmeuse, etc. Il n'est donc pas facile de voir clair au milieu d'une forêt de délices : faux-délices, soit, encombrant et empoisonnant la personnalité, mais apparences de délices tout de même. Tout cela tournant en rond, durant toute une vie parfois, avec les dégâts intérieurs et sociaux que cela provoque.

b) L'ombre, elle aussi, *doit* avoir émergé. Son énergie négative *doit* être devenue positive, comme un courant électrique dont on inverserait le sens. Ce n'est pas facile non plus, et la lecture du chapitre 10 est convaincante à ce sujet.

Mais que voulez-vous… on ne peut arriver au sommet du triangle qu'après avoir fait converger deux côtés, tout d'abord ; et ensuite, après les avoir prolongés jusqu'à leur point de rencontre. Nous avons rencontré un rêve de ce genre.

Et puisque le futur dépend du passé dont il est la conséquence irrévocable, puisque demain dépend d'aujourd'hui, puisque l'adulte que nous sommes dépend de l'enfant que nous fûmes ; et puisque, en fin de compte, il vaut mieux prévenir que guérir, je vous propose que le dernier chapitre de ce livre soit consacré aux rêves des enfants, sur lesquels les parents devraient se pencher bien davantage…

XV

Les rêves d'enfants

En guise d'ouverture, voici **le rêve d'une fillette de 7 ans.** Lisez-le, pour sa saveur printanière — encore qu'il s'agisse d'un cauchemar! Il va de soi que je le reproduis tel que cette fillette l'a transcrit, et sans modifier quoi que ce soit à son orthographe et son absence de ponctuation.

— *Une petite fille se promenai avec ses parent dans' la forêt soudain elle se perda elle avé peurt est tout a cou elle aperpu un grand géan qui la poursuivé elle se mi a dire ausecour ausecour ausecour en pleuran et cet homme lui riquanai ah ah ah ah mai sa maman lentendi se présita ver son lit en lui demandan se qui cétai passé sa peit fille lui espliqua quelle avai fai un cochemar.*

N'est-ce pas un « cochemar » au goût de cidre? Quant au dessin réalisé par la jeune rêveuse, le voici. Je ne connais pas cette petite fille; c'est grâce à son père que je suis en possession, et du rêve, et du dessin qu'il eut l'excellente idée de demander à l'enfant.

Ce dessin ne peut évidemment pas être la reproduction exacte du rêve ; mais, tel quel, il est précieux pour la définition d'un climat enfantin *très courant*.

On voit sur ce dessin un *géant* à sombrero et pompon rouge (sans doute « bandit mexicain » de télévision ? et pompon de marin étant donné que la fillette habite à proximité d'un port ?). Un *arbre* figure la forêt. Un *couteau* est pointé, en même temps qu'un autre objet indéfinissable. Mais le génant sourit ; il ne montre aucune dent menaçante ! L'arbre est peint en couleurs normales (vert dessus, et brun pour le tronc). Sans faire le moins du monde de « pansexualisme », on peut remarquer à quel point cet arbre représente un phallus ; de même en ce qui concerne le couteau. Pourquoi ce rêve de poursuite ? Une culpabilité ? Aurait-elle observé secrètement son père nu, pour produire ces dessins phalliques ? Ce géant serait-il son père lui-même, à moins que le rêve ne « transpose », auquel cas ce géant serait la mère de la fillette ? Ce qui nous placerait en pleine situation oedipienne (voyez le dictionnaire).

Le *géant* est, symboliquement, un être à l'état brut et aux instincts puissants. Il représente les forces issues de la Terre.

Dans ce rêve, le fillette ne s'est-elle pas sentie engagée dans un « combat de géants » étant donné sa sexualité naissante ?

Un autre rêve d'enfant

> — *Jean-Jacques (8 ans) rêve qu'il se trouve sous un grand pommier ployant sous les fruits Il mange* (je cite !) *à s'en faire péter le ventre.*

Le dialogue a pu s'engager :

— Pourrais-tu dessiner ton rêve ? Te le rappelles-tu suffisamment ?

— *Ben oui... Il me faut du noir, du vert, et du rouge très fort.*

Le garçon dessine rapidement. Le pommier est vaste ; ses branches couvrent la feuille entière. Les larges taches rouges des pommes parsèment le vert. A l'horizon se trouve une très petite maison.

— Mais toi, Jean-Jacques, où es-tu ?

— *Moi ? Oh, eh bien...* (il réfléchit profondément) *là, en-dessous des branches. Alors, on ne me voit pas !*

— Mais d'où venais-tu, avant d'aller sous ton pommier ?

— Je ne sais plus. De chez moi, là-bas! (il montre la maison lointaine).

L'enfant commence à pleurer sourdement, profondément.

— Tu aimes les pommiers?

— Les pommes? Oh, oui!

— Non; les pommiers?

— C'est beau, c'est très doux; il y a de l'ombre, et puis des pommes en quantité...

A entendre l'enfant, le pommier représentait une douceur maternelle qui lui manquait. Ce manque était symbolisé par l'éloignement de la maison (dont on peut douter qu'elle figurait dans le rêve). Le pommier était comme une large jupe protectrice sous laquelle on se glisse...

Le rêve d'un garçon de 12 ans

Le plus étonnant ici était la répétition fréquente de ce rêve.

> *— Ma mère, dans ce genre de rêve, est toujours au volant de la voiture. Moi, je me prélasse sur les coussins arrière, en fumant un cigare. Ma mère, je la ressens alors comme une sorte de courtisane à mon service. Chaque fois, la voiture passe devant mon père, immobile sur le trottoir. Il est mal lavé, et dépeigné. Il porte des vêtements troués. Je le regarde avec hauteur, tandis que la voiture continue.*

Notons qu'il s'agissait d'un enfant élevé dans une famille nullement sclérosée dans des systèmes périmés. De plus, le père était — comme dans les contes — jeune et beau.

J'ai donc recherché avec le garçonnet la racine de ce rêve souvent répété. Son intelligence lui permettait de comprendre les grandes lignes du complexe d'Oedipe. Après que je lui en eus parlé, il me dit :

— Au fond, je ressentais cela, sans pouvoir le définir. Oui, c'est cela. Mais ces rêves toujours semblables m'an-

goissent au point que jamais je ne pus les raconter à mes parents en qui j'ai cependant toute confiance ! Mais oui ; j'aime tant ma mère (également jeune et belle !) *que je voudrais que mon père parte en voyage pour des années. Je voudrais être le seul à être aimé de ma mère. Et je suppose que je ressens ma mère comme étant à mon service pour mieux l'avoir à moi, pour la réduire à ma merci ?*

Notons encore le cigare fumé par le garçonnet, signe de réussite sociale et image phallique. Ceci, joint à la vision du père «misérable» et laissé pour compte au bord d'un trottoir n'est-il pas le couronnement de ce complexe d'Oedipe ? (voyez le dictionnaire).

L'interprétation des rêves d'enfants

On ne peut que rarement analyser les rêves d'enfants comme on le fait pour les adultes, en invitant à «associer» librement sur des éléments du rêve. Et cependant, la collaboration de l'enfant est indispensable ; à moins que le rêve ne soit tellement limpide que l'interprétation devient évidente.

Il faut bien se pénétrer de l'importance des rêves chez un enfant. Ce dernier est branché en «prise directe» sur son «ordinateur» inconscient. Tout son comportement futur s'y trouve à l'état potentiel. L'enfant est semblable à un ballon élastique de petite sphéricité, et criblé de taches minuscules. Ces taches représentent les parties potentielles de sa personnalité. Pour l'instant, les taches sont condensées en des points. Plus tard, le ballon augmentera de taille ; les taches grandiront avec lui. Ce qui était potentiel et « ramassé » s'élargira. Il est donc nécessaire de détecter les taches négatives au moment de leur apparition, afin de pouvoir les « gratter » avant que leur superficie ne devienne envahissante. N'oublions pas qu'une *névrose* est une tentative manquée d'adaptation à la vie. C'est une recherche de soi *inadéquate*. C'est (selon le mot de Jung) la souffrance d'une âme qui cherche son sens.

Dans ce cas, ne vaut-il pas la peine de s'attarder aux rêves nocturnes des enfants ?

La première chose à faire est d'essayer de les leur faire raconter. Cela peut parfois suffire à les libérer d'une anxiété lourde, même si les parents ne parviennent pas à donner un sens au rêve. Il s'agit surtout de vérifier si un même type de rêve ne se représente pas régulièrement (comme déjà dit, il est des mêmes rêves qui poursuivent inlassablement leurs assauts durant toute la vie d'un individu !). Cela signifierait que la personnalité de l'enfant « cale » contre d'importantes circonstances intérieures ou extérieures.

Mais si on le peut, on doit inviter l'enfant à « associer », soit normalement (« à quoi te fait penser tel ou tel élément du rêve » ?), soit sous forme de dessin. Chez les très jeunes enfants, on peut « jouer » le rêve avec lui. Cela devient, toutes proportions gardées, une sorte de théâtre ou de psychodrame.

Certes, aucun enfant (pas plus qu'aucun adulte) ne peut dessiner ou peindre ses rêves avec exactitude. Pour ce faire, il faudrait posséder le talent d'un Salvador Dali. Pour l'interprétation d'un rêve d'enfant, il faut donc se contenter de transpositions graphiques très maladroites ; mais le dessin commenté par l'enfant mettra sur la voie.

Le rêve de Mariette (9 ans)

— *Il y avait mon papa et ma maman. C'était dans la cuisine de leur maison. Maman faisait à dîner. Papa ne faisait rien. Il criait fort contre moi. J'avais peur, très très peur.*

Avant tout, notons «de *leur* maison». Cela n'interviendra pas ici; j'ai dû en faire un travail à part; car, après conversation avec les parents, il devenait certain que la fillette éprouvait la sensation de «n'être pas chez elle mais chez ses parents», à la suite de sentiments de culpabilité (déjà!) qu'il serait trop long d'envisager ici.

Ce rêve semble peu de chose. Mais les parents m'avaient signalé les fréquents cris d'angoisse nocturnes de l'enfant appelant sa mère,

Le dialogue s'engagea avec Mariette.

— De ton rêve, te rappelles-tu autre chose?

— *Non. Rien du tout. J'avais peur de mon papa qui criait. Il était grand, grand!...*

— Que faisait-il dans la cuisine?

— *Rien. Non, rien. Il criait!*

— Très fort?

— *Oh oui, très fort!*

— Ton papa va-t-il souvent dans la cuisine pour y aider ta mère?

— *Il n'y va jamais. Il est toujours dans son bureau. Il travaille beaucoup, tu sais! et puis il a des responsabilités!* (Mariette prend un air de grande componction).

— Et toi, que faisais-tu dans la cuisine?

— *Moi, bien... oui. Je tenais la main de maman. Parce que...*

— Parce que?...

— *Eh bien, pour montrer à papa, voilà. Je le déteste!*

— En es-tu sûre?

— (Mariette me lance un regard «en-dessous») *Oui, je le déteste, je le déteste.*

— Ah bon! Mais pourquoi?

— *Je ne sais pas.*

L'expression de la fillette se durcit. Un nouveau coup d'œil, légèrement torve.

— Pourrais-tu dessiner ton rêve?

Mariette a peint. On voit un carré jaune : la cuisine. Une femme aux couleurs vives, rouges : c'est la mère. Les formes en sont amples, rassurantes. Quant au père, beaucoup plus petit que la mère, il devient une sorte de tracé noir, sans aucune couleur qui emplisse les traits du dessin. Mariette se trouve aux côtés de sa mère. La bouche de la fillette est peinte en rouge vif.

— Ton père est si petit, alors que tu le voyais grand, très grand dans ton rêve ?

— *Je suis fâchée contre lui.*

— Il t'a fait quelque chose ?

— *J'avais mis du rouge sur ma bouche !*

— Ah bon ! mais toutes les femmes en mettent ?

— *Je sais, je sais...* (air aimable et condescendant de Mariette). *Mais les hommes sont contents, n'est-ce pas ?* (j'acquiesce avec le sérieux dont je suis encore capable). *Mais moi, papa m'a attrapée.*

— Ton papa est gentil, pourtant ? Si tu le dessinais normalement, comme lorsqu'il est gentil ?

Elle reprend son dessin. Le père « grandit », se colore de rouge lui aussi,

— *Voilà. Il ne fait plus de gros yeux.*

Mariette se plonge dans ses pensées :

— *Mais je mettrai encore du rouge.*

On pourrait objecter que le rêve de Mariette ne fut qu'un piètre élément de départ. C'est vrai. Mais nous voyons déjà que la traduction d'un rêve par le dessin est sujette à caution : le père « grand » du rêve devient inexistant par la suite.

La véritable base de départ demeurerait l'angoisse nocturne de la fillette, engagée, elle aussi, dans un combat de « géants » (revoyez le rêve en début de ce chapitre).

Quant au rouge à lèvres, il avait réellement provoqué une colère sans fondement de la part du père, qui n'avait pas compris la normalité d'un phénomène courant. La fillette se maquillait pour « faire comme maman » et pour être remarquée du père, en tant que femme en herbe. La colère du père provoque un retournement agressif chez Mariette; elle devient alors la complice de sa mère contre son père. La scène se déroule dans une cuisine, lieu qui est traditionnellement le domaine maternel, et où un père devient inutile et diminué.

Connaître les rêves d'enfants?...

Il est parfois difficile de connaître les rêves des enfants, surtout des très jeunes. L'oubli vient rapidement. Il faudrait pouvoir « cueillir » le rêve au réveil; la seule solution serait que l'enfant racontât spontanément son rêve à ses parents. Ce qui se passe d'ailleurs souvent. Aux parents alors de noter le rêve s'ils en ont le temps... et le courage.

Un seul rêve n'apporte généralement pas grand-chose; alors qu'une chaîne de rêves peut révéler des « communs-dénominateurs » affectifs, permettant de détecter le comportement (positif et négatif) de l'enfant. Un rêve est bien; une brochette de rêves est mieux.

Ce n'est pas facile, convenons-en! mais c'est rentable pour l'enfant.

Il ne faut surtout pas faire du « psychologisme »!
Notre époque est celle du tâtillonnisme psychologique; on en arrive à une réductivité totale de l'être humain, au lieu de l'étendre vers des dimensions qui sont les siennes propres. Et finalement, un buisson rabougri cache la forêt.

Pour en revenir au sujet, il est assez difficile de demander à un jeune enfant d'« associer » des idées ou des images sur des éléments du rêve. Cependant, il arrive que des enfants, même très jeunes, partent à toute allure dans des associations excellentes. Tout dépend, et de leur imagination, et de leur spontanéité. Mais il faut alors une oreille « exercée » pour entendre ce qui doit être entendu. A moins qu'un enfant ne décrive des états affectifs dans lesquels on puisse détecter des boules d'angoisse. Car existe-t-il une seule enfance sans angoisse ?

■ Un exemple d'association inattendue

Thérèse, 11 ans, se réveillait presque chaque nuit en criant. Elle disait ne jamais rêver; cependant, elle put raconter ceci :

> — *J'ai fait un rêve ! C'était une grande maison avec de grandes fenêtres. Les fenêtres étaient fermées. J'avais peur.*

C'était tout. Cependant, de fil en aiguille, la fillette put dire :
— *J'ai peur dans la rue, toujours peur des gens. J'ai envie de me cacher.*
— Mais à quoi te fait penser cette maison ?

Car ma foi, cette maison ne présentait rien d'effrayant. Cependant, ces fenêtres fermées ?... Et il ne fut pas facile de connaître l'histoire de Thérèse, qui commença en disant :
— *J'ai peur, j'ai toujours peur dans la rue. J'ai envie de me cacher.*

Or, le couple parental semblait très uni et harmonieux. Alors ? De fil en aiguille toujours, la fillette déclara que la *grande maison et les grandes fenêtres fermées lui faisaient penser à la prison où on l'enfermerait sans doute bientôt.* Pourquoi ? Thérèse avait eu affaire (réellement ou non, comment le savoir ?) à un exhibitionniste, durant quelques secondes semble-t-il. La fillette n'en avait parlé à personne durant des mois; mais la peur des hommes, de la rue et des gens s'était développée, en même temps qu'un sentiment de culpabilité. A l'entendre, elle finissait par croire que sa « coquetterie » avait poussé l'homme inconnu à cette manifestation d'exhibitionnisme...

Mais aurait-elle jamais dit quoi que ce soit, si un rêve banal n'avait servi à ce point de départ ?

Les principaux types de rêves chez les enfants

La qualité et la complexité des rêves varient avec l'âge des enfants. La vie d'un jeune enfant est formée d'un univers de sensations. Il vit ainsi une sorte de rêve permanent, partagé entre les songes nocturnes et les rêveries diurnes fondées sur une imagination sans bornes. De plus, un jeune enfant ne se sent pas « séparé », bien que, la plupart du temps, les adultes le poussent à se ressentir comme différent et séparé des autres (revoyez la fin du chapitre 10).

Les actes de l'enfant sont « religieux »; ils le relient au monde et à l'univers. De plus, le jeune enfant ne possède pas encore de Sur-Moi suffisamment fort pour déformer ou refouler les éléments du rêve — encore que l'on s'empresse généralement de lui procurer un Sur-Moi à travers lequel la liberté intérieure n'a plus cours.

Mais si un rêve de jeune enfant présente des « refoulements », ces derniers sont mis en images de façon suffisamment claire pour être facilement interprétés. Car l'enfant — malgré tout — ne sépare que peu le « bien » du « mal ». Il ne refoule que ce qui lui apparaît comme démesuré ou insupportable.

Six types de rêves

On a souvent remarqué que la plupart des rêves d'enfants sont :
a) des rêves réalisant carrément un désir réprimé la veille, à la suite d'un interdit adulte;
b) des rêves compensatoires;

c) des rêves de peur ou d'angoisse ;
d) des rêves d'agressivité ;
e) des rêves produits par la situation oedipienne ;
f) des rêves d'identification à l'un ou l'autre parent.

— **a** —

On peut imaginer que tous les très jeunes enfants font des rêves grâce auxquels ils se « vengent » d'une **frustration** éprouvée la veille. Leur rêve décrit généralement la situation telle quelle, sans aucune déformation. Tel enfant possédera un fusil qui lui fut refusé. Tel autre se verra manger goulûment de la confiture, ou baguenauder dans le jardin, etc. Ce sont ainsi des rêves « de désir », dans leur acception la plus simple.

— **b** —

Les rêves peuvent présenter des compensations énormes. L'enfant se voit démesurément fort ; il est grand ; il est victorieux, riche, adulé, célèbre. Ces rêves seront d'autant plus marqués que l'enfant souffrira — à tort ou à raison — de sentiments d'infériorité, ou d'impuissance, de rejet, d'abandon, etc.

L'enfant peut également plonger dans un masochisme tout aussi énorme. Il est adopté par une tribu dont il est l'esclave dévoué. Ou bien il se voit misérable et solitaire, il mendie, il pleure dans un dénûment total... Je possède un rêve curieux, fait par un garçon de 9 ans, et que voici :

— *il se voit sous les traits d'un homme âgé et portant barbe blanche. Dans cet état, il distribue la justice.*

Parlant avec le garçonnet, je pus constater que ce rêve (qui se répétait *fréquemment*) comportait des « transpositions » ;

l'homme âgé était un rappel du grand-père de l'enfant, homme bon et juste. La barbe blanche est le symbole bien connu de l'âge et de la sagesse. Quant à la justice distribuée, l'enfant avait entendu parler de Louis IX répandant l'équité sous son célèbre chêne.

Mais l'enfant disait :

— *Je préférerais être très âgé. On n'a plus de difficultés, puisqu'on est devenu un sage! Il ne faut plus s'en faire* (sic), *on n'a plus de comptes à rendre à personne, plus de devoirs à faire, plus d'instituteurs, plus rien qui vous humilie et vous embête* (sic).

C'était donc un simple rêve de compensation, mais dont la fréquence était tout de même légèrement inquiétante…

Quant à Jacques, un autre garçon de 9 ans, il se voit souvent en rêve au volant d'une Cadillac brillant de tous ses chromes. Ses compagnons de classe le regardent bouche bée. Alors, espérons que ses rêves ne se réalisent pas.

— **c** —

Voyez un peu plus loin : « Y a-t-il des enfances heureuses ? »

— **d** —

Les rêves d'**agressivité** sont nombreux. Ils peuvent être de simples rêves compensatoires à des sentiments d'infériorité ou de faiblesse. Ils sont «normaux », dans la mesure où l'agressivité ne devient pas la poutre-maîtresse de la personnalité. Ces rêves peuvent également montrer une *paranoïa* naissante chez l'enfant. Celui-ci croit que «on lui en veut », que «on le regarde dans la rue », que les «gens sont méchants avec lui », qu'on «écoute tout ce qu'il dit », etc. Mais il se croit alors obligé d'être le premier partout, de ne jamais échouer, de ne jamais démériter ni faillir; bref, obligé d'être un sur-homme en se montrant parfait en toutes choses : ce qui est le meilleur moyen, croit-il, de ne jamais donner prise aux critiques d'autrui, dont la moindre fait basculer son univers en le plongeant dans l'angoisse.

C'est dans ces types de rêves que les associations faites par l'enfant doivent être interprétées avec minutie; le «perfectionnisme», en effet, est un des pièges à angoisse parmi les plus fréquents.

— e —

Les rêves traduisant un **complexe d'Oedipe** (voyez dictionnaire) sont probablement parmi les plus nombreux chez les enfants, garçons ou filles (encore que chez la fille il s'appelle «complexe d'Electre»). La fréquence de ce type de rêves est normale, puisque la situation oedipienne est la plus puissante qui soit dans une vie humaine.

> — *Michèle (11 ans) se voit portée dans les bras d'un pèlerin. Il lui dit : « Je vais aller avec toi jusqu'à la Mecque ». Ils passent rapidement devant des femmes voilées.*

Michèle a associé assez facilement :
— *Je ne sais pas qui était le pèlerin, mais j'avais en lui une confiance totale, comme en Dieu! J'aurais été avec lui n'importe où, dans n'importe quelles conditions...*
— Et que signifie pour toi la Mecque?
— *Oh! bien... j'ai vu des reportages à la télévision. Je trouve magnifique cette foi qui conduit des foules entières vers un même lieu. Comme Rome chez nous. Mais la Mecque, c'est plus... plus fort, plus intense, plus en-dedans de soi, vous voyez? Vous voyez ce que je veux dire?*
— Oui, oui, je vois très bien...
— *La Mecque, c'est le bout du monde. C'est... c'est autre*

chose, un autre monde, un monde interdit. Un chrétien ne peut pas aller là-bas, n'est-ce pas? Mais avec mon pèlerin, je ne risquais rien. Il était invincible, mon pèlerin! C'était très bon, vous savez, la vie avec lui...

— As-tu jamais vu des femmes voilées?

— *Oui, encore à la télévision. Oh! je ne voudrais pas vivre parmi ces femmes! Vous vous rendez compte? tous ces yeux noirs qui vous regardent, comme encadrés par les vêtements? Allez savoir ce qu'elles pensent? si elles vous aiment ou vous détestent? Dans mon rêve, elles étaient impassibles. Je n'étais pas très à l'aise! Leurs regards nous accompagnaient, mon pèlerin et moi...*

Je crois que l'on peut facilement synthétiser l'interprétation (en accord avec ce que disait Michèle, d'ailleurs). Le pèlerin était un père idéalisé, symbolique : *le Père en général*. Ce pèlerin était la transposition du *Chevalier* qui réveille la Belle (au bois dormant), c'est-à-dire qui la retire de l'identification maternelle pour la guider dans la vie active.

Le pèlerin était ainsi *le guide* avec qui l'on va « au bout du monde », en parfaite confiance (c'est-à-dire en parfaite fusion avec lui). C'est le Père qui montre la voie du *centre de la personnalité* (symbolisée par la Mecque). Celui qui entraîne également vers les *dangers* et les inconnues de la vie (la Mecque, le pays interdit).

Quant aux *femmes voilées*, elles représentent la Mère. Elles sont *mystérieuses*; la fillette ne connaît pas la réaction intime de sa mère face à cette fusion qu'elle désire réaliser avec son père. Mais il n'y a pas de culpabilité; rien qu'un peu d'inquiétude.

C'est une situation oedipienne tout à fait normale. Contrairement à ce qui se passe généralement, *l'enfant ne rejette même pas sa mère* afin de posséder pour elle seule l'amour de son père.

Mais il y a davantage. Ce pèlerin ne représente-t-il pas l'*Animus* naissant de Michèle (*chapitre 8*), avec la curiosité des choses, la créativité et le goût de l'aventure que cela signifie?

C'est, en résumé, un rêve très beau et sain.

Un autre rêve d'Oedipe

> *— Catherine (13 ans) rêve qu'elle se trouve au commissariat de police. Elle a été arrêtée pour avoir volé une pomme à une marchande des quatre saisons qui témoigne contre elle. Le commissaire fait sortir la marchande, puis donne à manger à la fillette.*

C'est un rêve simple. *La pomme* (d'après Catherine) est la transposition de la « pomme » d'*Adam et Eve*. Le commissaire représente *le père*. La marchande est la *mère* de Catherine. La mère témoigne contre elle = la mère est spoliée par la séduction que la fillette déploie envers son père, pour obtenir l'exclusivité de son attention et de son amour.

Le père «élimine» sa femme (il fait sortir la marchande); c'est évidemment une projection du propre désir de l'enfant.

— f —

L'identification consiste à adopter le comportement, les gestes, la façon d'être, les paroles d'une personne généralement admirée ou enviée. Il est possible également qu'un enfant imite la personnalité d'une personne qu'il hait (ou croit haïr), et qui, dans ce cas, pourrait représenter son « Ombre » (chapitre 10).

Un rêve d'identification simple

— Marie-Jeanne (8 ans) rêve qu'elle se trouve dans la chambre à coucher parentale. Aidée de sa mère, elle soi-

*gne sa poupée, la couche et la borde. La fillette dit alors à
sa mère : « comme ça, tu vois, tu auras une petite sœur » !*

On pourrait interpréter à perte de vue si on ne savait que
Marie-Jeanne est une fillette très saine, dont les parents
forment un couple vraiment exemplatif. Ce pourrait être
un rêve de compensation agressive ; la fillette se transforme en mère et « ravale » sa propre mère au rang de fille.
Mais ici, il s'agit simplement d'une identification ; Marie-
Jeanne se transforme en femme « comme maman », et son
rêve lui procure un enfant : sa propre mère, dont la poupée
sera la sœur.

Un autre rêve d'identification

> *— Philippe (10 ans) rêve qu'il chasse en com-
> pagnie de son père. Tous deux possèdent le
> même fusil, et font montre de la même habileté.*

Le garçon s'identifie ici à son père. Il possède la même
arme, symbole phallique et signe de « virilité ». Il ne s'agit
pas (probablement du moins…) d'une situation oedipienne. Sinon, le garçonnet aurait « diminué » son père. Il
l'aurait éliminé symboliquement afin d'être le seul admiré
et aimé de sa mère. Dans ce cas, l'arme du père aurait été
plus petite, et la maladresse paternelle digne de mépris.
(Revoyez d'ailleurs un rêve précédent, où un garçonnet
aperçoit son père misérablement installé en bord de trottoir).

— c —

Après un détour, j'en reviens aux rêves de peur et d'angoisse.

■ Y a-t-il des enfances heureuses ?

Ne croyez pas à un titre pessimiste ! Mais il faut séparer ici
la vie consciente de l'enfant, sa vie familiale et son existence ludique, de ses tréfonds inconscients.

L'angoisse essentielle de l'être humain est celle d'être abandonné (page 68). Cette angoisse remonte à la petite enfance. Etre abandonné signifie se retrouver dans une solitude absolue sur une planète hostile et y être complètement démuni.

C'est une angoisse tenace, puissante; et l'on peut se demander si elle ne régit pas la plupart des actes humains. L'enfant vient du néant d'avant sa naissance; dans quelle mesure ses composantes ultimes, ses gènes, ses électrons, ne sont-ils pas porteurs de cette information?

Mais arriver du néant implique sans doute l'angoisse inconsciente d'y retourner. Un seul personnage, dans la petite enfance, est, par sa seule présence et son amour, garant d'une existence arrachée au néant, et garant de l'émergence permanente au-dessus de ce néant : c'est la Mère.

Il y a certes beaucoup d'enfances consciemment heureuses, mais elles doivent être cependant tenaillées en permanence par cette peur du néant et l'angoisse d'abandon qui en dérive.

□ *Quelques symboles*

Dans les rêves d'enfants (10-14 ans) que je possède, l'abandon, la solitude et le néant sont représentés par *les maisons abandonnées, les maisons vétustes, les jardins hivernaux, le silence, l'obscurité, les abîmes noirs, les chemins qui ne mènent nulle part*...

Si la Mère est la seule à pouvoir donner un sentiment essentiel de sécurité, on comprend qu'elle puisse être très vite ressentie comme une « mauvaise mère » (= celle qui abandonne). Ce sont alors des symboles tels que : *les sorcières, les femmes jeteuses de mauvais sort, des femmes échevelées, des femmes-juges possédant tous les pouvoirs*...

A moins que cette « mauvaise mère » ne soit représentée par un animal : *chien méchant, loup-garou, crocodile, cheval énorme*, ou tout autre animal ressenti par l'enfant comme capable de dévorer, de piétiner, de tuer. Je possède deux rêves d'enfants (9 et 10 ans) où interviennent *le requin* et *la raie*.

Ce sont également des lieux : *forêts où erre l'enfant, pensionnats...*

Je possède aussi des rêves (10-15 ans) dans lesquels l'enfant, après avoir erré sans but, est recueilli par *une famille unie, des francs-tireurs, des moines...*

Mais nous savons combien les adultes également peuvent faire des rêves de ce genre !

☐ *D'autres symboles d'angoisse*

Si le père est ressenti comme menaçant, l'enfant peut rêver de : *hommes armés, géants, bandits, etc*. Mais se présentent également des « verticalités » dangereuses; dans les rêves que je possède (9-12 ans) : *dolmens branlants, tours qui menacent de s'écrouler sur l'enfant*.

Si l'enfant a déjà un certain âge, ces symboles rejoignent ceux des adultes.

Les enfants menaces

Ce sont les enfants dont l'affectivité est fortement perturbée, et dont les rêves doivent être suivis avec une grande attention. Faut-il parler en premier lieu des couples désunis, dont la mésentente atteint l'enfant de plein fouet et fait vaciller la maigre sécurité qu'il a pu acquérir, en même temps que monte chez lui l'angoisse de l'abandon ?

Dans les rêves des enfants menacés, on trouve une distorsion de la réalité. Il y a sentiment de « vide intérieur ». L'enfant se sent distancé des choses avec lesquelles il opère une rupture.

■ **Voici le rêve d'un enfant de 13 ans.** Il se produisait souvent. Je le retranscris tel quel :

> — *Tous les gens étaient avec leurs membres de tous les côtés. Les bras et les jambes de ces gens ne tenaient pas à leur corps. Tout ça bougeait. C'était noir. Moi j'avais peur dans mon rêve comme si j'avais été au fond d'un grand trou avec des morts qui vivaient.*

Ce rêve — on le conçoit facilement — traduisait un état affectif gravement perturbé, un état de schizoïdie à prendre très au sérieux. Dans ce type de rêve, les personnages sont «détruits»; il y a désunification intérieure, perte du sentiment de la réalité, flottement entre la vie et la mort de l'âme...

■ D'autres rêves montrent des **apocalypses**, des **catastrophes**, des **raz-de-marée**. Parfois, *les figures humaines sont dérisoirement petites*. Je possède un rêve d'enfant (12 ans) :

> — *Je voyais mon père et ma mère; il y avait beaucoup de bruit partout. Ils étaient comme des fils de fer, et ils n'avaient pas de tête. Ils étaient séparés par un mur épais... C'était terrible.*

Il s'agissait d'un couple très désuni, ayant de fréquentes disputes. Ainsi, cet enfant voyait ses parents comme filiformes, sans contenu réel, vidés de substance vitale; ces parents devenaient de simples «signes»; *ils n'étaient même plus des symboles!* Un enfant perdu, en somme... Et, en plus, on l'avait placé — disons abandonné — dans un pensionnat.

■ **Voici quelques autres exemples de rêves produits par une affectivité dangereusement troublée :**

> — *Jacques (11 ans) rêve fréquemment de chaînes de montagnes. Elles sont extrêmement*

> *pointues et barrent tout l'horizon. Des fils de fer barbelé clôturent l'endroit où se trouve Jacques.*

C'est évidemment un rêve par lequel l'enfant ressent le monde entier comme «pointu», perçant, dangereux. Il se sent menacé de toutes parts; même l'horizon de sa vie est bouché. Et de plus, son espace personnel est clôturé par des pointes également! C'est un rêve qui traduit un état affectif fortement perturbé; la dépression ou la schizoïdie menacent.

Il en va de même pour le rêve suivant (Anne-Marie 13 ans) :

> — *Elle rêve souvent de personnages à très petits corps, comme larvaires, mais à tête énorme. Les dents sont démesurées. Ces personnages grouillent parfois; ils crient ou ricanent.*

■ Deux autres types fréquents de rêves d'angoisse

> — *Ania (12 ans) rêve souvent d'excréments. La pièce entière est barbouillée. La fillette se réveille en tremblant.*

C'est un genre de rêve commun chez l'adulte également. C'est la traduction d'une «analité» bloquée. Ici, l'enfant «retenait» sa personnalité, qu'il «libérait» parfois brutalement dans des crises d'agressivité qui éclataient sur tout et tous

> — *Hélène (14 ans) rêve souvent que sa bouche est emplie de sable, ou de ciment, ou divers objets généralement pointus : clous, punaises. Elle tente de retirer ce qui obstrue sa bouche, mais sans y parvenir. Elle se réveille «paralysée de peur».*

On trouve ce genre de rêve chez beaucoup d'adultes également. Il traduit la difficulté — ou l'impossibilité — de s'exprimer par la parole. Il s'agit souvent de personnes ayant été empêchées pour diverses raisons (moqueries, humiliations, incompréhension, etc.) de parler librement selon leurs sensations propres. Cela aboutit généralement à une inhibition angoissée de la personnalité tout entière, la parole étant le moyen fondamental d'expression de soi-même.

■ Encore d'autres types de rêves d'angoisse

> — *Pascal (12 ans) dit toujours rêver en couleurs* (voyez le chapitre 11). *Cependant, les teintes sont délavées, à la limite de l'irréel, et sans cesse identiques dans tous les rêves : pastel rose et noir...*

Ce genre de rêve traduit l'anxiété et l'inhibition ; d'autant plus que le rêve se répète fréquemment. Tout est estompé, brumeux. Aucune couleur n'est franche ou tranchée, même si l'enfant a rêvé en noir et blanc et ressenti ensuite le rêve coloré.

> — *Annette (11 ans) rêve fréquemment qu'elle frappe à la porte d'une maison inconnue dont elle pressent l'accueil amical. Elle demande « humblement »* (sic) *à manger.*

C'est un rêve qui rappelle ceux où l'enfant se voit « recueilli ». Est-ce ici un besoin exagéré de dépendance, afin d'éliminer l'angoisse d'être abandonnée ? Un besoin d'être aimée à tout prix, par manque éventuel d'affection maternelle ? Les parents doivent essayer de savoir si l'enfant n'est pas à la recherche permanente de marques d'amour, s'il ne s'affole pas à la moindre absence de sa mère. Car ce rêve semblerait détecter un masochisme ou un misérabilisme naissants. De toutes manières, il y a un grand sentiment de solitude.

Un dictionnaire-guide

Ce dictionnaire pourrait être une gageure puisque aucun symbole ne possède la même acception pour chacun, et puisque doit être éliminé tout ce qui pourrait ressembler à une «clé des songes».

Il existe pourtant, dans les symboles, des significations qui, en profondeur, trouvent le même écho affectif chez tous. J'ai donc essayé de transcrire quelques «communs dénominateurs» des affects humains. Ce dictionnaire sera forcément réduit aux symboles oniriques les plus fréquents. Il sera un guide qui permettra de prendre des repères avant de tenter l'analyse de ses propres rêves.

La meilleure façon de procéder sera de consulter la table des matières, et l'index ensuite, étant donné que de nombreux symboles définis dans le courant de ce livre ne sont pas repris dans ce dictionnaire.

Abîme

Un abîme (ou un gouffre) symbolise généralement l'inconscient, avec les instincts qui en font partie. L'abîme peut également symboliser la Mère, le «Sein Maternel», le néant d'avant la naissance.

☐ *Beaucoup de personnes rêvent* qu'elles se trouvent au bord d'un abîme vertigineux. La peur d'y tomber est grande. Cela peut symboliser une invitation à descendre en soi afin de trouver les racines de ses difficultés; cela peut représenter également l'angoisse de connaître les parties «refoulées» de sa personnalité.

☐ *Dans d'autres rêves*, on saute par-dessus le gouffre, à moins qu'un pont ne permette le passage. C'est un signe de superficialité; on craint de se remettre en question, pour diverses raisons.

☐ *Les rêves de chute dans l'abîme* sont fréquents. Si le même rêve se reproduit souvent, il peut être le signe d'une dépression latente ou, tout au moins, d'une angoisse permanente.

Amputation

Les rêves les plus fréquents concernent les bras ou les dents. Il s'agit d'une angoisse de mutilation, autrement dit d'un sentiment de castration. Le rêveur ou la rêveuse croient leur personnalité menacée ou diminuée. Ils éprouvent la sensation permanente qu'autrui va les « mutiler », les humilier, les rejeter. Ces rêves dénoncent toujours l'angoisse inconsciente d'être plus faible que les autres, d'être démuni face aux compétitions de l'existence. Traduit autrement : il s'agit d'une peur de l'impuissance, dans le sens large du terme. Ce type de rêve est toujours le symptôme d'un sentiment de culpabilité et d'infériorité.

Ange

C'est généralement un symbole de transformation intérieure. Dans un contexte onirique normal, l'ange symbolise le *messager* porteur de bonnes nouvelles (concernant soi-même). Dans certains rêves cependant, apparaissent des anges *noirs*. Ces rêves sont rarissimes, mais il vaut la peine de les citer. Le symbolisme de l'ange noir est lié à deux facteurs : l'ange, et la couleur noire (voyez le chapitre 11). Il peut être le signe que le rêveur porte sur lui-même un jugement très négatif; mais il marque en même temps une importante transformation en cours, à la suite d'une décision capitale qu'a prise le rêveur, même inconsciemment.

Je possède deux rêves où apparait un ange.
□ Dans le premier, un homme (40 ans), *aperçoit un ange blanc, ailé ; il est posé sur le sol et sourit.* Le rêveur associa avec l'« ange souriant » de la cathédrale de Reims. Pour cet homme, le sourire de l'ange de Reims était à la fois accueillant et cruel. Dans ce cas, il s'agissait d'une image puissante de l'Anima du rêveur (chapitre 7).

□ Dans le second rêve (une femme de 43 ans), *l'ange est ressenti comme étant de sexe masculin. Il est assez indifférencié et incolore, quasi diaphane. Il n'est qu'une simple présence impassible.* La rêveuse associa avec un ectoplasme... qui lui disait : « il faudrait tout de même que je prenne forme ! ». Il s'agissait, dans ce cas, d'un Animus (chapitre 8) en train d'émerger, avec toute la créativité potentielle que cela suppose.
Car (comme nous le savons) l'Anima et l'Animus sont respective-

ment les deux entités les plus importantes chez l'homme et la femme, sans la mise en ordre desquels aucune réalisation authentique de soi n'est possible.

Anneau

Comme chacun le sait, il est le symbole — ou le signe — de l'attachement et de la fidélité. Porter un anneau signifie qu'on est « relié » à quelqu'un. Songeons simplement à l'anneau de mariage et à l'anneau pastoral. Rêver d'un anneau signifie généralement que l'on marque un lien envers soi-même ; que l'on « se prend en mains » après avoir décidé de réaliser son unité. L'anneau est généralement circulaire. Il comporte alors également le symbolisme du cercle.

Je possède un rêve fait par un homme de 30 ans. *Il détachait un anneau de son doigt et le posait sur le sol. L'anneau grandissait jusqu'à devenir une énorme circonférence. Mais il voyait que, au loin, ce grand anneau était brisé ; un morceau de la circonférence manquait.*

Dans le cas de cet homme, ce rêve signifiait que l'union qu'il avait pu réaliser avec lui-même s'étendait bien au-delà de son « Moi » personnel. Le grand anneau englobait la vie et les autres. De plus, la circonférence ouverte laissait un passage pour aller plus loin encore, au lieu de rester enfermé dans une circonférence, aussi vaste soit-elle. Cet homme fit d'ailleurs ce rêve après avoir rêvé qu'il traversait une mer à la nage. Voyez le mot « Traversée » à l'index.

Arbre

L'arbre occupe une place de choix dans la symbolique universelle. Il est signe d'évolution vitale et de permanence, voire d'éternité. Il relie le ciel et la terre. Il symbolise la renaissance et l'immortalité ; et ils le ressentent bien, ceux qui plantent un jeune arbre, dans le but inconscient de se prolonger par-delà leur mort. Les amoureux aussi le ressentent, qui gravent leurs cœurs enlacés dans un arbre de la forêt...

Dressé et phallique, généralement vertical et puissant, l'arbre est le symbole de la *masculinité* et du *Père*. Par contre, s'il est opulent, feuillu et chargé de fruits, il peut symboliser l'*abri*, l'*accueil*, le *refuge* contre la brûlure du soleil, la *Mère*.

Dans les rêves, le voici également symbole de vitalité intérieure ou de dessèchement de soi-même, selon qu'il est verdoyant et plein de sève, ou rabougri et dépouillé.

Dans les rêves que je possède, je puis citer

— *J'ai rêvé d'un chêne puissant; je cherchais à y cueillir des fruits, sans le moindre résultat...* signe que le rêveur — 45 ans — a développé exagérément sa force apparente, au détriment d'une vie affective qui s'est tarie en ne produisant plus « de fruits ».

— *J'ai rêvé d'un grand arbre rouge dans un verger. Il portait trois branches très vertes, comme venant d'y pousser...* (le grand arbre symbolise ici la vitalité intérieure; la couleur rouge s'y joint, et son énergie donne naissance à de nouvelles pousses; la vitalité se ramifie et grandit. De plus apparaît le nombre 3, signe de perfection et de parfaite harmonie entre l'affectivité et la vie consciente).

En tant que *symbole phallique*, l'arbre devient un symbole de sexualité. Des rêves où l'on *tombe d'un arbre* sont fréquents. Ils peuvent signifier une peur de l'impuissance; ils rejoignent les rêves de *chute* (voyez index). Toujours dans ce domaine, certains adolescents rêvent qu'ils *abattent un arbre*. Ces rêves sont liés au complexe d'Œdipe; le garçon « abat » son père, diminue l'influence de son père, afin de posséder en exclusivité l'amour de sa mère. D'autres rêves présentent un arbre comme symbole de *castration* : les branches pendent, les branches sont arrachées (c'est le même symbole que les dents qui se détachent); chez la femme, la *stérilité affective* et la *frigidité* sont souvent symbolisées par un arbre portant des fleurs fanées.

Dans les rêves, les quatre parties de l'arbre doivent être envisagées (racines, tronc, feuillage et branches, fruits éventuels). Il est assez fréquent qu'on se voie en rêve fouiller le sol et gratter la terre afin de dégager des racines fortes et luisantes. C'est, on le comprend, un excellent signe de recherche profonde de soi.

☐ Les *racines* de l'arbre symbolisent l'« implantation » de la personnalité dans l'affectivité; elles représentent l'inconscient qui nourrit le conscient.

☐ Le *tronc* est l'élément vertical, symbole de la personnalité « dressée », et aussi de la partie apparente et sociale de soi-même. Comme nous l'avons vu, le tronc peut représenter la sensation que l'on a de sa propre sexualité.

☐ Les *branches* et le *feuillage* peuvent revêtir de multiples aspects. Il suffit de dessiner spontanément un arbre pour s'en rendre compte. Le « test de l'arbre » est d'ailleurs très employé pour l'analyse de la personnalité. Certains feuillages sont compacts, en boule, refermés sur eux-mêmes, comme la personne qui les a rêvés. D'autres sont magnifiquement étalés, puissants. Les branches peuvent être dressées, penchées, mortes, arrachées, « désespérées », ou, au contraire, jaillissantes comme une promesse. Ces nombreux aspects possibles doivent être examinés soigneusement.

Arc-en-ciel

Assez rare dans les rêves, l'arc-en-ciel symbolise un lien, une union, une relation. L'arc-en-ciel est un *pont* tracé dans le ciel. Il est toujours un excellent symptôme onirique. Il peut rejoindre le symbolisme de la *traversée*, genre de rêve qui a lieu lors d'importantes transformations intérieures (voyez index). Mais l'arc-en-ciel est également un *anneau*. Il est alors symbole d'alliance et de relations nouvelles que l'on établit avec soi-même.

Armée

Une armée est, foncièrement, le symbole de la lutte contre les forces du mal, contre les « monstres » et les « dragons » qui menacent.

L'armée est une force aveugle, irrésistible, invincible. C'est une puissance anonyme. Elle peut représenter les forces affectives, et l'ensemble des instincts.

Rêver d'une armée signifie presque toujours que l'on souffre de conflits affectifs. Une armée en marche montre que le rêveur risque d'être débordé par son inconscient. Lorsque deux armées se battent au cours d'un rêve, la signification est claire : il y a combat entre des forces contradictoires au sein de la personnalité. Il y a dualité, opposition, tension affective, et fort probablement angoisse.

L'armée — et les armes — sont des symboles phalliques. Les armes percent, trouent, violent.

Dans un sens plus positif, l'armée peut représenter la puissance du Père. Cependant, il s'agit d'une force despotique et castratrice.

Chez la femme, l'armée et les armes peuvent symboliser la peur du viol (de la personnalité) et la peur d'être « écrasée » par autrui. Une armée en marche représente souvent l'Animus (chapitre 8). La rêveuse doit alors examiner le contexte du rêve : l'armée semble-t-elle disciplinée? amicale? menaçante? Ou bien fait-elle penser à une bande de hors-la-loi, qui symboliserait un Animus «du bas de l'échelle», encore indifférencié et négatif?

Armoire

L'armoire enferme des choses. Elle représente un «abri» obscur. Elle peut être assimilée à un récipient. De ce fait, elle est un symbole maternel. Une armoire ferme à clé. Elle devient alors assimilable à un coffre ou un coffret, pouvant recéler des trésors ou des secrets. Dans certains rêves, une personne se réfugie dans une armoire pour échapper à un danger. Nous retrouvons le symbole maternel.

Je possède *un rêve dans lequel un homme se voit s'enfermer — par l'intérieur — dans une armoire. Il s'y assied et allume une faible lampe. Il éprouve une sensation d'attente.* Ce rêve signifie que le rêveur se retire en lui-même, dans la pénombre de l'inconscient. L'armoire symbolise, dans ce cas, le «centre» de la personnalité.

Rêver qu'on est enfermé dans une armoire (ou en tout autre endroit) signifierait — selon Freud — que l'organisme se souvient de la vie prénatale, dont il a enregistré l'information. Certaines personnes rêvent qu'elles étouffent dans une armoire fermée de l'extérieur; la panique apparaît. On peut voir dans ces rêves la sensation d'être «étouffé» par un membre de son entourage (généralement une femme, l'armoire étant un symbole féminin), ou d'être prisonnier de sa propre affectivité et de sa propre angoisse.

Ascension

Dans les rêves, une ascension rejoint évidemment le symbolisme de la *montée* (voyez l'index). L'activité onirique montre de nombreux types d'ascension : montagnes, chemins escarpés, ascenseurs, escaliers, murs, etc. Les ascensions dans le ciel ne sont pas rares, soit que le corps s'y meuve librement, soit que l'on soit passager ou pilote d'avion. Il s'agit ici, presque toujours, d'une recherche de spiritualité qui peut être soumise à divers aléas. Voyez le mot *avion* dans ce dictionnaire.

Automobile

Son symbolisme — terrestre ! — rejoint celui de l'avion. Les mêmes questions se posent selon le rêve :

☐ *si l'on conduit soi-même* la voiture, la bonne ou la mauvaise façon de le faire traduira la manière dont on se ressent dans la vie quotidienne. Le rêve montrera ainsi ce que l'on est réellement, en profondeur.

☐ *si l'on est conduit* par quelqu'un d'autre, le rêve indique la façon dont les forces inconscientes « pilotent » la personnalité.

☐ *si l'on se trouve* dans une voiture appartenant à une autre personne, il y a « dualité » dans la personnalité. La voiture symbolise généralement le « Moi » dans son ensemble. On peut rêver qu'on se trouve dans une belle voiture à laquelle on n'a pas droit, par exemple. Le rêveur souffre sans doute de la sensation d'être un « imposteur » dans la vie, de n'avoir pas droit aux égards, d'être toléré par autrui, etc. C'est comme si le rêve disait : « Cette voiture est trop belle pour toi ». C'est le même symbolisme que lorsqu'on rêve voyager en première classe, alors qu'on ne possède qu'un billet de deuxième.

La *carrosserie*, les *pneus*, les *freins*, le *carburant*, la *direction* possèdent des significations oniriques assez précises. Il suffit généralement de « traduire », en rapportant le rêve à son comportement quotidien.

Quelques exemples :

☐ *J'ai rêvé que la direction de ma voiture ne répondait plus ; l'auto roulait vers un précipice…*
   Cela signifie que ce rêveur (50 ans) ne parvenait plus à « se diriger ». Son comportement ne répondait plus aux désirs ou aux besoins. Ce rêveur était à l'âge où sa vie intérieure, longtemps réprimée au nom d'activités professionnelles, manifestait ses droits à l'existence. Cet homme devenait profondément malheureux. Une tension existait entre son être profond et son comportement social. Sa « direction » tirait à hue et à dia. Et son « Moi » (la voiture) filait droit vers le précipice de la dépression et de la résignation.

☐ *J'ai rêvé que je tombais en panne de carburant, sur une route déserte…*
   La signification est claire : le rêveur manque de vitalité intérieure. Il n'est plus « alimenté » par son affectivité. Et la route est déserte : il est

temps pour lui de se remettre en question, car les points de repère commencent à manquer.

□ *J'ai rêvé que ma voiture roulait péniblement, tous freins serrés...*

On peut traduire immédiatement : il y a «freinage» intérieur, inhibition, blocage. Le besoin de liberté de cet homme est freiné par l'angoisse et, probablement, la difficulté de se supporter lui-même.

□ *J'ai rêvé* (un homme de 42 ans) *que je roulais dans une auto dont la carrosserie était abîmée. De larges plaques de couleur tombaient.*

Gageons que ce rêveur commence à se rendre compte que l'habit ne fait pas le moine, et qu'un beau paraître ne signifie nullement que l'on soit quelque chose.

Et que dire encore des rêves fréquents où les *pneus* sont dégonflés ou crevés, où la *roue de secours* est hors d'usage, où les *freins* lâchent à un moment crucial, où la *carrosserie* est rutilante alors que l'intérieur de l'auto est minable, où la voiture *s'écrase* contre un obstacle ?

Songeons également que la voiture automobile est un symbole «phallique» dans la mesure où elle peut percuter, percer, trouer, tuer, et nous aurons fait, je crois, le tour des symboles gravitant autour de cet engin de notre temps...

Aventurier

La signification change selon qu'il s'agit d'un rêveur ou d'une rêveuse.

□ *Chez l'homme*, un aventurier apparaissant en rêve symbolise souvent *l'Ombre* (voyez le chapitre 10). Le rêve lui dévoile une partie cachée de lui-même, et soigneusement maintenue dans l'inconscient. C'est le cas, par exemple, d'hommes ayant dû refouler la partie extravertie et libre de leur personnalité. Repliés sur eux-mêmes, apeurés devant l'existence, ils ont cadenassé l'aventurier en eux. Mais les rêves se présentent, qui leur montrent ce qu'ils sont réellement, et qu'ils n'ont pu assumer.

□ *Chez la femme*, l'aventurier est souvent le symbole de *l'Animus* (chapitre 8) en cours de réalisation. Le contexte du rêve dira si l'aventurier est ressenti comme dangereux ou non, et révélera ainsi si l'Animus de la femme est encore négatif, ou en cours de réalisation. Dans ce dernier cas, la créativité harmonieuse et l'extraversion équilibrée s'annoncent.

Avion

On ne rêve plus de diligences à notre époque !, mais d'autos, de soucoupes volantes (voyez plus loin), de fusées, d'avions... Ainsi, de nouveaux symbolismes (apparents) remplacent les anciens. Apparents, parce que si le « signe » diffère, le fondement reste le même.

Le symbolisme de l'avion est foncièrement celui de l'oiseau. Il est lié à celui de l'air, de la liberté, de la montée, du ciel. Généralement, se trouver en rêve dans un avion signifie une recherche de spiritualité ; on a quitté les entraves de la terre.

Les rêves d'avion (hyper-fréquents !) présentent souvent neuf aspects ·
— on pilote *ou* on est piloté ; ·
— on monte *ou* on descend ;
— on suit une route déterminée *ou* on s'égare ;
— l'avion est stable et solide *ou* il se désagrège *ou* il tombe.

☐ *Rêver que l'on pilote soi-même* signifie généralement qu'on est maître de soi ; et que l'on se dirige vers un domaine spirituel. Le rêve dira ensuite s'il y a, ou non, difficulté de pilotage, si l'appareil (= soi-même) rencontre des orages ou si, au contraire, le vol se déroule harmonieusement.

☐ *Rêver que l'avion est piloté par quelqu'un d'autre* peut signifier que le « Moi » conscient est mené par des forces inconscientes. Ici aussi, tout dépend du contexte du rêve.
Je possède un rêve où le rêveur est piloté par un homme en combinaison sombre. L'appareil subit des chocs et des soubresauts. Le rêveur-passager a peur ; le pilote demeure impassible. Il n'y a pas de sensation de danger, mais une impression d'attente interrogative. On constate immédiatement que le rêveur est « conduit » par des forces inconscientes. Mais lesquelles ? Des complexes ? Des refoulements ? Des angoisses ? Ou bien s'agit-il de *l'Ombre* (chapitre 10) de cet homme ? C'était le cas. Son Ombre, son « double » inconscient, le conduisait vers une lumière : la réalisation de lui-même, mais avec les « soubresauts » que cela suppose.

☐ *Rêver que l'on monte ou descend* est lié au symbolisme de la montée et de la descente, que nous avons vu précédemment.

☐ Si, dans un rêve, *l'avion suit sa route ou s'égare*, on peut déduire rapidement ce que cela signifie. Le contexte principal consiste à examiner si l'on est le pilote ou le passager. Revoyez plus haut.

◻ Le symbolisme de *l'avion stable et solide* se comprend immédiatement. Nous avons déjà vu combien nombreux sont les rêves de *chute* (voyez index).

Voici un rêve (un homme de 30 ans). *Il est passager d'un avion dont le pilote pique vers le sol, tout en restant sourd aux cris du rêveur.* Dans ce cas, le rêve signalait à cet homme qu'il «volait» trop haut, matériellement et spirituellement, sans que ses «bases» soient assurées. Un retour temporaire sur terre s'avérait nécessaire. Le pilote symbolisait évidemment l'inconscient du rêveur; une fois de plus, l'ordinateur intérieur accomplissait parfaitement son travail de mise en garde.

Bandit

C'est, en général, le même symbolisme que celui de *l'aventurier* (voir ce mot).

◻ *Chez l'homme*, le bandit peut représenter une partie de soi-même que l'on réprouve ou que l'on méprise. Mais le bandit peut symboliser aussi un danger intérieur. Le plus souvent cependant, le bandit représente *l'Ombre* du rêveur (voyez le chapitre 10). Le contexte doit être examiné : s'agit-il d'un bandit dangereux ? amical ? d'un aventurier au grand cœur ? d'un «Robin des Bois» libre et désinvolte ? De toutes façons, le bandit symbolise une partie de soi-même demeurée ignorée dans l'ombre de l'inconscient, ou refoulée.

◻ *Chez la femme*, le bandit est généralement le symbole de l'Animus (chapitre 8). Ici également, le reste du songe mettra la rêveuse sur la voie, et lui indiquera où en est la réalisation de son Animus, c'est-à-dire de son extraversion libre, et de sa créativité autonome et authentique. Le rêve dira ainsi à quelle étape de réalisation se trouve le pôle masculin de la rêveuse.

Baptême

Voyez le mot *Eau*.

Barque

C'est un très beau symbole, courant dans les rêves. La barque peut revêtir de multiples significations oniriques, dont voici les plus fréquentes.

La barque permet — évidemment — un voyage sur l'eau. Elle symbolise le *voyage*, la *navigation*. Elle autorise la *traversée*, dont nous avons vu le symbolisme (voyez «Les grands rêves»).

Dans les rêves, la barque est, le plus souvent, un symbole de traversée. Elle permet d'aller d'un point à un autre de ses modifications intérieures. Elle est également une sorte de *berceau* ; elle peut alors symboliser le *sein maternel* qui sécurise lors d'une traversée périlleuse. Dans ce sens, la barque est une *matrice* rassurante.

Elle symbolise également le voyage des morts ; ce sont les barques solaires, portant des morts et accompagnant le soleil dans l'océan. Faut-il rappeler la barque de Caron qui s'en va aux enfers ?

Il est rare que la barque apparaisse dans un rêve banal. Le contexte du rêve doit donc être examiné avec soin. Comment s'accomplit la traversée ? Quel genre de traversée ? Dans quel état est la barque ? Comment sont les rames, ou les voiles, ou le moteur ? Le rêveur sait-il où il va, ou crre-t-il sur l'eau ? Et comment est l'eau ?

Et si de la barque nous passons au *navire*, bousculé par la tempête mais solide, ne pensons-nous pas aux êtres humains ballottés par la vie mais en sécurité dans les bras maternels, qu'ils ont intégrés en eux sous forme de confiance et d'espérance ? On ne peut donc que souhaiter aux rêveurs une barque indestructible, quel que soit l'état de l'eau qui les porte.

Bateau

Son symbolisme est analogue à celui de la *barque* (voyez ce mot). Le bateau est un symbole maternel ; il «enferme» le navigateur (de la vie) dans des flancs sécurisants.

Le bateau permet également une *traversée* qui marque toujours, dans les rêves, une importante modification de soi (voyez le chapitre *Les grands rêves*).

A titre d'exemple, voici le rêve d'une femme de 35 ans :

— *Je me trouvais à bord d'un très grand bateau qui se rendait au triangle des Bermudes. En pleine mer, je me suis rendue compte qu'il n'y avait à bord ni capitaine, ni officier. Les matelots couraient, affolés, dans tous les sens, et le bateau allait à toute allure... Je me suis réveillée.*

D'après les associations de la rêveuse, ce rêve signifiait qu'elle entreprenait une *traversée* vers un endroit réputé mystérieux ou dangereux ; autrement dit qu'elle voulait, à n'importe quel prix, se connaître *dans sa plus grande authenticité*. Et le *danger* provenait du fait qu'elle comptait remettre tout, absolument tout en question en ce qui la concernait. En somme, ce triangle des Bermudes symbolisait le *centre* profond de la personnalité de cette femme. Mais le bateau était *trop* grand (toujours d'après les associations de la rêveuse). Il représentait une *trop grande sécurité* ; il symbolisait ainsi *la mère* de la rêveuse, dont cette dernière n'avait jamais pu se détacher et vers qui elle retournait à la moindre difficulté. Et cette trop grande sécurité de ce « bateau-mère » empêchait la navigatrice de considérer les obstacles à leur juste valeur. Elle associa d'ailleurs avec le « Titanic », dont la sécurité était tellement énorme... qu'il coula à son premier voyage par manque de précautions élémentaires. De plus, il n'y a pas de capitaine, pas d'homme responsable à bord du bateau de la rêveuse. Traduisons : le pôle masculin, l'Animus de la rêveuse, n'est pas développé. Ce pôle masculin est « dispersé » : les matelots courent sans ordre et en tous sens.

Le bateau peut également symboliser (*chez l'homme*) l'Anima (chapitre 7). Beaucoup d'hommes sont littéralement « mariés » à leur bateau ; de plus, ce bateau leur permet de partir à l'aventure, c'est-à-dire en quête d'eux-mêmes. Et l'on comprend ainsi pourquoi tant de bateaux sont baptisés de prénoms féminins.

Bâton

Son symbolisme rejoint celui des armes en général. Le bâton est « phallique ». Dans les rêves, sa signification dépend — comme toujours — du contexte. Nombreux sont les rêves où l'on voit un bâton brisé, où l'on se bat à coups de bâton (rêve assez fréquent lors de la situation œdipienne où le garçon tente d'éliminer le père en se montrant plus viril que lui), où un bâton se réduit à la taille et à la minceur d'une baguette, etc. Généralement, la signification peut en être déduite sans détours ni difficultés.

Le bâton est également l'instrument qui soutient le marcheur, le berger, le pèlerin, l'aveugle (qui est un pèlerin de l'obscur...). Il est soutien et défense : il peut se transformer en arme.

Le bâton est aussi un signe de pouvoir, de force, d'autorité; c'est le bâton de commandement, de maréchal, et c'est aussi la houlette du pasteur. Et finalement, il peut devenir, dans certains rêves, une baguette magique, qui permet les mutations intérieures.

Berceau

J'ignore si sont fréquents les rêves où apparaît un berceau; cependant j'en possède un, accompli par un homme de 48 ans.

Il rêve *qu'il aperçoit, flottant sur l'eau, une barque, dans laquelle se trouve un enfant. Cette barque va au fil de l'eau calme. Le rêveur se réveille heureux...*

Nous trouvons dans ce rêve une *barque* associée à l'idée de *berceau*. Le rêveur accomplit un *voyage* (intérieur) et une *traversée* (voyez Barque). L'enfant dans la barque est lui-même; et ce berceau-barque marque un retour aux sécurités de l'enfance. Ce *berceau-barque* symbolise *la Mère, la chaleur maternelle, le retour à l'essentiel*. Ce rêve symbolise également la nostalgie de l'enfance, qu'il faut retrouver et épurer afin de découvrir son authenticité profonde. C'est un très beau rêve; voulez-vous lire également le chapitre consacré à *l'Ombre (nº 10)*?

Et finalement, le grand symbolisme du berceau est celui de la sécurité profonde qu'il donne à l'enfant. C'est là, surtout, que le berceau est la prolongation des bras maternels.

Bicyclette

La bicyclette est un instrument d'autonomie et de liberté. Dans les rêves, elle peut symboliser l'accord entre son comportement conscient et ses forces inconscientes : *on ne fait qu'un* avec sa bicyclette. C'est ici que le contexte du rêve doit être examiné.

Le bicyclette est fréquente dans les rêves. Parmi ceux que je possède :

— *Un homme (37 ans) se voit gravir une pente raide. Il pousse sa bicyclette qui grince.* Cet homme éprouve des difficultés; sa route monte fortement; l'accord entre ses vies intérieure et extérieure n'a pas lieu (sa bicyclette est séparée de lui). Il doit « se pousser » pour avancer Et sa vie intérieure grince...

— *Une femme (34 ans) rêve qu'elle roule à bicyclette dans un chemin de campagne ; elle se rend chez un chimiste*. Pourquoi un « chimiste » ? Il s'agissait en réalité du psychanalyste en compagnie duquel elle accomplissait son voyage intérieur. Cette personne associa d'ailleurs « chimiste » et « alchimiste ». Nous voyons que ce rêve montre la liberté et la joie, et l'autonomie que cette personne était en train d'acquérir.

Pour les hommes, outre l'acception précédente, la bicyclette peut être un symbole d'*Anima* (voyez le chapitre 7). Ne dit-on pas qu'elle est *« la petite reine »* ?

Alors, souhaitons que personne, dans un rêve, ne « perde les pédales »...

Boîte

Son symbolisme rejoint celui du *coffret*. Une boîte contient des choses.

Dans les rêves, elle peut symboliser le mystère, mais aussi la recherche d'un secret concernant soi-même, et dont la découverte permettra de se réaliser davantage.

Mais la boîte peut également présenter le même symbolisme que l'*armoire*. Du fait qu'elle « enferme », elle peut « étouffer ». Dans les rêves, elle symbolise alors l'étouffement de la personnalité par l'image de la Mère ; la boîte (parce qu'elle « se referme ») est un symbole de type féminin.

Boue

Son apparition est fréquente dans les rêves ; il est aisé de traduire son symbolisme. Une personne peut rêver de ce qu'elle appelle (à tort ou à raison) *sa boue intérieure*. Les *sentiments d'infériorité* provoquent souvent des rêves où l'on tente de *marcher dans une mer de boue*. D'autres rêves sont assez fréquents : une personne *s'enfonce lentement* dans la boue jusqu'à l'étouffement. Nous retrouvons alors le symbolisme de tout ce qui engloutit, ensevelit, c'est-à-dire de l'image de la femme ressentie (à tort ou à raison) étouffante, despotique, etc. Mais cela peut signifier aussi que le rêveur s'enfonce dans l'inextricable fouillis de sa vie intérieure qu'il considère comme négative, angoissante, destructrice (= être « étouffé » par l'angoisse).

Brouillard

— Je suis encore dans le brouillard, mais je possède une bonne bous-sole… est une phrase que j'ai souvent entendue en tant que psychanalyste. Je la cite parce qu'elle contient tout le symbolisme du brouillard.

Le brouillard estompe ou supprime les formes. Toute chose y devient indifférenciée. Dans les rêves, le brouillard marque souvent une étape de transformation ; ne dit-on pas « surgir » du brouillard ?

Les rêves de brouillard signifient donc, presque toujours, un changement en cours ; de nouveaux comportements sortiront de ce brouillard, après que l'on ait erré quelque temps dans des états d'âme indifférenciés. Mais l'important, comme disait le rêveur, n'est-il pas de posséder une bonne boussole ?

Cahier de classe·

Voici un rêve ; le symbolisme du cahier s'en déduira facilement :

— J'ai rêvé que j'attendais le bus pour me rendre au bureau. Je portais sous le bras mes livres de travail, ainsi qu'un paquet mystérieux. J'ouvris ce paquet durant le trajet : il contenait des cahiers de mon école primaire. J'étais angoissé ; j'avais envie de descendre du bus.

Notons que cet homme était angoissé chaque dimanche au soir (comme beaucoup le sont et pour la même raison). C'est la fameuse « angoisse du dimanche soir et du lundi matin » dont souffrent beaucoup de personnes devant recommencer le travail. Il s'agit d'une transposition de l'anxiété que subit l'enfant lorsqu'il doit retourner à l'école, après avoir passé le dimanche dans la sécurité maternelle et familiale. Il va falloir à nouveau « rendre des comptes » et « montrer ses cahiers de classe ».

Lorsque ces cahiers se montrent en rêve, ils signifient probablement que les angoisses d'enfance n'ont pas été dépassées, qui consistaient à éprouver la sensation d'être abandonné de sa mère au profit de l'école. Ces angoisses sont projetées, dans l'âge adulte, sur le travail quotidien et, bien entendu, sur les chefs qui représentent les instituteurs de l'enfance.

Catastrophe

Les rêves de catastrophes diverses sont tellement fréquents qu'on ne peut les comprendre qu'en examinant soigneusement le contexte du rêve. De toutes façons, il s'agit le plus souvent de rêves d'angoisse; la catastrophe peut être cosmique, universelle; la terre peut trembler, la mer déferler, etc. Mais il peut s'agir également de rêves montrant qu'un profond « bouleversement » est en cours dans la vie affective.

D'autres rêves de catastrophes (trains qui s'écrasent, voitures qui se fracassent, navires qui éclatent, etc.) dénotent, en plus d'une angoisse foncière, la peur de l'impuissance vitale. Le rêveur éprouve la sensation de ne pas aboutir, de se briser en chemin, de perdre sa force et sa santé. Ces rêves doivent toujours être pris en considération; ils peuvent précéder une dépression nerveuse.

Chasse

Aller à la chasse a presque toujours une signification sexuelle. C'est un comportement spécifiquement masculin. Les rêves de chasse (et la chasse elle-même d'ailleurs!) dénoncent souvent une inhibition affective et sexuelle, le besoin d'« épier » et de « traquer », de surprendre et de tuer. Dans certains rêves, une biche que l'on poursuit symbolise la femme; ce genre de rêve peut révéler un certain sadisme refoulé chez l'homme, ou des tendances homosexuelles chez la femme. De plus, les armes de chasse sont évidemment des symboles phalliques. Chez l'homme dit « sportif », les rêves de chasse dénotent souvent un désir de vengeance envers la femme, qu'il « projette » sur le gibier.

Château

C'est un important symbole, fréquent dans les rêves, et aux significations multiples. *Les rêveries de l'enfance* évoquent souvent des châteaux, des châtelaines en péril, des murailles accessibles aux seuls héros... C'est tout le symbolisme du Chevalier et de la Belle au bois dormant (voyez l'index). Ainsi, pour l'enfant, le château signifie la noblesse de l'action, la difficulté de l'entreprise, la nostalgie qui rôde dans les vies quotidiennes. Lorsque le château apparaît en rêve selon cette acception, il signifie que l'adulte rêve de paradis perdus, de grandeur égarée en cours de route, de regrets inassouvis parsemant son médiocre chemin d'aujourd'hui...

Mais *dans certains rêves*, un homme « monte » vers un château. Les difficultés sont nombreuses, le chemin est dangereux. Il n'est pas rare qu'un dragon (ou un chien menaçant) garde l'entrée. A moins que le pont-levis ne soit relevé... Et l'issue du rêve montrera l'état intérieur du rêveur. Je possède un rêve (fait par un homme de 42 ans) qui reprend ce thème :

— *je grimpais vers un château à tourelles, assez sombre. Les cailloux roulaient sous mes pas, mais j'avançais. Le château ne présentait aucune ouverture. Il était solitaire au sommet d'un rocher. J'allais sauver quelqu'un : une châtelaine ? une femme en danger ? je ne sais ; c'était en tous cas, dans mon rêve, quelqu'un de jeune. Devant le château se trouvaient des hommes armés, à cheveux roux. Il y a eu une bataille puis on m'a laissé passer. Je me suis retrouvé dans l'obscurité complète...*

Il est clair que le rêveur part à la recherche de lui-même. A la recherche de sa jeunesse, intérieure, probablement de son âme profonde, de son « Anima »... Mais les difficultés sont toujours grandes ; et, avant d'y arriver, il faut lutter et se retrouver, seul, dans l'obscurité de son inconscient... C'est un très beau rêve !

Le château peut avoir une autre signification onirique. Le château est le « gardien » du village ou du bourg. Dominant les habitations, il veille et se prépare à défendre le territoire qui dépend de lui. N'entre pas qui veut au château : il faut montrer patte blanche. Rêver de château dans cette acception signifie qu'on est sur la voie d'une « initiation » et d'une noblesse intérieures, et que la vigilance s'installe en soi en même temps que la force de l'âme.

Et puisque le château est « isolé » du monde quotidien, puisqu'il est situé « plus haut », il passe pour receler un « pouvoir » mystérieux et magique. Dans les rêves, il peut donc signifier également la transcendance et la spiritualisation de la personnalité.

Chaussure

Si nous savons que le *pied* a une signification phallique, et que la chaussure doit s'adapter au pied ; nous pouvons en déduire que la chaussure possède une symbolique féminine. C'est sans doute pour cela que l'on dit « trouver chaussure à son pied ». N'en sourions pas trop ; ce symbolisme se vérifie dans quantité de rêves.

Dans des rêves plus banaux, on peut marcher à l'aise dans des chaussures neuves ; parfois cependant, les chaussures sont minables, trouées, prenant l'eau de toutes parts. La signification en est claire, semble-t-il ; le rêveur se trouve à l'aise sur les chemins de la vie, à moins qu'il ne souffre de sentiments d'infériorité. Dans ce cas, la chaussure n'étant plus adaptée à son pied, on peut supposer que le rêveur n'est plus en accord avec lui-même.

Dans beaucoup de rêves d'hommes, des chaussures féminines peuvent révéler une tendance au fétichisme (celui des chaussures et des pieds de femme étant très fréquent).

La chaussure peut être également un symbole de richesse ou d'autorité. Enlever ses chaussures en rêve signifie que l'on accomplit un acte d'humilité (rappelons-nous que les Anciens considéraient la chaussure comme un signe de liberté ; les esclaves allaient pieds nus).

Clochard

Je possède personnellement quarante rêves faits par des hommes, et dans lesquels apparaît le clochard. Ce dernier passe pour être un homme libre de toute contrainte, allant où bon lui semble, vivant et mourant à sa guise au gré des saisons qui passent. « La cloche » ! ; on peut croire que cette expression fait rêver quantité d'hommes, engoncés dans la médiocrité quotidienne, coincés par les règlements, les trains qu'il faut ne pas manquer, les heures à respecter, les chefs à saluer, les impôts à payer... La cloche ? combien de chansons n'a-t-on pas composées en son honneur, ce qui montre bien la nostalgie de liberté profonde qui hante le cœur humain ? Et si le clochard est aujourd'hui remplacé par le « hippie », le regret de beaucoup d'avoir pris des chemins médiocres reste le même. C'est pour cela que le clochard représente souvent l'*Ombre* (chapitre 10) du rêveur. C'est son double, son frère caché, celui qu'il envie mais qu'il a réprimé en lui. Mais cette acception-là ne peut être que celle de rêves importants.

Dans les « petits » rêves, le clochard peut représenter le mépris que l'on ressent envers soi-même, la sensation d'avoir manqué sa vie en étant resté un « clochard de l'existence ». Ce sont alors des rêves de découragement et d'angoisse devant l'avenir incertain.

Mais que l'on soit tout de même heureux si l'on rêve d'un clochard : ce dernier n'a-t-il pas détenu des trésors de fraternité et d'imagination ?

Chez la femme, il n'est pas rare que le clochard hirsute et mal lavé symbolise un pôle masculin qui reste à débroussailler, et un Animus (chapitre 8) encore à l'état brut.

Danser

Dans les rêves, la danse possède généralement un symbolisme tantôt sexuel (érotique), tantôt « religieux ». Dans cette dernière acception (la plus fréquente) le rêveur éprouve la sensation de participer à des événements qui dépassent son « Moi ». La danse représente ainsi une « entente » profonde avec soi-même. Elle est un rite ; elle identifie le danseur à la création. Dans le climat onirique, elle peut montrer une spiritualité montante, une libération des entraves intérieures, la réconciliation du corps et de l'âme. Dans beaucoup de rêves, la danse apparaît lors des transformations intérieures.

La danse peut être également une « Orgie », dans l'acception la plus basse comme la plus haute (voyez ce mot dans l'index). Les rêves où intervient la danse sont toujours importants ; ils doivent donc être examinés dans leur ensemble.

Décapitation

Les rêves de décapitation sont rares, mais toujours puissants. Ce sont des rêves de « castration », évidemment. La tête est coupée (ou menacée de l'être) ; ce qui signifie que le rêveur se sent « coupé » de ses aspirations, de sa raison, de ses pensées. Le « sommet » de son corps est menacé ou tranché. Ce genre de rêve apparaît lors de profonds découragements, ou lorsque des sentiments de culpabilité sont liés à « la tête », c'est-à-dire à la façon de penser, de parler, d'émettre des idées, etc.

Les rêves de décapitation peuvent être également « sexuels », ou se rapporter à la force de l'individu ; ils se manifestent en présence de sentiments d'impuissance vitale ou sexuelle.

Départs

Que de rêves ont lieu sur le thème du départ, de l'éloignement, du non-retour ! Et que de poèmes ou de musiques ont été consacrés aux absents ! Autour des départs, flottent les atmosphères bien particulières de gares et de trains, de navires, de mers qui séparent. De bagages aussi, faits pour des éloignements temporaires ou définitifs...

Rêver qu'une personne s'en va signifie généralement que nous ces-sons d'être «relié» à elle, qu'elle quitte notre vie intérieure, que nous nous détachons d'elle.

Il existe aussi dans les rêves de départ l'angoisse d'être abandonné de la personne qui s'éloigne. C'est le thème de la solitude humaine.

Dans d'autres rêves encore, se voir partir signifie qu'on voudrait quitter quelque chose ou quelqu'un. Ce sont alors des rêves «de désir» inconscient.

Drapeau

Aussi étrange que cela puisse paraître à première vue, un drapeau symbolise *l'union du Masculin et du Féminin*. Le drapeau est composé d'un «bâton», qui est une représentation «dressée», verticale, phallique. Le morceau de tissu est féminin. C'est le symbole de l'étoffe de la mère, ou de la femme. Ainsi, le drapeau peut représenter — dans les rêves comme dans la vie — *une totalité*. Il symbolise généralement les hommes et les femmes d'un pays. En rêve, il représente la vie intérieure *dans sa totalité* : affectivité et créativité, séduction et force.

Se voir en rêve dresser et planter un drapeau signifie que l'on marque son passage à la fois viril et affectif. Mettre un drapeau en berne signifie une douleur intérieure; dans la vie quotidienne, l'étoffe «se replie»; c'est la Mère-Patrie qui pleure en se repliant sur elle-même.

Quant au drapeau noir, il contient tout le potentiel de la couleur noire (voyez index). L'âme du drapeau devient attente, menace, espoir...

Eau

L'eau n'a pas de formes, mais elle adopte celles qu'on lui donne. Elle est ainsi d'une souplesse parfaite. L'eau n'a pas de couleurs; mais elle les reflète toutes. Elle est ainsi un parfait miroir.

L'eau représente également la fertilité. Elle est l'épouse du soleil pour féconder la terre. L'eau contient toutes les menaces, toutes les potentialités, toutes les promesses. Elle irrigue, elle lave, elle purifie, elle engloutit, elle étouffe, elle tue, elle inonde, elle déferle...

Son apparition en rêve est toujours un signe important.

Les rêves de *bains* sont fréquents. Ils peuvent signifier qu'on se «lave» l'âme; c'est alors le symbole du *baptême*, avec la purification intérieure que ce rite suppose.

Fréquents également sont les rêves de *nage*. Le contexte du rêve dira si l'on se trouve à l'aise ou en difficulté, si l'on est porté par l'eau ou si on doit lutter contre elle (c'est-à-dire l'inconscient). Mais dans ce dernier cas, l'eau peut symboliser *la Mère* contre l'influence de laquelle on lutte.

Il s'agit d'examiner *sous quel aspect* l'eau apparaît en rêve. Un lac calme, image d'une affectivité sereine? Un océan déchaîné? Une mare menaçante? Une mer qui gonfle, annonciatrice d'un raz-de-marée?

De toutes façons, l'eau est presque toujours un *symbole féminin**. Elle représente la mère, la femme, l'Anima de l'homme. Dans ce dernier cas, elle se présente sous forme de rivières, de lacs, de jets d'eau, de fleuves, de sources, de cascades, d'océans. Au rêveur d'examiner la totalité du rêve. Cette eau-Anima est-elle pacifique, irisée, jaillissante, menaçante, glauque, noire?

Les rêves d'*engloutissement* par l'eau sont très fréquents également. Ce sont des rêves d'angoisse, qui montrent une action négative et étouffante de l'inconscient, dont le personnage central est, fort probablement, la mère...

L'eau onirique (comme dans la vie!) peut être également fascinante, attirante. Elle produit souvent des désirs suicidaires inconscients. Elle est alors le symbole de la paix d'avant la naissance, celle qu'a connu l'organisme dans les «eaux maternelles»...

Mais si d'aventure vous rêvez *d'eau gelée*, prenez garde; votre âme est glacée, vos sentiments risquent de mourir, et vous frôlez la stagnation psychique... Alors, ne vaut-il pas mieux rêver d'eaux miroitantes et amoureuses?

Ecurie

L'écurie semble apparaître assez rarement dans les rêves. Elle est l'une des représentations négatives de nos instincts. Se voir nettoyant une écurie signifie évidemment qu'on désire mettre de l'ordre en soi. Il arrive également, dans certains rêves, que l'écurie soit «balayée» par l'eau, un raz-de-marée, ou détruite par un incendie. Ce sont alors des rêves d'angoisse : ils signifient que le rêveur sent son monde intérieur très menacé.

---

* En Allemagne par contre, le fleuve Rhin est «masculin» (*der Rhein*), et l'eau est «neutre» (*das Wasser*). De plus, on dit «*Vater Rhein*» (Père-Rhin).

Eglise

Dans le monde chrétien, une église contient tout le symbolisme de la Mère, jusqu'à se confondre avec lui (ne dit-on pas « notre Mère l'Eglise » ?). De ce fait, elle devient un « centre » de notre personnalité (même pour les incroyants). C'est notre église intérieure, notre lieu de paix et de renouvellement. Elle représente ainsi l'Inconscient profond, l'affectivité essentielle.

Entrer dans une église signifie généralement fusionner avec la Mère et rechercher ainsi, dans le silence, ses vérités authentiques. Entrer dans une église symbolise également une spiritualisation, et même une « traversée » (voyez index). Car l'église est un « vaisseau » ; elle rejoint le symbolisme de la barque, du berceau, du bateau (voyez ces mots au dictionnaire). Et cette traversée permet le passage d'une rive spirituelle à l'autre.

Sortir d'une église signifie émerger après une rénovation. C'est un passage à un état d'âme renouvelé, plus adulte. On quitte la Mère revitalisante, on repart dans la vie.

Enfant

Nous avons déjà rencontré ce symbole (voyez l'index). L'apparition d'un enfant dans les rêves est extrêmement courante : on attend un enfant, on perd un enfant, on égare un enfant, on retrouve un enfant, etc. Les rêves de grossesse sont probablement les plus fréquents. Un enfant, en rêve, signifie presque toujours quelque chose d'essentiel en soi, qui se prépare ou est en train de se perdre.

Escalier

L'escalier permet de *monter* ou de *descendre*. Nous en avons vu le symbolisme (consultez l'index). L'escalier montant fait *changer de niveau*. Le rêveur grimpe, va plus haut. C'est le symbolisme de l'*ascension*.

Monter un escalier signifie une recherche de changement affectif et de spiritualité. C'est un acte de purification intérieure. Il arrive, dans certains rêves, que le haut de l'escalier soit gardé par des cerbères humains ou animaux. Nous retrouvons alors les *gardiens du seuil* ; ceux à qui il faut montrer patte blanche avant d'être admis à accéder à un niveau plus élevé et à l'initiation à la vie.

Descendre un escalier signifie généralement aller vers l'intérieur de soi-même, vers ses instincts et son inconscient.

L'escalier *joint également deux pièces* d'une maison. Voyez « Maison » dans ce dictionnaire.

L'escalier *est le symbole angoissant de la « verticalité »*. Il faut monter ou descendre ; le rêveur est *prisonnier d'une seule dimension*. L'escalier ne permet aucun repos, sinon temporaire (un « palier »). Il représente ainsi la verticalité humaine, l'effort sans merci, le manque de repos, l'absence de toute horizontalité rassurante...

Examen

Les rêves des êtres humains fourmillent d'examens ; et, par conséquent, d'examinateurs. Dans un examen onirique, on doit montrer ce que l'on connaît ou ce que l'on est. Tout examen est une forme de jugement. Dans les rêves, l'examinateur est une partie de nous-même qui juge une autre partie. Les rêves d'examens sont ainsi fort précieux ; ils permettent de connaître la façon dont on se voit soi-même.

Excréments

Symboliquement, l'excrément est censé représenter la « force vitale » de l'être qui l'a produit. Il est considéré comme un signe de puissance (ou de faiblesse, par conséquent). Les enfants — et beaucoup d'adultes — accordent une grande importance à leurs excréments ; non pour de pures raisons de santé comme on pourrait le croire, mais à cause de la valeur symbolique qu'ils possèdent.

Les rêves où interviennent des excréments *sont d'une exceptionnelle fréquence*. Ils se rapportent presque toujours à l'« analité » du rêveur, c'est-à-dire à la façon dont il « retient » (dont il « constipe ») sa personnalité, ou à la manière dont il la libère.

Dans certaines rêves (mais c'est plus rare) l'excrément peut être un signe de mépris envers soi-même. Mais le « je ne suis que cela... » rejoint, qu'on le veuille ou non, les grandes interrogations philosophiques.

Fenêtre

C'est une ouverture sur la lumière et sur le dehors. Généralement, le rêveur se trouve dans une pièce et regarde à l'extérieur. Cela signifie que ce rêveur, *situé dans son actuel* (la pièce, moins lumineuse que l'extérieur) *observe l'avenir* (la lumière, l'étendue, tout ce qui diverge à partir de la pièce où le rêveur se trouve).

Il peut donc se présenter une multiplicité de situations. L'avenir (le dehors) est-il clair, ensoleillé? La vitre de la fenêtre est-elle embuée, ou ternie par la pluie? La rue est-elle animée, ou la fenêtre donne-t-elle sur un paysage glacé? Comment est l'horizon, s'il y en a un? Et comment est la pièce où se trouve le rêveur? Souhaite-t-il la quitter pour aller vers l'avenir ou préfère-t-il demeurer dans un présent sécurisant?

Mais la fenêtre peut également symboliser *la réceptivité envers le monde extérieur*; car, derrière une fenêtre, ne reçoit-on pas des « messages » humains et lumineux arrivant de plus loin que soi?

Fête

Les rêves de fête rejoignent ceux d'« orgie » (voyez index). C'est dire qu'il existe une gamme infinie de rêves où la fête peut intervenir sous des aspects tantôt nobles, tantôt de bas-étage. Il est important d'examiner en premier lieu si la fête est masquée. Cela peut signifier que chacun cache sa personnalité aux autres. Cependant, dans certains rêves, l'anonymat procuré par le masque fait que le « moi-je » cesse d'exister. Il peut y avoir alors une sensation de « participer » à plus vaste que soi-même. C'est le thème de l'orgie. Car le masque (dans la vie comme dans les rêves) supprime les différences entre les personnalités, avec l'angoisse qui en résulte toujours.

Dans un rêve de fête, il s'agit donc de savoir si tous les participants sont masqués, ou si on est seul à l'être; ce qui signifierait des sentiments d'infériorité et de culpabilité, procurant l'angoisse d'être « vu » et « démasqué » par autrui.

Masquée ou non, la fête réelle est une « participation à l'univers ». Dans cette acception, la fête peut apparaître dans certains grands rêves de mutation intérieure; le « moi-je » éclate alors vers de plus vastes dimensions. Car n'oublions pas qu'une fête authentique est « religieuse » dans le sens *religare* = relier. C'est, une fois de plus, le symbole de l'orgie.

Feu

C'est, avec l'eau, le plus grand des symboles universels. Tout, dans le feu, symbolise la vie ardente : sa couleur, sa puissance, sa chaleur, son rayonnement. Le feu est sans doute la moins imparfaite parmi les représentations de la divinité. C'est un cliché de dire que le feu est le grand purificateur. Mais — revers de la médaille — sa fumée étouffe et obscurcit; il brûle, dévore, calcine. Le feu des passions vitalise ou détruit; le feu du châtiment tue.

Si le feu est une représentation de Dieu, il peut aussi symboliser le Père. Ici encore, le symbole va dans les deux sens : le feu peut représenter le Père admiré, celui qui « monte » comme la flamme, celui qui brûle d'ardeur et de passion envers la vie; mais aussi celui qui détruit, qui anéantit par son autoritarisme et sa tyrannie.

Les rêves de feu sont toujours des représentations d'énergie, constructive ou destructrice. Ils symbolisent souvent la sexualité, dans le sens large. Le feu onirique montre également les élans vers la spiritualité et vers la lumière des vérités intérieures.

Feuilles mortes

C'est, bien entendu, un symbole de mélancolie ou de tristesse. Les feuilles mortes peuvent représenter un passé lointain. Se voir balayant des feuilles mortes est un excellent signe selon lequel on « liquide » des nostalgies ou des événements révolus. Je possède des songes où le rêveur se voit enfoncé dans les feuilles mortes jusqu'au cou. Cela semble signifier que la personne est étouffée et submergée par des sentiments angoissants.

Dans certains rêves, les feuilles mortes peuvent représenter un comportement suicidaire et l'appel d'une mort, nostalgique comme l'automne.

Fleuve

Il est l'image de la vie qui prend sa source, s'écoule de façon irréversible, et meurt en se fondant dans l'infini. Pénétrer dans un fleuve évoque l'idée de bain et de baptême. Le fleuve possède ainsi un pouvoir onirique de purification et de spiritualisation. Voyez le mot *Eau* dans ce dictionnaire.

Fontaine

Elle évoque les eaux jaillissantes, les sources pures. La fontaine est joyeuse, « amoureuse », chantante, claire. Qui ne connaît la fontaine de vie, d'immortalité, de jouvence ? Symboliquement, boire à la fontaine assure la longévité. Ainsi, dans les rêves, la signification de la fontaine dépend du contexte. Il est des fontaines puissantes qui symbolisent la vitalité affective et sexuelle. Mais les rêves montrent aussi des fontaines taries, des fontaines aux eaux boueuses ; elles apparaissent dans les rêves d'angoisse et de dévalorisation de soi.

La fontaine, *chez l'homme*, peut être le symbole de l'Anima (chapitre 7). Ici également, la totalité du rêve sera examinée soigneusement.

Voyez le mot *Eau* dans ce dictionnaire.

Forêt

Intuitivement, chacun ressent la forêt comme le symbole de notre vie inconsciente, avec ses richesses et ses obscurités, ses dangers et ses clairières. Les forêts oniriques sont souvent peuplées d'animaux amicaux ou hostiles. Des bêtes « magiques » peuvent y apparaître : oiseaux de nuit, dragons. Parfois — surtout dans des rêves d'enfants — la forêt se peuple de géants.

Ce que nous recherchons en rêve dans la forêt, c'est en nous-mêmes que nous tentons de le trouver. Parfois, le rêveur se dirige vers un endroit secret où se trouve un trésor. C'est nettement l'image d'une recherche de son propre centre (son « joyau » !) après un cheminement dans son inconscient et sa vie affective.

Parfois le rêveur pénètre dans la forêt. Il entre ainsi en lui-même et on ne peut que lui souhaiter des eaux claires et de lumineuses clairières.

Parfois un rêveur sort de la forêt, après son voyage intérieur. Il a accompli une « traversée » (voyez à l'index). C'est probablement un grand rêve, d'où l'on surgit plus adulte et plus ressourcé.

La forêt est une cathédrale, dit-on. Comme telle, la forêt des rêves peut être le haut lieu d'une recherche spirituelle, malgré les dangers que peut receler le fouillis des arbres et des futaies.

Foule

La foule apparaît souvent dans des rêves où dominent les sentiments d'infériorité, de solitude, de culpabilité. Les rêves sont fréquents où l'on se voit nu(e) dans la foule. Nous avons lu un rêve dans lequel une femme voit s'ouvrir son sac à main au milieu de la foule. On peut également se sentir écrasé dans la foule ; cela pourrait signifier que l'on se sent incapable de dominer les circonstances de sa vie. C'est le même sens lorsqu'on se sent « emporté » par la foule. Elle représente générale-ment une puissance aveugle, et symbolise ainsi des forces inconscientes.

Dans certains rêves, la foule est faussement rassurante. Le rêveur s'y perd, s'y noie ; c'est une sorte de suicide de la personnalité. La foule est, dans ces rêves, semblable à l'eau dans laquelle on se laisse couler. C'est le retour à l'inconscience, à la sécurité maternelle ; c'est une régression vers l'enfance irresponsable.

Grenier

Très fréquent dans les rêves, le symbolisme du grenier fait partie de celui de la maison. Voyez ce dernier mot dans le dictionnaire.

Guerre

Beaucoup de rêves de guerre proviennent de souvenirs, ou d'angoisses concernant l'avenir. Cependant, la plupart de ces rêves concernent la « guerre intérieure », les conflits affectifs et moraux. L'interprétation de ces rêves est assez facile ; comme toujours, le contexte du rêve doit être pris en considération.

Haillons

Se voir en rêve, habillé de haillons, révèle souvent la blessure d'une âme. Ce sont des rêves d'angoisse, d'inquiétude, de tristesse, de sentiments d'infériorité et d'impuissance. Mais les haillons peuvent également être le symbole d'une sagesse intérieure, l'apparence visible n'ayant que peu d'importance.

Héros

Les rêves de héros (autrui ou soi-même) montrent que l'on s'identifie à une personne considérée comme héroïque et forte (le Père, par exemple). D'autres rêves sont compensatoires : on se voit accomplissant des actes dangereux dont on sort indemne. Mais certains rêves héroïques sont le signe d'un accomplissement intérieur et d'une profonde mutation. Voyez « les rêves héroïques » dans le chapitre 6.

Hôpital

Rêver d'hôpital peut être dû à la crainte de la maladie, à l'angoisse de la vieillesse future, à la peur de l'accident. Mais, plus profondément, certains rêves d'hôpitaux montrent le désir d'être pris totalement « en charge », et de pouvoir cesser ainsi tout combat en abandonnant ses responsabilités. L'hôpital devient alors le symbole de la mère : celle qui recueille, qui apaise, qui berce, qui nourrit. Dans ce cas, rêver d'hôpital marque une régression vers l'enfance, voire vers le néant d'avant la naissance.

L'hôpital peut apparaître en rêve également lorsqu'il y a crainte de mutilation et de castration de la personnalité (voir index). C'est alors le bloc opératoire qui se présente le plus fréquemment.

Hôtel

Ce symbole est le support de nombreux états d'âme oniriques. Il s'agit avant tout d'examiner la catégorie d'hôtel dans lequel on est descendu en rêve. Voici quelques exemples, choisis parmi les rêves que je possède :

— *Je me trouvais dans un palace ; en réglant la note, je m'aperçus que je n'avais pas d'argent. On m'envoya aux cuisines pour y travailler…*

(C'est un rêve de sentiments d'infériorité ; le rêveur — 48 ans — éprouve la sensation qu'il vise « trop haut » dans l'existence, qu'il est un imposteur de la vie et que l'admiration — réelle d'ailleurs — qu'on lui voue n'a pas d'objet. Encore un homme qui ne s'aime pas !...

— *J'étais dans un petit hôtel assez minable, mais familial ; je m'y sentais bien ; je n'en sortais jamais...* (Nous avons vu un rêve de ce genre ; il concernait un hôtel de la « zone ». Ce rêve-ci — un homme de 29 ans — montre également des sentiments de peur devant la vie, ainsi que la sensation de n'avoir pas droit à une existence affectivement aisée. Il y a misérabilisme, besoin de se diminuer. Ce misérabilisme donne au rêveur la sécurité, puisque l'hôtel est « familial ».

— *Je me trouvais dans un grand, très grand hôtel en Amérique. Je n'avais même pas le téléphone, et j'avais donné un faux nom...* (Cela ressemble à un rêveur — 40 ans — en fuite devant l'existence ! Mais le fait d'être totalement anonyme (faux nom) et la certitude qu'on ne peut le trouver (pas de téléphone) lui donne la sécurité intérieure. Notons qu'il aurait pu s'agir d'un rêve de « traversée » (voir index). C'aurait été tout autre chose ; le rêveur aurait « traversé » l'eau, passant d'une rive à l'autre de l'océan, et marquant ainsi une importante transformation intérieure. Il aurait même changé de nom (c'est-à-dire : il aurait abandonné son « Moi-je » pour une personnalité plus vaste). Mais ce n'était pas le cas ici.

L'hôtel peut être également un symbole maternel (comme l'hôpital par exemple). On y est pris totalement en charge ; il n'y a plus qu'à se laisser vivre. Dans ce cas, l'hôtel peut symboliser une régression vers l'enfance.

De plus, l'hôtel (aller d'hôtel en hôtel...) peut symboliser une grande dispersion intérieure, et une errance dans la vie.

Île

Généralement, l'île peut symboliser un refuge, un paradis terrestre, un « centre ».

Comme refuge et paradis, l'île est le thème de prédilection de multiples poèmes et chansons. Le « Je voudrais me retirer dans une île déserte... » n'est-il pas le désir secret de beaucoup d'hommes ? Mais les rêves d'île peuvent être également des rêves d'autonomie ; dans une île, on est livré à soi-même. On se trouve seul pour lutter contre la faim, la maladie, les assauts de l'océan.

L'île peut parfois être — dans certains rêves — assimilée à un jardin (voyez l'index).

Dans certains grands rêves, l'île devient un «centre», d'où rayonnent d'innombrables directions. L'île symbolise alors un «Mandala» (index). Voici un rêve de ce genre :

— J'étais dans une île ; j'ignorais comment j'y avais abordé. J'étais seul. C'était une île luxuriante et nourricière. En regardant les horizons. je me disais : «comme la terre est ronde!»...

C'est un «grand rêve», fait par un homme de 53 ans. Et nous avons bien affaire à un «Mandala» ; la terre est circulaire. L'île est le centre d'une immense circonférence. Il s'agit d'un rêve marquant une très importante transformation intérieure chez le rêveur. D'autant plus que — forcément — l'arrivée sur l'île a dû être précédée d'une «traversée» de l'eau (voyez index).

Joyau

Le joyau n'apparaît généralement que dans les grands rêves : ceux qui marquent une étape importante de transformation et de «centrage» énergétique de la personnalité. Ce sont des rêves montrant que le «moi-je» cesse son emprise étriquée. Le joyau participe du symbolisme du feu (voyez ce mot), par son éclat et sa chaleur rayonnants.

Voyez «les pierres précieuses», en fin du chapitre 6 : «les grands rêves».

Lance

La lance est un *bâton* dont elle rejoint le symbolisme (voyez ce dictionnaire). Une lance est phallique, masculine. Elle est un «axe». Dans les rêves, elle peut symboliser l'homme, le Père, le pouvoir, la force, l'honneur; mais aussi la peur d'être «percé», violé dans sa personnalité; elle est alors un signe d'angoisse de castration.

Locomotive

Elle est assez fréquente dans les rêves, au même titre que l'avion ou l'automobile. Une locomotive « tire » vers l'avant une rame de wagons inertes. Elle représente la puissance, l'extraversion de la personnalité. Une locomotive est de pôle masculin. On comprend qu'elle puisse se présenter de multiples façons dans les rêves. Voici deux exemples :

— *Je me trouvais dans une gare ; je devais conduire un train ; mais je cherchais vainement une locomotive...* (un homme : 23 ans).

Cet homme, malgré ses possibilités, malgré son potentiel (le train), ne parvient pas à s'« entraîner » vers les voyages de l'existence ; l'extraversion, la réalisation de soi lui manquent encore (la locomotive).

— *J'étais dans un train de luxe, en première classe ; mais ce train n'avançait pas ; je me penchais à la portière et voyais une locomotive poussive, toute petite, crachotante, conduite par un mécanicien malhabile...* (un homme : 19 ans).

Le moins qu'on puisse dire est que les appétits intérieurs de cet homme jeune ne correspondent pas à ses possibilités du moment. Peut-être a-t-il une vie intérieure fort riche ? (train de luxe) ; mais elle n'est encore que potentielle comme dans le rêve précédent. Le rêveur devra rechercher ce qui l'empêche de « se pousser » dans la vie.

On pourrait citer de nombreux rêves. Ces deux exemples simples montrent que la locomotive est le symbole de l'affectivité créative, de la marche en avant, de la puissance intérieure. Elle est également une représentation sexuelle, comme on peut le déduire facilement de ce qui précède.

Maison

La maison onirique symbolise à la fois le paraître social et l'être intérieur.

Le paraître est représenté par *la façade*. Et comme chez l'être humain, la plus belle des façades peut dissimuler le pire des taudis (intérieurs). La façade ne fait pas la maison, pas plus que l'habit ne fait le moine. Il se présente dans les rêves des façades rutilantes, alors que la porte s'ouvre sur un couloir lépreux. Comme il y a des façades de peu d'aspect, qui donnent sur des pièces ensoleillées...

☐ *Les volets*, en rêve, font partie du «masque» de la maison. La plupart des hommes ne ferment-ils pas leurs «volets» afin que nul ne puisse jamais les voir tels qu'ils sont?

☐ *La porte* et *le seuil* sont des symboles de *passage* vers l'intérieur de soi. Nous connaissons le symbolisme du «seuil», sur lequel il faut montrer «patte blanche» avant d'être admis. Il s'agit donc de savoir, dans un rêve, *qui* est le personnage qui accueille, ou barre le passage. Il peut alors s'agir du «Sur-Moi» qui nous empêche de fusionner avec nous-mêmes.

☐ Comment sont *les fenêtres* de la maison? Elles sont importantes en rêve, parce qu'elles représentent notre «ouverture», notre réceptivité au monde extérieur et à la lumière arrivant du dehors.

☐ *L'intérieur* de la maison symbolise évidemment «le foyer», le centre; c'est notre «intérieur», notre vie de l'âme. L'intérieur d'une maison est le domaine de la femme, de la mère. Dans les rêves, cet intérieur est toujours de «pôle féminin». *Chez l'homme*, l'intérieur de la maison symbolise souvent l'Anima (chapitre 7). Le rêve montre, dans ce cas, dans quel état se trouve cette Anima : harmonieuse, ordonnée, indifférenciée, misérable, en attente, etc. La pièce de séjour, par exemple, est souvent le principal symbole de la personnalité profonde.

☐ Les différents *niveaux* d'une maison représentent, dans les rêves, soit des parties ou fonctions du corps, soit des «niveaux» de la personnalité.

☐ *La cave* onirique est la caverne de l'inconscient, le fondement de la personnalité.

☐ *La cuisine* est souvent importante en rêve; c'est le lieu où se font des «transformations» culinaires, c'est-à-dire des mutations de la personnalité; elle pourrait être comparée au local des alchimistes dont les recherches avaient pour but permanent des mutations de l'âme.

☐ *Le grenier* symbolise le passé, l'enfance, les souvenirs, mais également les «débris» intérieurs dont on ne parvient pas à se débarrasser. Le grenier peut représenter également l'élévation de l'esprit dans la solitude; le grenier est le niveau «le plus haut» de la maison; il regarde le ciel; il faut «monter» pour l'atteindre.

☐ *L'escalier*, dont nous avons vu le symbole (*voyez ce dictionnaire*) joint, relie, les différents niveaux de la maison. Il représente le lien affectif entre les différentes parties, inconscientes et conscientes, de soi-même.

Dans les rêves, il s'agit donc d'examiner, non seulement l'aspect général de la maison, mais également l'aspect de chaque endroit où l'on se trouve. L'environnement est important; le jardin, par exemple. *Je possède un rêve* fait par un homme de 39 ans :
— *il se promène dans toutes les pièces d'une maison très simple mais belle ; et de cette maison partent des routes, en étoile...* C'est un beau rêve; en fait, cette maison-là est le centre d'un Mandala.

Mariage

C'est un symbole onirique fréquent. Il représente toute forme d'union ou d'alliance, de soi envers soi, ou de soi envers le monde extérieur. Dans les rêves, le mariage symbolise souvent qu'un lien se forme entre l'inconscient ou le conscient, entre l'affectivité profonde et la raison.

Chez l'homme, le mariage onirique de lui-même avec une femme représente (dans de grands rêves seulement !) souvent l'alliance qu'il est en train de préparer avec son Anima (chapitre 7). Ce sont, dans ce cas, des rêves d'une importance capitale.

Chez la femme, certains rêves montrent la même voie. Elle se marie avec un homme inconnu, symbole de son Animus, c'est-à-dire de son extraversion créative et sociale (chapitre 8).

Mais les mariages oniriques vont souvent plus loin encore; ils sont alors le signe d'une « sacralisation » intérieure et d'une participation avec plus vaste que son « moi-je ».

Nudité

Ce symbole trouve sa place dans des rêves fréquents (voyez le chapitre 3). Se voir nu(e) dans un rêve signifie le plus souvent qu'un sentiment d'infériorité existe. Le rêveur se sent « déshabillé » par autrui; il croit que les regards des autres le mettent « à nu », démasque ses défenses et son paraître. Ce sont des rêves de personnes intérieurement démunies.

Cependant, la nudité onirique peut également symboliser le dépouillement de soi-même, et une démarche essentielle vers son être intérieur; le rêveur enlève alors les « vêtements » sociaux devenus inutiles, étant donnée la sécurité affective acquise.

Œdipe

Le « complexe » d'Œdipe (ou situation œdipienne) est probablement le plus grandiose, le plus célèbre... et le plus mal compris. Que voulez-vous ? Noblesse oblige. Ce « complexe » fut mis en évidence par Freud, et il en est encore aujourd'hui qui ne le lui ont pas pardonné. C'est logique ; la situation œdipienne forme le noyau essentiel d'une vie humaine, noyau autour duquel gravitent d'innombrables situations affectives... et pratiques. Etant donné cela, il est compréhensible que ce complexe se montre — sous diverses formes — dans des quantités considérables de rêves.

Rappelons-nous le complexe d'Œdipe classique* :

□ *le garçon* désire l'amour exclusif et total de sa mère ; de ce fait, il cherche à « éliminer » son père, qui est son rival dans cet amour. Il tente d'éliminer son père en devenant plus fort que lui, plus beau que lui ; mais également *en s'identifiant* à son père, en devenant une « copie » de son père, *forcément plus jeune* et donc capable, croit-il, d'attirer davantage l'amour de sa mère.

□ *la fille* désire être la seule à être « remarquée » par son père, la seule à en être aimée. Sa rivale — sa mère — doit donc être éliminée. La fille essaye d'être plus jolie, plus attirante que sa mère. Elle fait tout pour être remarquée par son père (vêtements, maquillage, etc.). Ou bien elle *s'identifie* à son père, en essayant de l'imiter, ou de le battre sur son terrain. Elle devient un « garçon manqué », avec le grand risque de devenir une « fille manquée ».*

Voilà donc pour le classique. *Mais que se passe-t-il foncièrement*, et qu'il est indispensable de bien comprendre si l'on veut interpréter les rêves où apparaissent des situations œdipiennes, avec tous les symboles qui en dérivent ?

Rappelons-nous que le besoin essentiel — qui prime tous les autres — d'un être humain est de se sentir « relié » à tout ce qui l'entoure. Sa démarche permanente est de retrouver la sensation d'être « fondu » dans l'univers. C'est la base même *de ce que l'on appelle le masochisme* (voyez l'index) ; *c'est le fondement également de toute forme d'orgie* (voyez l'index).

Pour cette recherche « religieuse » (de *religare* = relier), la situation œdipienne est idéale, surtout chez le garçon. Imaginons qu'il ait sa mère à sa disposition plénière et sans condition aucune. Imaginons qu'il soit *le seul au monde* à être aimé de sa mère, *et de façon absolue*. Donc qu'il n'y ait aucun autre « garçon » dans son chemin, en l'occurence son père.

---

* MS 15, *Les prodigieuses victoires de la psychologie*, de P. Daco.
* MS 250, *Les femmes*, de P. Daco.

Ce serait alors la fusion totale, non pas avec *sa* mère, mais avec ce que représente une mère symboliquement, c'est-à-dire, l'accueil absolu, la sécurité totale, et la sensation de «participer» à la femme, symbole de la vie.

Ce serait ainsi le «paradis». Et l'on comprend que ce paradis devienne rapidement un paradis perdu, à cause des tabous qui couvrent toute union absolue, même affective, avec une mère.

Mais les paradis perdus engendrent toujours d'intenses nostalgies, non pas ici de «sa» mère, mais de la «reliance» universelle qu'elle représentait. Et l'on peut dire qu'un «complexe d'Œdipe», dans cette acception, n'est jamais résolu.

Plus quotidiennement, le complexe se «résoud» plus ou moins. Toujours le garçon (puis l'homme) conservera cette nostalgie d'un infini manqué. Mais l'existence le poussera à devenir «un homme», à connaître «des femmes»; bref, à réaliser le chemin qui lui est traditionnellement imparti.

Cependant, si l'homme reste trop attaché à sa mère, ou à son symbole, il demeurera un «petit garçon». Il idéalisera la femme et rêvera d'amours platoniques et grandioses. Il fera tout pour ne pas déplaire, à moins qu'il ne devienne très agressif. Il cherchera à charmer et à séduire, non pour aimer une femme, *mais pour être aimé d'elle*. Il est inutile de dire que son «Anima» se mettra à brimbaler, avec les situations et les rêves négatifs qui en dépendent (chapitre 7).

Le complexe d'Œdipe non-résolu se traduira par des rêves où apparaîtront des femmes idéales et inaccessibles, où se montreront de grandes amours maudites, où les hommes seront ressentis comme castrateurs et dangereux, etc. Suffisamment de rêves ont été reproduits dans ce livre, je crois, pour imaginer les symboles qui peuvent dériver de ce fameux «complexe d'Œdipe», autour duquel a tourné durant longtemps la psychanalyse classique. Revoyez les symboles de la mère et du père (index).

Prince et princesse

Ils symbolisent généralement, dans les rêves, la mutation de la personnalité grâce à la puissance de l'amour. Ils représentent une réconciliation avec soi-même. Car le prince et la princesse sont ceux vers qui se dirigent tous les regards. Ils sont un «centre» d'attirance et de curiosité. Leur apparition onirique montre que des efforts affectifs «convergent» vers l'unification de la personnalité. Dans de grands rêves, *le couple* prince-princesse signifie la mise en harmonie des pôles masculin et féminin présents en chaque être humain.

Le prince et la princesse sont, de ce fait, des symboles de jeunesse intérieure et de spiritualité.

Prostituée

La prostituée onirique est presque toujours un symbole « maternel ». Elle symbolise le « refuge », voire le dernier recours affectif des hommes solitaires ou désespérés. Elle est la femme qui accueille sans autre condition que l'argent — ce dont les rêves ne se préoccupent jamais.

Dans certains rêves, la prostituée se mue en confidente, parfois même en courtisane — conseillère.

Dans d'autres rêves encore, la prostituée représente une « réconciliation » avec la femme, symbole de la vie. C'est alors une sorte de sacralisation intérieure, grâce à la compréhension totale que la prostituée est censée posséder.

En plus du symbole de la mère, elle peut représenter une facette de l'Anima de l'homme. Son aspect onirique est, dans ce cas, important.

Le plus fréquent : la prostituée est une femme laide, échevelée, vulgaire. Elle représente l'Anima négative de l'homme (chapitre 7), ressentie comme dangereuse et destructrice. La prostituée devient alors l'image de la « mauvaise mère ».

Roi et Reine

Ce sont de très beaux symboles du Père et de la Mère, dans le sens spirituel du terme. Jadis, on mourait volontiers pour son roi et sa reine ; mais viendrait-il à l'idée de quiconque de mourir pour « son » président de la République ? Le Roi et la Reine sont hors du temps ; ils sont permanents. Ils s'établissent dans la « durée ». On conçoit que leur apparition dans les rêves soit importante.

Le Roi est le guide rayonnant ; il est celui qui veille et « centralise » les pouvoirs. Oniriquement, il devient le « centre » de nos forces affectives, il représente la totalité de notre « Moi », comme il symbolise la totalité d'une nation. La Reine, dans les rêves, est une messagère et une médiatrice. Elle est le lien entre notre inconscient et le « roi », c'est-à-dire notre conscient supérieur.

La reine peut également symboliser l'Anima (chapitre 7) chez l'homme — de même que le roi peut représenter un Animus supérieur (chapitre 8) chez la femme. Dans ces acceptions, le roi et la reine n'apparaissent que dans les grands rêves.

Rose

Elle symbolise la beauté comme chacun sait, mais aussi la perfection dans la promesse et l'épanouissement. Elle est un symbole féminin, et peut être apparentée au joyau (voyez ce dictionnaire) ou à l'Anima (voyez l'index).

Sang

Nous avons rencontré cet important symbole au cours de ce livre. Le sang est lié à la vie, à la chaleur vitale et corporelle. Il est, dans les rêves, un puissant symbole d'énergie. Il est parfois apparenté au feu, même au soleil.

Tout dépend donc de chaque rêve. Car le sang peut représenter également la « castration », la mutilation, et les angoisses qui en dérivent. Dans d'autres rêves, le sang représente un véhicule spirituel. De plus, la couleur du sang fait qu'il contient également le symbolisme du rouge (voyez le chapitre 11).

Secret

Dans certains rêves, on reçoit un secret, ou on le transmet. Ou bien on garde un secret, ou on le partage. Il y a, dans ce genre de rêves, un climat d'« initiation » ou de « participation ».

Je possède un rêve (fait par une femme de 30 ans) dont voici le résumé :

— *elle se trouve dans une très grande salle à colonnes. Un homme s'approche d'elle et lui remet un caillou rond et poli. L'homme met l'index sur la bouche, puis s'éloigne.*

C'est un « grand rêve ». Il marque une importante mutation intérieure.

D'après les associations de mots faites par la rêveuse, le rêve peut être interprété comme ceci :

— *la vaste salle à colonnes* représente un temple, symbole de l'initiation, de la connaissance et de la vérité. Dans un temple se réunissent des personnes partageant un même « secret » ou une même « révélation ». *Le caillou rond et poli* est la représentation d'un *joyau*, qui symbolise le « centre » de la personnalité (voyez ce dictionnaire). L'homme est vraisemblablement la partie créative de la rêveuse, son Animus (chapitre 8), son extension, vers la vie extérieure. L'homme demande le *silence* ; il transmet un *secret*. Or, posséder un secret au fond de soi est une force ; un secret est également un centre. Du fait d'avoir reçu un secret, la rêveuse est nantie d'un *privilège* ; elle se trouve parmi les élues. Et ici, le secret est relié à l'idée de *trésor*.

Et ce rêve pourrait se traduire : devenez vous-même ; que le centre de votre personnalité soit ce joyau qui vous permettra d'aborder l'existence avec richesse et force. Vous deviendrez votre propre secret ; et gardez le silence ; ne vous partagez qu'avec ceux qui sont capables d'assumer ce partage. Car le fait de devenir profondément ce que l'on est, fait entrer dans un état de liberté et, par conséquent, de solitude en même temps que de participation avec ceux-là qui possèdent le même secret.

Soucoupe volante

... que l'on appelle O.V.N.I. (objet volant non identifié), comme chacun le sait depuis que les publications et les livres ont proliféré au sujet de ces mystérieux engins dont l'existence réelle n'a pu être, semble-t-il, confirmée ou infirmée*.

Je possède quelques rêves (d'hommes et de femmes) où apparaissent des « soucoupes ». Elles sont lumineuses, silencieuses. Elles tournent à basse altitude, ou elles se posent. Dans l'un de ces rêves, un homme sort d'une soucoupe ; il semble très bon ; il va parler ; la rêveuse se réveille.

Les soucoupes volantes oniriques sont chargées d'espoir ou de terreur. D'espoir, dans la mesure où chacun espère en un « monde meilleur » ; les occupants des soucoupes représentent alors les porteurs de « la bonne nouvelle ». Ils sont comme la version contemporaine du Christ. Quant aux soucoupes terrifiantes, elles montrent l'angoisse

---

* Il faut lire à ce sujet les ouvrages de Jacques Vallée, expert en technologie des ordinateurs et ancien Conseil à la NASA.

destructrice qui se trouve dans l'âme du rêveur. Elles deviennent alors la version moderne des cavaliers de l'Apocalypse...

Trains

Nous avons rencontré ce symbole moderne dans le chapitre 3 (les rêves les plus fréquents). Mais il faut reparler ici des chemins de fer, étant donné leur considérable fréquence onirique.

L'interprétation des rêves de trains est assez facile. Il suffit souvent de « transposer ».

Une *gare*, par exemple, est un *point de départ* vers un *voyage*. A moins que la gare ne soit un point d'arrivée. On peut ainsi partir vers de multiples directions de l'existence, ou arriver à une étape. Il faut alors examiner le contexte de la gare. Celle du départ est-elle grande? Grouillante de monde, et contenant beaucoup de trains, auquel cas la gare serait le symbole d'importantes potentialités intérieures, avec leurs grandes possibilités de choix et de décision? Ou bien, au contraire, est-elle désaffectée, représentant alors une vie intérieure vidée de ses possibilités vitales; représentant aussi un « sur-place », puisqu'aucun train ne prend le départ. Quant à la gare d'arrivée, on peut examiner le contexte de la même façon.

Le *train* lui-même représente notre évolution; c'est le véhicule de notre voyage affectif et mental. Le train symbolise également la vie sociale et collective. Parfois, le train roule de façon implacable; la locomotive (voyez ce mot au dictionnaire) s'emballe, le mécanicien est incompétent. Cela symbolise que nous sommes entraînés malgré notre volonté consciente vers des « voyages » qui pourraient nous être néfastes.

Les *retards* et les *erreurs* sont hyper-fréquents dans les rêves. On arrive en retard, on manque son train, on se trompe de convoi, on se trouve dans un compartiment auquel le billet ne donne pas droit, etc. Ce sont des rêves marquant souvent des sentiments d'impuissance, d'infériorité, de culpabilité. Ils peuvent également montrer à quel point le rêveur laisse passer les « occasions » de la vie.

Les *contrôleurs* sont, eux aussi, des personnages oniriques fréquents. Ils symbolisent celui qui « demande des comptes ». Ils représentent ainsi une forme de « Sur-Moi » (index).

Le train *bondé* apparaît souvent. On peut traduire cela par une difficulté de s'intégrer à la vie sociale. Si le rêveur ne parvient pas à monter, à « se faire une place dans la foule », cela peut signifier qu'il s'efface volontiers par peur de la compétition.

Ainsi donc, le train des rêves marque nos réussites, nos échecs, nos contraintes, nos angoisses. Mais en fait, le train n'est-il pas la version contemporaine du Dragon?

Vallée

La vallée est, dans beaucoup de rêves, un symbole de richesse affective. C'est dans la vallée, ouverte vers le ciel, qu'ont généralement lieu, grâce au soleil et à l'eau, les transformations fécondes de la terre.

Dans les rêves comme dans la vie diurne, il existe des vertes vallées et des vallées de mort. Le rêve dira l'aspect de la vallée; si elle est irriguée et pleine de promesses, ou si elle est démunie d'eau, aride et sans espoir visible.

La vallée fertile est un symbole onirique de spiritualité, de transformation de soi, de contemplation. Elle peut alors être assimilée à un grand *jardin* (voyez ce mot à l'index).

La vallée possède aussi le symbolisme du *nombre 2* (voyez le chapitre 13). En effet, le *soleil* (le feu) plonge dans la vallée *pour s'unir* à son contraire : l'*eau*. Le feu et l'eau, dualité apparemment ennemie, se marient et réalisent leur unité pour le bien de la terre et des moissons.

Chez l'homme, la vallée est parfois un symbole de l'Anima (chapitre 7). Nous avons rencontré un très beau rêve de ce genre dans le chapitre « les grands rêves ».

Voler

Le vol, c'est la fusée spatiale, c'est Concorde, mais également Icare. Dans les rêves, voler signifie un besoin de « monter », un désir de sublimation. Mais las... il est rare que le vol onirique se poursuive harmonieusement; la chute ou la descente ne sont pas loin. Voler en rêve signifie le plus souvent : tenter de « sauter par-dessus » ses conflits et ses difficultés. Contrairement à ce qu'on pourrait croire, le vol onirique montre fréquemment une impuissance foncière. On s'envole parce qu'on est angoissé de se trouver sur terre. Voler, c'est souvent se fuir soi-même.

Index